红白喜事场景主持、
致词技巧与范例大全

红白喜事

场景主持、致词技巧与范例大全

杨茜彦　编著

中国華僑出版社
北京

图书在版编目（CIP）数据

红白喜事场景主持、致词技巧与范例大全／杨茜彦编著．—北京：中国华侨出版社，2010.11（2021.1重印）
ISBN 978-7-5113-0709-5

Ⅰ.①红… Ⅱ.①杨… Ⅲ.①主持人–语言艺术–中国 Ⅳ.①H119

中国版本图书馆CIP数据核字（2010）第222083号

红白喜事场景主持、致词技巧与范例大全

编　　著：杨茜彦
责任编辑：文　贞
封面设计：阳春白雪
文字编辑：肖玲玲
美术编辑：宇　枫
经　　销：新华书店
开　　本：720mm×1020mm　1/16　印张：24　字数：348千字
印　　刷：北京德富泰印务有限公司
版　　次：2011年1月第1版　2021年1月第4次印刷
书　　号：ISBN 978-7-5113-0709-5
定　　价：55.00元

中国华侨出版社　北京市朝阳区西坝河东里77号楼底商5号　邮编：100028
法律顾问：陈鹰律师事务所
发 行 部：（010）88866079　传　真：（010）88877396
网　　址：www.oveaschin.com　E-mail：oveaschin@sina.com

前 言

在中国文化中，红白喜事是红喜事和白喜事的统称，结婚做寿叫红喜事，举办丧事是白喜事。中国人历来喜欢热闹，凡遇红白喜事，必会大摆筵席，宴请宾朋，图个热热闹闹、风风光光。除了婚丧嫁娶和做寿之外，古往今来，人们还将生活中许多大事也拿来大张旗鼓地操办，诸如生儿育女、开业庆典、揭牌奠基、节日庆典、辞旧迎新、升学升职、毕业、房屋落成、开工竣工、投产、团拜、展览展销……这样算来，中国人的生活中，几乎是“年年有事，天天有事”。

每逢有佳节、婚庆、庆生、开业、登科、乔迁、丧礼等各类庆典仪式，无论你是东道主还是宾客，都需要发言致词，这个时候就不是一句简单的“吃好喝好”就能解决问题的，最好有一篇精彩完整的致词。一篇精彩的致词不一定要长篇大论，但一定要带动气氛，要适合特定的场合，符合特定的主题，也要符合致词人的身份。精彩的致词，语言风格和感情基调可以各式各样，可以庄重，也可以诙谐；可以朴素，也可以华丽；可以煽情，也可以平静。精彩的致词，常常是每一句都能说到在场各位的心坎里，无比熨贴和舒适，不仅为整场庆典增色，也为你的形象加分。应邀参加庆典，一篇不合适的致词，把话说错了说反了，则是弄巧成拙。令人失望扫兴不说，有时会让大家觉得你口无遮拦，毫无分寸，个人修养不够，主人说不定还会因你一句不合适的话从此与你绝交。另外，如果主人或主持人盛情邀请你说几句，你站起来，“理屈词穷”，结结巴巴，自然也是很难堪，不仅你自己颜面尽失，主人也会尴尬万分。

对于庆典仪式中的主持人而言，无论你是专业的还是业余的活动主持人，主持技巧和致词技巧的重要性自是不言而喻。在某种程度上可以说，一场庆典的成败就取决于你的主持能力和口才。一个优秀的活动主持人，常常是思维敏捷、妙语如珠、热情洋溢的，面对不同场景、不同主题的庆典仪式，面对不同身份、职业、文化层次和兴趣爱好的宾主，均能游刃有余。在他的掌控下，该娱乐的则笑声不断、娱乐到底；该喜庆的则红红火火、欢天喜地；该庄重的则庄严肃穆、情感含而不露。庆典中，不仅绝妙好词层出不穷，而且气氛高潮接连不断，令到场者耳目一新、眼前一亮，使每一场庆典都成为经典。平庸的主持人却毫无新意，同样场景的主持总是千篇一律，让到场者乏味之至。此外，社会在进步，人们对于操办红白喜事等各类庆典活动，无论从形式还是内容上都提出了许多新的要求。对于主持人来说，满足人民群众日益提高的审美情趣和多元化的要求，并在竞争激烈的同行中脱颖而出是一个新的挑战。因而，对于从事红白喜事和各类活动的主持人而言，突破现有的思维、不断更新词汇、不断创新主持形式、提高主持技巧是他们面临的最重要问题。

为了适应现代读者的需要，我们精心编写了这部《红白喜事场景主持、致词技巧与范例大全》。书中全方位介绍了红白喜事等各类场景中不同职业、身份、角色者致词技巧和经典范例，以及各类场景的主持技巧、经典主持范例，以帮助读者快速提升致词水平、主持技巧和情景适应能力。

无论你面临的是哪一类红白喜事等庆典活动，也无论你是这场庆典中的东道主还是宾客，或是主持人，你都可以轻松地在书中找到理想的方案。书中不仅设置了近百个场景，常见的各个场景诸如节日、开业、周年庆、婚礼、生日、升学、丧礼等都有涉及，并选取了最为丰富的经典致词范例与紧跟时代步伐的最新主持词，风格或典雅庄重，或诙谐幽默，或深入浅出，或妙趣横生，可谓不拘一格、应有尽有。同时，本书从理论到实践，从语言规则到表达技巧，从礼仪习俗到致词素材，条分缕析，面面俱到，是一部实用的红白喜事等各类场景主持、致词技巧与范例大全，也是一部中国家庭必备书，帮助你应对日常红白喜事等各类场景，即查即用，彻底解决你应景致词的难题，轻松打理中国人各类人情应酬。

这部百科全书式的工具书要告诉你的是根本无须为寻找合适的主持词而手忙脚乱，并彻底摆脱当众讲话语无伦次的烦恼，它可以帮你临阵巧抱“佛脚”，锦词妙语，华丽词章，信手拈来。如果你是主持人，则可以助你实现从平庸乏味者到语惊四座的王牌主持的成功飞跃，驰骋主持现场如鱼得水，纵横宴会庆典游刃有余。如果你是某场庆典的主人或宾客，帮你摆脱期期艾艾，轻松做到口若悬河、妙语如珠、舌绽莲花，让你语出惊人，让听者过耳不忘，印象深刻。

目录

常识篇

场景篇

第七章　学校活动主持 …… 320

常识篇

第一章　红白喜事主持词概述

红白喜事主持和活动主持的区别

我们都知道，主持人是公众人物，无论是专门的红白喜事主持人还是各种活动的主持人，他们都在各自的岗位上默默耕耘，付出了心血，贡献了力量。

活动主持人是一个很受人们关注的职业，很多年轻的朋友希望自己也能够成为一名主持人，电视台的不少栏目常常因为主持人的走红而家喻户晓。不少主持人随着广播电视活动走进了千家万户。随着广播电视媒体的发展，主持人已经成为一个十分引人注目的职业，主持人队伍也日渐扩大。

而红白喜事的主持原本并没有正规的规章，但是随着近几年红白喜事在人们的生活越来越受重视，关于红白喜事的主持在全国范围内蔚然成风，现在，除了专门的红白喜事的主持外，也有越来越多的活动主持人开始从事红白喜事的主持工作，但是红白喜事的主持和活动主持还是有很大的区别的。

红白喜事主持也是广播电视活动主持人工作的一部分，有时活动主持人会因为工作的需要被安排或接受邀请去主持一些晚会、仪式或其他文体活动。主持人不能因为自己是主持艺术的行家里手而对此等闲视之，因为非活动主持与活动主持在诸多方面有着不同之处。

1.红白喜事主持更强调现场感

电视广播中播出的活动很少有真正的现场直播，大多数是录像，所以主持人在主持活动中出现了一些情况或问题后，还可以删去或更改，甚至重新来录。而主持任何活动和仪式，不管事先准备得如何，因为它只有一次现场（一定是现场的活动），时间不能倒流，失误就是失误，所以一旦出现，很可能无法弥补。

2.红白喜事主持面对的是小众

活动主持面对的是公开的场合，是成千上万的观众，代表的是国家的宣传部门，说话应有自身需要的政治性、寓教娱乐性、广泛性、注意文化程度的普及性等。但红白喜事主持人面对的是小范围的人，这种对象感很强，正所谓“见什么人说什么话”。小众还可有其独特性，如都是干某一职业的，或都是同样年纪的，而且参加红白喜事主持活动的人员都有某种关系，相识甚至是熟识。这种情况下，红白喜事主持的主持人说话就要更有针对性。

3.红白喜事主持与活动主持要求的侧重点不同

活动主持人主持的是活动，要注意活动的艺术性和可观赏性；红白喜事主持人主持的是活动或仪式，要符合组织者特定的目的和意图。

两者目的不同，所以形式和对主持人的要求自然有差别。比如说一般活动的主持人都会对形象有一定的要求，是否上镜，是否长得漂亮可爱，是否有亲和力；而红白喜事主持人只要符合特定的需要就可以了，而且符合这种需要的人可能是相关的领导或负责人，可能是某公司或企业的代表，或是接待人员，所以不能以是否上镜符合大众审美为标准，当然，红白喜事主持人也要五官端正。

4.红白喜事主持人的主持只是一次“客串”

活动主持人将主持当作一种职业，职业必然有职业要求和职业习惯，需要长期的磨炼和积累，自然有一些模式化的东西和需要长期积累才能形成的东西。这种职业习惯是一种宝贵经验，但如果用在不恰当的地方，就会被人戏称为“职业病”。如播音员平时说话过于正规，而不是口语化；有些主持人在主持活动时一口港台腔，平时说话也油腔滑调。而红白喜事主持在主持活动或仪式时的表现是由这次活动的性质、类型等因素决定的，因此很难确定他的风格和状态，因为他还没有必要形成自己的风格。对职业主持人也必然有职业上的要求，比如说普通话、有一定的舆论导向等，而红白喜事主持人在这方面的要求就不这么严格。

5.非活动主持程序化较强

活动主持千变万化，要出新、出巧，不断迎合老百姓欣赏口味的发展，所以往往是越多花样，越多技巧，带给观众越多新鲜感越好。而非活动主持的活动往往要求比较固定，虽然也需要现场的气氛，但并不一定以吸引观众注意为第一目的。

6.红白喜事主持人要更有活力和激情

一般的活动主持都会要求主持人保持公平公正的立场，不能偏向某一方，同时要求主持人控制自身的情绪。但是红白喜事的主持人却肩负着带动会场气氛的职责，他们的工作是商业行为，其目的是使雇主满意，是让参与者满足，所以红白喜事的主持人不会强调公平公正的立场，而更多是用感情来感动观众，和观众产生共鸣。

红白喜事主持和活动主持的相通之处

主持的艺术不单纯是方法、技巧的问题，成功的主持，是对主持艺术规律最有效的实践和对主持中物我及各种关系最准确地把握。无论是红白喜事主持还是活动主持，都有个精心准备的过程，最后的仪式或活动现场凝聚了所有人的心血。红白喜事主持同样需要技巧，它和活动主持一样是一门艺术。所有的心血将在这里凝结成果实，所有的努力将在这里得到检验。红白喜事主持人的综合能力将在这里得到集中的体现。所以，无论是红白喜事主持还是活动主持都要遵守主持的规章和要求，只有这样才能成功地完成主持，而这些要求和规则就是红白喜事主持和活动主持的相通之处。

1.主持人都要保持本色

主持人不应该也不可能超越自身去曲意地“演”活动。主持的真实性，要求主持人时刻以听众和观众熟悉的或认可的本来面目出现在活动中，性格、情趣、习惯都是其自身拥有的，而绝不是装模作样的产物，也不是对某个明星主持的机械模仿。听众和观众所需要的是实实在在、可亲可信的主持人形象，他们所期待的是一个熟人、朋友、知音，而不希望是一个“相见不相识”或“相识不相知”的陌生面孔，否则就难以交流。即使是舞台主持，主持人的音容笑貌也应该具有自然的本色，易为观众所接受，所认同。我们常常可以听到或看到有的主持人，或者从声音语言上，或者从服饰举止上刻意“乔装打扮”，故作姿态，使原本已为听众、观众熟悉的形象变得面目全非，反而拉了感情距离，听众、观众感受到的不是一种直接的互相交流，而是自作多情的“做戏”。

其实，主持人要做到保持本色并不是一件简单的事。“本色”的含义就是“本来的面貌”，这里不仅指主持人的“本来面貌”，也包括主持人主持当中一切言谈话语的“本来面貌”，不言过其实或哗众取宠。这一点尤其重要，因为主持的形式归根结底是依存于语言的，得失、高低成败，一切都在语言上得到反映。恰恰在保持语言运用的“本色”这一点上，我们常常可以挑出主持人的一些不足之处。例如：无论是在红白喜事主持还是在活动主持中，都经常见到交谈式的主持，这类主持的方式一般是其中一人先问：“哎，不知道今天你为朋友们安排了什么活动？”另一位便开始一五一十地介绍起活动来，其实，问者是明知故问。所以这样的活动开头多少会给人一种不真实感。还有一种情况是一方装愚，一问三不知；另一方显智，无所不晓，这同样是不客观的。以上两种情况都是因主持人的“操演”意识所导致的。

2.都需要头脑敏捷，具有一定的组织能力和应变能力

主持活动，从某种意义上来说是对主持人心理素质和应变能力的一种检验，尤其是一些大型活动的主持，难免会出现始料不及的情形。尽管主持人的串联词设计在前，尽管案头工作做得十分周到，但突如其来的意外或变化总是会给主持人出难题。在这种变化莫测的考验面前，主持人必须以冷静机智的态度、临阵不慌的心态和随机应变的能力去“力挽狂澜”“转危为安”，使活动出奇制胜。

现场性强的红白喜事主持人更需要这种素质。有时候，主持人还可以巧用这种突发的情况作为活跃气氛、强化情趣、创造意境、升华格调的难得契机。

有一位婚礼主持人，在主持过程中，原本安排的是新娘父亲讲话，但是新娘的父亲在慌忙中将几张白纸当成准备好的演讲稿带到了会场，直到开始发言时才发现这个错误，迫不得已，只能临场发挥，由于紧张，新娘的父亲发言词不达意，停顿而不连贯，眼看一场婚礼就要搞砸，这时主持人插话说：

“深情厚谊的话已被大家说尽，今天我们在这里，我换个方式给大家讲一段故事，在巴黎卢浮宫里有一面墙，曾经悬挂过达·芬奇的《蒙娜丽莎》，自从1891年名画被人盗走后，空墙面前流连驻足的人多出名画丢失前的几倍。因此使我想起古时候有个人外出经商，与妻子经常鸿雁传书，遥寄爱恋。有一次丈夫无暇写信，就只寄回了一张白纸。果然，知夫莫如妻，妻子见到这张白纸后，热泪盈眶，相思尽在于无声处，立即写诗回赠“碧纱窗下启君封，尺纸从头彻尾空，想是郎君怀深意，相思尽在不言中”。我想现在，这位父亲对女儿女婿的爱和期望也全都在不言之中了。”

这几句话不仅起到了解嘲、圆场的作用，还为下面的正式主持奠定了良好的情感和气氛的基础，也奠定了主持风格的基调。

一般说来，任何活动主持之前都有一个准备的过程，通常称之为“案头工作”。充分细致的案头工作将为现场的主持铺设一条通达理想境界的阳关大道。通过前期的准备工作，可以构思一个主持的方案：什么时候说什么，怎么说等。根据这个方案，主持人就可以从容上阵了。

然而事情并不全都那么顺心如意。案头准备时难以预测的偶发因素随时可能出来打破你“照本宣科”的美意；活动进行中意外捕捉到的信息又为你的主持准备了臻美的即兴创作机遇；更不用说主持的任务来得突然，你只好“赤手空拳”地被请到了主持现场……因此无论怎么说，红白喜事主持人的主持绝不应该满足于说“现成话”或“背台词”，而应带着一种强烈的创作欲望上场登台，审时度势，把握机会，随时准备临场发挥。

临场发挥往往被看做是一种无意的成功，是经验、灵感加“小聪明”的产物，“可意会不可言传”。其实不然，所谓“临场”，固然是难以预料的，有一定的偶然性。但既然是“发挥”，总有一定的前提条件和客观因素作引导，存在一定的必然性。准确理解应当是，所谓“临场发挥”，是主持人知识面、敏感度和思辨力碰撞出的智慧火花，它是有方法、可言说、能操作的理性的结晶。

“临场发挥”应当遵循这样一条原则，就是必须贴近活动或活动的主旨内容，完善活动的艺术效果。我们不赞成那种信口开河、离题万里地耍贫嘴，更反对无病呻吟、故作姿态地卖乖巧。

3.主持人都要具有组织和协调能力

主持人的组织协调能力，就是在主持中通过语言、行为、思想、情感来影响和感染听众或观众，掌握控制整个活动或活动的进程和质量，客观地展示主持才华，实现自身价值，从而得到听众或观众的认可。没有组织协调能力的主持人不能说是一个合格的主持人，这样的主持人也就形同虚设了。

主持人的组织协调，首先就要立足于活动的最高点，主动地把握活动的总脉搏，不断地把自己的所思所感渗透到活动中去，丰富活动的内涵、深化活动的主题，渲染活动的气氛。这种协调不仅仅是锦上添花、画龙点睛，有时候能起引航指路，转轨定向的作用。因此，红白喜事主持人的这种“参与”，说到底是主持人的职责所决定的，主持人既“在其位”，当然就要“谋其政”了。

主持人的组织协调应当讲究与活动整体的融合性。主持人的组织协调是通过参与活动全过程来实现的，参与的内容应当是活动的一个有机组成部分，参与的分寸一定要恰如其分，恰到好处，而绝不是在“自我表现”欲念的支配下为“参与”而“参与”，为说话而说话。如果这样的话就会弄巧成拙，适得其反，不是“锦上添花”，而是“画蛇添足”了。“参与”

也是一种艺术，不掌握这种艺术就会使“参与”变成“掺和”。有的主持人在“参与”时容易喧宾夺主，本该由别人说的话却一揽子“承包”，或者将事先准备好的一大堆话一厢情愿、不切实际地硬性穿插表述；有的主持人为了显露其主持的潇洒老练，过多地插科打诨、哗众取宠；有的主持人则有一套固定的“参与”模式，在红白喜事的主持中，总要多少遍地重复“让我们掌声欢迎”这一句话，听来空洞、单调。诸如此类的“参与”实际上破坏了活动的纯度和浓度，同时也会损害主持人的形象。

无疑，红白喜事主持当中的参与，不纯粹是个态度或意识的问题，它归结为一种实际技能，这种技能也是有规律可循的。

4.成功主持的共性

（1）好的开始是成功的一半

如同下棋一样，活动的“开盘布局”十分重要，它为后面的纵横驰骋奠定基础。所谓的“先声夺人”，它的意义在这里体现得很充分。这是从活动的总体结构上说的，追求一种新颖的效果。就主持人而言，还需要发挥各方面的优势来强化活动开头的效果。

活动的开头是主持人的第一次“亮相”，是活动风格基调的“定性”，是与听众或观众情感兴趣的“接轨”。好的开头赛过一封“介绍信”，使彼此“一见如故”；好的开头如同一帖“兴奋剂”，令人们如痴如醉；好的开头更是一块“吸铁石”，让受众心驰神往。这便是“成功一半”的象征。根据这样的客观规律，有经验的主持人特别舍得在活动开头花力气做文章，讲究情、趣、意、味，力求听众和观众对活动的开展有一个良好的印象。

同样对于红白喜事主持，要力求在开头博得笑声和掌声。当然，我们不赞成以哗众取宠的手法去取悦听众和观众，赚取廉价的笑声和掌声。良好的主持效果必须牢牢地建立在一定的艺术格调基础上，那种以故作姿态“搔胳肢窝”的方式来寻求“效果”的做法，只能亮一个“华而不实”的“相”，这不是主持人所需要的。

（2）相辅相成，才会成功

不管是活动主持，还是红白喜事主持，一般都习惯用两个或两个以上的人来主持，这样便产生一个配合的问题。从总体上讲，合作的各方应该扬长避短，相辅相成，珠联璧合，形成一种独具特色的组合优势；相互间应是一个不可分割的有机体，而不是“一加一”的几个部分。

要达到这样的默契，两个方面尤其值得讲究：一是语言风格的和谐。以男女合作主持为例，一般说来，人们比较注重声音色彩的统一，中音和中音相搭配，高音和高音成组合。主持人音色的统一固然有它的完美性，但音色的同类型不是男女主持人组合的唯一标准。浑厚深沉的男中音未必不能与柔婉清丽的女高音构成最佳搭档，关键在于语言表达风格的有机融合，尤其要根据活动的性质、宗旨、风格等个性特征，设计好与之相适应的主持人的总体形象，然后男女主持人结合自身的条件确立彼此能够互补的声音形象。

主持人的合作主持，更要讲究表达上的彼此呼应，现场主持还要考虑神情姿态的相互映衬。无论甲方还是乙方，都应该有一种“绿叶扶红花”的意识，积极主动地为对方“铺路搭桥”，近似相声的捧哏艺术，只是主持人之间的互相“捧场”。特别是当一方出现意外情况时，另一方应当及时地帮衬“解围”。

（3）都需要情感的交融

人都是感情动物，优秀的活动都是在某种情感上和观众产生了共鸣。毫无疑问，我们要掂得出一个“情”字在活动或仪式中所含有的分量。关键是我们要有一种强烈的“体现”和“运用”的意识。是的，“真情”如涓涓溪流，应当伴随“实意”自然流淌。但要使你的主持更有感染力，就有必要在主观上积极地寻觅动情点，去推波助澜，渲染催化。中央电视台春节晚会，年年求新意出新招，唯独有一“招”经年不变，就是在整个晚会当中安排几个情感亮点，掀起若干气氛高潮，真所谓“感人心者莫先乎情”。一曲《爱的奉献》唱遍神州，它的旋律便发端于那万人空巷的中央电视台春节晚会上一个独具匠心的情感场面。

优秀的主持人都会在主持的过程中恰当表达自己的情感。在广播电视活动的主持当中，去努力发掘并发挥情感因素，不失时机地把友善的种子播撒在听众、观众的心灵空间，让它结出活动主持的成功之果。有经验的主持人往往就是这样的“播种者”和“收获者”。

红白喜事主持人需要这种“以情动人”的机会和方式是很多的，可以说，正是因为是红白喜事主持才更需要以情感激发人，打动人。

（4）要有急救能力，该出手时就出手

主持人不但要机智，还要有急智，在戏剧表演领域里流传一句名言——“救场如救火”。在红白喜事主持当中，主持人不得不备一手“救火”的本领。来自活动、合作者、参与对象、听众观众等方面的意外情况会突然袭击，给你一个意想不到的考验。在这种境况下怎么办？还是陈铎说得好：“主持人的头脑，也许就该是一部好的计算机，需要在极短的时间里超前快速运转、判断、决策、行动。”这种“计算机效应”体现出主持人一种良好的专业素质和高超的实践技能。这里我们要强调的是主持人不仅要具备“救火”的实际本领，更要有高度的责任心，因为，主持中突如其来的一瞬间，有时并不关涉主持人自己，“隔岸观火”也无妨。然而，从活动的全局来看，“城门失火”可能“殃及池鱼”，因此主持人应当有“赴汤蹈火”的职责感。

要做到把红白喜事主持中的意外等不利因素防患于未然，主持人必须保持清醒的头脑，对主持中的各种情况明察秋毫，以不变应万变。一个真正合格的非活动主持人不仅要在“顺境”中施展才华，更应在“风云突变”的情况下从容不迫，“危难之处显身手”，把“意料之外”的因素，化解为“情理之中”的结果。

红白喜事主持词的特征

作为一个红白喜事主持人，一定要对整个红白喜事活动负起责任，因为，红白喜事主持词是红白喜事主持活动的主体部分，在整个红白喜事过程中，起着主导地位，而听众始终处于接受地位。真正意义上的演讲或主持，其实是一个个性化的活动，它体现了一个人的个人魅力，是一个人的性格、气质、形态、口才的综合反映。

1.红白喜事是真实的活动，红白喜事主持词要有真情实感

一些红白喜事主持人，他们站在讲台上时，虽然侃侃而谈，旁征博引，有时还能插入一些令人捧腹的俏皮话，说理透彻明白，但是如果没有体现出个人的特点，一样无法能激起听众热烈的反响。反之，如果一个红白喜事主持人讲的都是具有乡土气息的朴实的语言。但是这些语言包含了真情实感，就能起到拨动听众情感之弦的作用。

2.红白喜事主持词中可适当的加入一些艺术效果

红白喜事主持人为了达到感人肺腑的目的，需要借助一些艺术的表现手段创造艺术感染力。演讲的艺术性在于它使得演讲具有了文学特征、朗诵艺术色彩和富有感召力的体态语言，这样就形成了统一的整体感和协调感，也就是说红白喜事主持词中的各种因素，如语言、声音、表演、形象、时间、环境等，形成一种相互依存、相互协调的美感。同时，红白喜事主持词还须具备戏剧、曲艺、舞蹈、雕塑等艺术门类的某些特点，演讲与这些因素融为一体，就形成了具有艺术感的主持活动。

3.红白喜事主持词具有鼓动人心的力量

我们知道，人们通过红白喜事的活动来表达自己喜悦、高兴、幸福、忧伤、哀悼等多种感情，所以红白喜事主持人需要使听众或观众产生感情上的共鸣。在红白喜事主持中，主持人需要用自己的形象、语言、情感、体态以及主持词的结构、节奏、情节等去引发听众的共鸣，以此来抓住听众的心。可以说，鼓动性是演讲是否成功的一重要标志。

4.红白喜事主持词是人日常生活中的一种工具

现在人们的沟通、交流、社交等多种活动都是在红白喜事中实现的，红白喜事主持词是最经济、最实用、最方便的传播工具。

5.红白喜事主持词可以针对明确的目标

红白喜事主持词是一种社会活动，它所面对的听众也是社会的成员。因此，红白喜事主持词应具有社会现实的针对性，能够针对特定的人群、问题展开演讲，取得公众的认同。

红白喜事主持词的观点来源于对现实社会生活的归纳和提炼，只有这样，才有说服力、感召力，才能发人深省。

6.红白喜事主持词能够适应任何环境

红白喜事主持词是人们通过主持人传达自己某些观点或者某些活动而准备，所以它的内容也是包罗万象，社会生活事无巨细，古今中外纵横千里，它适合于男女老幼、不同背景、文化层次、职业、身份、种族、阅历的所有人；同时，它不受时空、设备等限制，可以随时随地进行。

第二章　红白喜事主持词写作要领

红白喜事主持词的写作规范

主持红白喜事，主持词对于一个主持人来说是非常重要的，它能够帮助主持人了解他所要面对的场面的概况和需求，对于一个新手主持人来说更为重要——它还承担了打气和安定心情的作用。

红白喜事主持词的内容涵盖了如何说开场白、如何串联、如何形成高潮、如何结束等。这需要主持人认真准备，周密策划。

同时，红白喜事中，主持人使用的词语主要是口语，偶尔使用一些文言，也要恰当到位，有意义相同而用法不同的，有用法相同而意义不同的；有意义和用法相近但修辞色彩不尽相同的，等等。所以红白喜事主持词在写作上并没有什么固定的格式，它是极富个性主持词，即使是同一活动，因为对象的不同也会有千变万化的内容，这正是红白喜事主持词的不拘一格。

红白喜事主持人选择使用词语的标准有三条：一是准确，二是简洁，三是有生命力。每个词语本身固然无所谓准确、简洁、有生命力，但是主持人将词与词组织起来，连成句，由句成段共同表达某个意思的时候，自然就会产生这样的标准。

1.表达尽量准确

“准确”是指说话符合事实，运用词语恰如其分，即通过恰当妥善的语言形式正确地表达活动内容。我国的古人是很讲究选词正确的。陶渊明的“采菊东篱下，悠然见南山”句中的“见”字，有的书上写成“望”字。“见”与“望”究竟哪一个较准确呢？应该说，原来的“见”字准确。陶渊明在采菊之时，偶然见山，初不用意，而境与意合，用“见”字是恰如其分的。它不仅说出“无意望山，适举首而见之”的情景，而且还把陶渊明那种闲逸自得、悠然忘怀的神情勾画出来；如果改为“望”字，全句使人感到陶渊明既采菊，又望山，意尽于此，就不会有什么余韵了。

用语的正确贴切是衡量语言的重要标志。不应该用一些装腔作势的语言，要学习有生命的语言，说那些自己和别人确实都能懂的话。

用词准确，是主持人语言艺术的最起码最基本的要求。做到准确，还得做到简洁和有生命力。简洁和有生命力是在准确的基础上求得的，如果没有做到准确，就谈不上简洁与有生命力了。

2.用词尽量简洁

“简洁”是指说话没有累赘和堆砌的东西，以最经济的语言表达最丰富的意思。古人有“惜墨如金”之说，这是他们从写作实践中得出来的格言。古人为了求得文字的简练，是十分强调要删削“芜词累句”的，而不是像“韩信点兵，多多益善”。莎士比亚说过：“简洁的语言是智慧的美，冗长的语言是藻饰。”

注意推敲用词，不应该粉饰、做作和卖弄，用能写出真意的白描手法，用一两个词语，点出形象的最突出的特征来。既着墨不多，又能生动逼真，并且使人觉得意味深长。如《药》中，在杀人的夜间，作者不去细致描写刽子手在形象上如何的阴森恐怖，而只是说“一个浑身黑色的人”；不去刻画他那脸相的凶残，而只说他的眼光像“尸刀”；不去叙述康大叔高价卖了人血馒头之后是如何地得意忘形，而单写他在茶馆里只是“嚷”，从效果看，确能活生生地衬托出动人的形象和意境来，语言也自然洗练了。正如蒙古民间谚语所说：“一个深思熟虑的单词，胜过千百句废话。”

现在有些红白喜事主持人，一说话就总想显示自己的口才，口若悬河，洋洋洒洒，堆砌辞藻，用词造句往往迁就于形式，其中有些甚至是叠床架屋，根本谈不上简洁。主持人只有用简洁精练的表达，才能明确自己的思想。

当前最常见到的是有些红白喜事主持人在活动中语意不清，用意不明，让受众听了半天还不知所云。有两种情况是要防止的：

（1）废话太多，语序颠倒

废话连篇的红白喜事主持人，往往是说了半天，还不上正题，啰啰唆唆，听众听了半天也不知道主持人要说明什么问题。

听和阅读是不一样的，受众在听时是很难分清主次的，只好是你说什么他听什么。主持人废话多了，不着边际的话多了，离题的话多了，必然影响语言的明确性，分散和耗费受众的时间和精力，影响对主要内容的理解和感受。

在说话的意思很复杂时，要用短句，这是出于“说”和“听”的方便。一面想一面说，组织结构复杂的长句子很困难。现在主持人每分钟大约能讲220至270个字，一句接一句，如果句子太长、太复杂，听众就不容易理解。如：

“××集团和×××公司与××区金融贸易开发公司联合投资兴办的从事土地成片开发、综合经营的××××××有限公司合同签字仪式，在××××俱乐部小礼堂举行。”

一句话用了80多个字，足见其冗长。

如果修饰语或联合成分多，句子就会很长。只要把句子的修饰语抽出来，改成分句或单独成分，把联合成分拆开，重复跟联合结构直接相配的成分，形成排比句式就容易上口，而且容易理解。

在口语上，应该多一些顺序表达，通常情况下不倒装。视觉接受信息可以有所选择，听觉则不行，听话只能一句一句接着听，不可能跳来跳去，随意选择听。同时，固定的语序是汉语语法的一大特点。按汉语的正常词序，一般是先说出主语，后说谓语，有宾语就放在谓语后面；如果有定语和状语，就放在被它们修饰的成分前面；使用的复句，有偏正关系，把偏句放在前面，正句放在后面。有的话我们听起来很不自然、不舒服，就是因为没有按照正确的顺序。

（2）修饰太多太过分，主句不明显

我们常常会有这种感觉，一句话修饰的部分太多，我们反而更糊涂了。如：

“今夜的星空，无比灿烂；今夜的晚风，吹拂笑脸。今天是公元××××年×月×日，农历×月××。在这美好的日子里，我们欢聚在贵宾楼大酒店，共同庆祝×××老人60岁华诞。”

这句话显得拖泥带水，毫不简洁，如果去掉一些废话，句子就会干净利落了。如：

“今天是一个特殊的日子，在这美好的日子里，我们欢聚在贵宾楼大酒店，共同庆祝×××老人60岁华诞。”

简洁，是句子内容少得恰如其分，如果过分了，就是“简陋”了。红白喜事主持人说话一定要精练，但是精练并不是一味求简，一味求短；而是当长则长，当短则短，当繁则繁，当简则简。不当长而长是冗长，不当简而简就是苟简，两者同样是不足取的。《庄子》中有一段话经常被人借用来说明这个道理：“长者不为有余，短者不为不足。是故凫胫虽短，续之则忧，鹤胫虽长，断之则悲；故性长非所断，性短非所续。”意思是说，长的不一定就是多余，短的不一定就是不足。凫的腿短，鹤的腿长，是由它们的本性来决定的；内容决定文章的长短，短自然有短的妙处，长也有长的必要。

古往今来的大文学家、大语言学家，无不提倡“文贵约而指通，言尚省而趋明”，如果约而不通，省而不明，那就是做文章、说话的大毛病了。

3.表达要鲜明、活泼、有生命力

红白喜事主持人用词造句不仅要求准确、简洁，还要求有生命力。有生命力是指说话用词自然亲切、适口悦耳、具体形象，因而有活力，能感动人。

受众当然不喜欢硬邦邦的话，而喜欢亲切自然的。谁也不愿意和冷冰冰的主持人接近，谁也不愿意听主持人硬邦邦的话语。语言是思想感情的反映，亲切是热情的流露。古人说“情欲信，词欲巧”，受众最爱听的亲切自然的语言来自于主持人热情真切的情感。

红白喜事主持人语言的亲切自然，不单是主持人的表达技巧问题，更是主持人的辞章技巧问题，这些技巧大致有：

（1）称谓贴切。

（2）第一、第二人称代词的作用。

当我们听到红白喜事主持人在说“我”“我们”“你们”“你”的时候，我们就会觉得特别的亲切，如同参与了活动，消除了听和说之间的距离，造成一种直接交谈的氛围，产生现场效应。同感同受，同思同想，又使受众感到可亲可信，大大增强了语言的感情色彩和感染力。

（3）语气词和叹词的作用。

当前红白喜事主持人的通病就是滥用语气词、叹词，提倡主持人适当运用语气词和叹词，这样非但不会使主持人语言累赘、壅塞，反而会使人觉得自然、轻松、更加准确。

语气词和叹词能表达红白喜事主持人的各种无法用其他言辞表达的复杂情感。我们可以作一个比较：

例1：“她一个姑娘单身一人在外，吃住都会遇到不少困难，再说眼下天气渐渐变凉，不知她带的衣服够不够？真使我担心！”

例2：“她一个姑娘单身一人在外，吃住都会遇到不少困难，再说啦，眼下天气渐渐变凉了，也不知她带的衣服够不够？真使我担心啊！”

例1作为一封书信，其语言表达是妥帖的，书面语言成分为主，适宜观看。而例2中仅仅在原文字稿件中加了两个语气词“啦”和“啊”，但作为主持人语言其效果就大不一样了。有了这个“啦”和“啊”，既可以使语气变得更加关切、诚恳，又使语言更加生动，受众也感到了主持人的真情。

4.表达应该适口悦耳

如果红白喜事主持人没有响亮的声音和动人的声调，受众不喜欢听，那么传播效果就不好。因此，红白喜事主持人说话不仅要考虑叙事立论、传情达意、准确生动，还要考虑每个词语清晰响亮、明朗生动。主持人语言转瞬即逝，受众一般又都是被动接受，如果主持人语言不清晰、不响亮、不悦耳，受众就会什么也听不清，听不明白。

耳朵不如“心灵的窗户”那样精明。耳朵听不清就容易使人烦躁，受众兴趣就会大为减弱，于是对问题的理解就会出现障碍。若想使受众对活动内容清晰、明了、爱听，那么主持人语言必须清晰、响亮、适口悦耳。掌握“适口悦耳”有几个要点：

（1）常见的一些音节响亮的字眼

元音的发音比辅音响亮，元音中又以开口呼韵母（等）为最。吐字发音时气流不通畅，声音就不响亮，如“女”“鱼”“绿”“出”“突”“努”“古”“苦”等，就是因为发音时嘴张不大，气流在口腔部位受阻，因而声音不响亮。主持人使用这类不响亮字词多了，势必影响受众收听。为避免不悦耳字词，可把不响亮字词换成响亮的同义词。如“与”换成“和”；“至”换成“到”；“如”换成“像”；“日”换成“天”；“迅速”换成“很快”等。

汉语语音四要素（即音高、音长、音色、音强）造成了汉字强弱高低长短的不同。汉字中有的字音明朗、高亢、响亮，有的字音低沉、幽微、喑哑。这些现象是由于声带振动形成的，是由发音气流深浅、松紧、大小、强弱、多少决定的。

（2）平声字词响亮，仄声字词不响亮

大家都知道，现代汉语语音，有阴平、阳平、上声、去声四个声调，阴平、阳平为平声，上声、去声为仄声。平声字念起来声调提得高、长，声音传得远，音感强烈，如“山”“兰”“高”“忙”“长”等；仄声字念起来短促，声音传不远，音感不强，如“为”“剩”“怎”“往”等。

古代时有一和尚在《玉钥匙歌诀》中说：“平声平道莫低昂，上声高呼猛烈强。去声分明哀远道，入声短促急收藏。”《音学辨微》（清代江永著）说：“平声长空，如击钟鼓；上去短实，如击木石。”

红白喜事主持人语言中，特别是每句话的末尾，要少用仄声字，最好用平声字，但也要防止句句都用平声字压尾的现象。

（3）双音节词比单音节词声音清晰、明朗

我们在平时说话时，双音节词的音波比单音节词长，因此声音就响亮，上口悦耳。如“时——时候”“空——空间”“响——响亮”“友——朋友”“已——已经”“到——到达”等。

再如量词、动词、形容词中的“条条”“个个”“道道”“学学”“看看”“翻翻”“用用”等。

红白喜事主持人应尽可能把单音节词换成双音节词，这也是口语化的要求。日常口语中是很少使用单音节词的。单音节词词义较宽，而双音节词比较具体。如时间概念词“时”，可组成“时机”“时候”“时期”“时分”等，可根据需要具体运用。

使用双音节词的好处，在红白喜事主持人语言中是显而易见的。其中最显著的就是可避免同音字误听，可增强节奏感。如“向前看”和“向钱看”，就可以改为“向前面看”和“向金钱看”；“全部”和“全不”就可改为“全都”和“全都不”；“食油（石油）”可改为“食用油”等。

5.尽量使用具体形象的语言

只有具体形象的语言才能使受众感到有声有色、亲切活泼、有生气，并在脑海中留下鲜明深刻的印象。

使用具体形象语言的方法很多，特别是有效地使用比拟的手法，往往可以给活动大大增强感染力。如：

“只愿一生跟你走，一生一次，当然要有高品位、高质量的婚礼，不仅是白领们的必然选择，更是各种“领”的终极梦想。正是：不求武场大登科，只求洞房小登科。再穷不能穷婚礼，再苦不能苦老婆！现在是6点18分，六六大顺，18要发。花好月圆，吉日良辰——婚礼开始。”

这句话没有深奥难懂的术语，语言通俗生动、具体形象，富有生活气息，大大增强了活动的可信度和主持人的可感性。

红白喜事主持人运用这类词的起音和收音，适当地配合起来，即可造成参差错综，形成一定节拍。如果把这些节拍依照思想感情的需求和受众口语的习惯，自然地加以排列和对称，缩短或拉长，就会造成语言的和谐，产生音乐感。声调失去配合，说起来则很不顺口，听着不和谐、不悦耳。如“因人因事制宜”“自然姿势”“四十四日”“聚居区”等，说时好像在念绕口令。

有时候，我们听到一些词，很难理解，既不和谐也不自然，更不流畅，这样的词往往是生造硬凑出来的。如：“让我们一起欢呼跳跃着敬迎21世纪吧。”

红白喜事主持人的语言艺术只有经过艺术加工、提炼之后，才具有语言艺术形式和音乐美的审美价值。也就是说，主持人语言之术形式和音乐的审美价值在于：

——不用长定语、欧化句式或洋腔洋调，听来感到别扭。

——不用半文半白、文白夹杂的句子，这种语言在活动中会变得疙疙瘩瘩，既不流畅，也不好懂。

——少用关联词，适当地运用语气词。

——不用或少用诗意很浓的句子。

——不是徒劳无益地全被抽象和所谓华丽的辞藻代替。

——不使用日常生活用语中很少出现的组织结构复杂的长句及倒装句形式。

——适当采用自问自答形式，用提问方式提起受众的注意或用来引出下文，这样使语言有起有伏，语气自然活泼生动。

总之，主持人的语言如果能像淙淙的流水、舒卷的行云，清新流畅，活泼自然，就会使受众“舒心悦耳”了。

红白喜事主持词的构思技巧

我们知道，任何活动主持之前都有一个“案头工作”，即准备的过程。红白喜事主持当然也不例外。充分细致的案头工作将为活动的主持铺设一条通达理想境界的阳关大道。通过前期的准备工作，可以进行一个主持方案的构思，想想某些话应该什么时候说、应该怎么说，等等。根据这个构思的方案，主持人上台之前就可以胸有成竹地施展一番了。

（一）选择适合活动主题的话题

主持时要选择那些容易引起别人兴趣的话题，这样有利于创造一个轻松融洽的谈话氛围，使交谈得以深入下去。

1.常见话题

一般而言，诸如以下几种话题：某些特殊的信息，社会和他人保密的信息，新奇的信息，以肯定形式出现的信息，具有权威性的信息，与主持各方自身利益密切相关的信息，与参加活动的各方的兴趣、角色相关的信息，容易引起大家的谈话兴趣，但在具体选择时要顾及谈话对象。一个话题，只有让对方感兴趣，谈话才有维持和继续的可能。

2.从对方的心理需要出发

要想对方接受自己，就要满足对方需要。在日常生活中，无论是生理上还是心理上，都有各种各样的话题，谈话时应尽可能地从某一方面去满足对方的需要。

“感谢大家选择龙门大酒店，在××同学即将参加高考之际，摆下鱼宴，为他能大展雄风，鲤鱼跃上龙门而祝福。我们衷心地预祝他发挥正常跃上龙门，超常发挥跃过龙门，一定能冲上胜利的彼岸！”

这一话题激发了学生和家属的荣誉感、自豪感，满足了其心理自尊的需要。

3.体贴关爱对方会拉近双方距离

每个人都想得到别人的关心和爱护，因此关心对方也是个永远受欢迎的话题。

“漂亮、贤惠的女士们，尊敬、高贵、智慧的先生们：在今晚这个饯行盛会上，敝团全体成员，内心深处对乡亲们的依依之情，真是难以口舌、笔墨所形容。但自古人生有聚必有分，惟祈今后能与亲人们更加密切联系，增进团结，加强相互帮助、互相提携，殷殷此心，敬请宏鉴。”

（二）赞美是沟通的有效手段

“人类本性上最深的企图之一是期望被赞美、钦佩、尊重。”美国著名心理学家威廉·詹姆士这样说。可见被赞美是人内心深处的一种基本愿望。在日常生活中，应该去发现、去寻找别人值得称赞的地方，并设法真诚地告知他，这样能给他的平凡的生活带来阳光与欢乐，使生活充满光彩。当你在渴望赞美的同时不妨把赞美先给别人。

在红白喜事主持中也是这样，多一些赞美，就会多一分和谐。

“我们的新娘×××小姐，穿着一袭洁白的婚纱，戴着璀璨放光的首饰，刻意营造了靓丽的流行氛围。再瞧她长得是柳叶眉、杏核眼、一头青丝如墨染、樱桃小口一点点，映衬出高贵典雅的气质，洁白俏丽的脸庞，尽显大家闺秀的风采。”

1.赞美的方式

赞美的方法很多，现在就常用的几种方法分述一下。

（1）直接夸奖。夸奖是赞美的同义词。直言表白自己对他人的羡慕，这是平常用得最多的方法。比如红事主持人说："今天的×××夫妇可谓男才女貌……"一句平常的话，一句出自内心的由衷赞美，会让听者精神愉悦，满脸喜色。

（2）出乎意料。出乎意料的赞美，会令人惊喜。如果你对对方的赞美出乎他的意料，他对你的印象会更好。

下面这个例子是一位丈夫在主持自己结婚纪念活动时的发言，其中充满意外惊喜和赞美，使妻子感动不已。

"老婆，你'抱怨'我不懂浪漫，其实看得出来你满心欢喜。你说只要我有这份心，你就很开心。

我们曾是那样充满朝气，带着爱情和信任走入婚姻，我要感谢你，给了我现在拥有的一切——世上唯一的爱和我所依恋的温馨小家！很多人说，再热烈如火的爱情，经过几年之后也会慢慢消逝，但我们却像傻瓜一样执着地坚守着彼此的爱情，我们当初钩小指许下的约定，现在都在一一实现。

今生注定我是你的唯一，你是我的至爱，因为我们是知心爱人，让我们携手一起漫步人生路，一起慢慢变老！爱你此生永不变！"

（3）肯定赞美。人人都有渴望赞美的心理需求，在一些特定的时机更是如此，如婚礼主持上主持人在介绍新人时可以这样说：

"看一对新人手挽手肩并肩，漫步走入婚礼现场，让我们大家以热烈的掌声祝贺他们新婚快乐！看新郎英俊潇洒，风度翩翩，精神抖擞，神采飞扬，贵人之相，仪表堂堂！看新娘温柔典雅，举止端庄，犹如出水的芙蓉，好似华贵的牡丹，和尚见了想还俗，玉帝见了要下凡，此正是郎才女貌皆秦晋，珠联璧合喜成双。"

这简短的赞扬深深地打动了新人，使他们在最需要了解自己价值的时候，对自己有了一个清楚的认识，增强了自信心。

（4）目标赞美。下面是教师在对学生进行毕业动员时的一段主持词，言语激昂，可以激励学生继续奋发向前。

“希望你们拿出拼搏精神来，谦虚谨慎勤奋努力，走出一条辉煌的人生之路。人们说社会是个复杂的大集体，人生是一本难于读懂的教科书。我们就是要在人生这部大书中寻求更多的知识，实现人生的价值。流水因为受阻而形成美丽的浪花，人生因为挫折才显得更加壮丽！理想的鲜花在坚忍不拔中怒放，胜利的果实总是给历尽甘苦者品尝。希望你们把大学毕业当成对学问追求的新起点，‘子规夜半犹啼血，不信东风唤不回’，继续努力向生活学习，向实践学习，才能事业有成。”

2.赞美别人时的注意事项

赞美有时候没有必要刻意修饰，只要源于生活，发自内心，真情流露，就会收到赞美之效。但要更好地发挥赞美的效果，则需要考虑以下5个要点。

（1）态度要真诚和热情。漫不经心地对对方说上即使一千句赞扬的话，也等于白说。

（2）赞美主要起激励的作用。鼓励能让人树立起自信心。自信是成功的一半，用赞美来鼓励对方，能达到事半功倍的效果。当我们想鼓励对方时，不妨多赞美几句。

（3）客观属实恰如其分。当你准备要赞美时，首先要掂量一下，这种赞美，对方听了是否相信，第三者听了是否不以为然，一旦出现异议，你有无足够的理由证明自己的赞美是有根据的。因为过度的恭维，空洞的奉承，或者恭维、奉承频率过高，都会令对方感到难以接受，甚至感到肉麻，令人讨厌，结果适得其反。只有适度的赞美才会令对方感到欣慰。适度因人、因时、因事、因地而异，需要不断摸索积累，掌握好这个“度”。

（4）越具体、越详细、越深刻越好。抽象的东西往往不具体，难以给人留下深刻印象。应当挖掘对方不太显著的、处在萌芽状态的优点，发掘对方的潜质，增加对方的价值感，这样，赞美起的作用会更大。

所以，要当心，赞美只能在事实的基础上进行，不可浮夸，一旦过分，就会让人反感。

（5）用他人的话赞美对方。赞美随时随地都能听见，而面对面或直接地赞美对方，总给人留下不大好的印象，有点恭维奉承之嫌。若换个角度，换种说法，也许就好多了。以“第三者”的口吻来赞美对方，说：“×××常称赞您如何如何，今日一见您本人，果然名不虚传……”可想而知，对方一定很高兴。

以“第三者”的口吻来赞美，更能得到对方的信任和好感。因为在一般人的观念中，“第三者”说的话是较公正的。因此，当面赞扬一个人，有时会令人感到虚伪，疑心你是否真心，而间接地在背后赞美对方，使对方感到你对他的赞扬是真诚的。

3.赞美对方如何因人而异

善说恭维话，别人听了舒服，而且有利于自己的言行，何乐而不为？主持人在主持各种活动和仪式时，面对千人千面，恭维也需因人而异。我们举下面几类典型人物：

（1）官员。你如果说他生财有道，定会发大财，享不尽的荣华富贵，他不大骂你一顿才怪。你若说他为国为民，清正廉洁，劳苦功高，他定会喜形于色，因为这是他追求的目标。

（2）知识分子。你如果说他功底深厚，思想新潮，笔下生花，他听了一定高兴，文人骄傲的地方不就是这一点吗？

（3）商人。你如果说他学问好，道德好，清廉自守，他肯定会无动于衷；但你若说他脑子灵活，红光满面，日进斗金，他听了会很高兴的，因为这是他所期待的。

（4）年轻人。年轻人寄希望于自己，自以为前途无量，你如果举出几点证明他的将来大有作为，他一定高兴地引你为知己；你如果称赞他父母如何了不起，他未必感兴趣。

（5）老年人。老年人历尽沧桑，几十年的光阴该怎么样就怎么样了，对于还未达到的预期目的，已不抱太多希望了，他目前最关心的是他的子孙。如在给他祝寿时，夸他的儿子、孙子学识能力都胜过他，真是出类拔萃，他必定非常高兴，认为你是慧眼识英雄。

（三）优秀的主持人也是幽默的高手

幽默是思想、才学和灵感的结晶，它使语言在瞬间闪出耀眼的火花。

1.幽默的特征

（1）幽默不一定直白，有的令人回味无穷

幽默往往含义幽远，幽默讲求寓深远于平淡，藏锋芒于微笑。

（2）幽默中有温情

听了别人说的笑语能发笑，这是正常人起码的幽默感。自己能来点幽默，让别人笑，这人则具有相当的幽默感。若拿自己开玩笑——自嘲，这是最高品位的幽默。可见，富有平等意识和人情味是幽默的重要特征之一。很多语言高手都是擅长自嘲的人。能体现出真正人情味的幽默，往往会拉近双方距离。

2.幽默的作用

无论是在日常生活中，还是在重大的活动现场，都离不开幽默的谈吐。幽默在人际交往中可以发挥如下作用。

（1）幽默让你放松，减轻压力，使环境更协调。

（2）幽默中有智慧的光芒。

（3）幽默会让人忘记酸楚和劳累。

（4）幽默是最好的保健品。所谓“笑一笑，十年少”的说法并不是夸张。

（5）在适当的场合，幽默的谈吐可以增强交际的生动性，增加亲切感。

3.主持人培养幽默感的途径

幽默是交际语言的“润滑剂”，能使语言生辉。那么，怎样才能具有幽默感呢？

（1）要具有高尚的情趣和乐观的信念。幽默的谈吐是建立在说话者思想健康、情趣高尚的基础上的。幽默者要心宽气朗，对人充满热情，有较高的涵养。

（2）要有较强的观察力和想象力。幽默来自于对生活的深刻体验和对事物的认真观察，并要求说话者思维敏捷，反应迅速。

在交谈中，幽默总能活跃气氛，使交谈者处于一种精神松弛状态，从而缩短人与人之间的距离，让大伙感到亲切自然。它是创造理想谈话氛围的有功之臣。幽默是一门语言艺术，是一种很高的人生境界。若想增强自己的幽默感，要多阅读并摘抄一些幽默小品。

（四）控制语气和节奏

所有使用有声语言的场合，都离不开语气。语气包括思想感情、声音形式两个方面。

若想成为一个说话富于感染力的人，就一定要熟练掌握驾驭语气的能力，要善于运用合适的语气来表达复杂的内容和不同的思想感情。

1.注意谈话的场合

一般而言，较大的场合要注意适当提高声音，放慢语速，使语势呈一定幅度上扬，以突出重点。反之，小场合则要注意适当降低声音，增强词语密度，使语势呈下降趋势，追求自然效果。不同的场合运用不同的语气，红事、白事、纪念事宜、庆典事宜，所需的语气都有所不同，都应该根据情况使用不同的语气和节奏说话。

2.用语气影响听者的情绪

语气能够影响听话者的情绪和精神状态。如喜悦的语气带给对方喜悦之情，悲伤的语气要引发出对方的伤感之意等。

语气是有声语言的最重要的表达技巧，因为说话语气往往是一个人潜意识的表露。只有掌握了丰富、贴切的语气，才能使我们在交际中赢得主动。

3.节奏的感情色彩

节奏不是外加的东西，它取决于说话的内容和交谈双方的情境，靠起伏的思绪遣词造句，靠波动的情感多层衍进。

人们在说话、朗读和演讲中，速度的快与慢、情绪的张与弛、语调的起与伏、音量的高与低等，变化对比，就形成了节奏。节奏在口语中起着重要作用。

节奏主要表现人的心理的运动变化，不同的口语节奏具有不同的形象内涵和不同的感情色彩。适当的节奏，有助于表情达意，使口语富于韵律的美感，加强刺激的强度。

就语言的节奏类型来说，一般分为六种：

（1）轻快型。明快清晰，多扬少抑，听来不费力，让人感到活泼、流畅。日常对话中经常运用此型，一般性辩论也常采用此型。

（2）凝重型。既不高亢，也不低沉，清晰沉稳，不滑不促，用于某些语重心长的说服教育、发表议论和抒发情感等场合。这种节奏庄重、严肃，听来一字千钧，发人深省。

（3）高亢型。声音偏高，语气昂扬，语势上行，给人以雄壮威武的感觉。用于鼓动性强的演说和使人激动的重大事件。

（4）舒缓型。说话从容舒畅，起伏不大，声音适中，是一种稳重、自然的表达方式。用于学术探讨和阐释性、说明性的叙述。

（5）低沉型。声音偏低偏慢，语气压抑，语势多下行，给人以庄重、沉闷的感觉。用于悼念及具有悲剧色彩的事件的叙述。

（6）紧张型。语速较快，句中停顿较短，但声音不一定高。用于需加以澄清的事实申辩和紧急情况的汇报等。

在红白喜事的不同场合、不同环境，可以分别侧重使用某一种节奏型，并以其他节奏型为辅，互相渗透融合，从而使说话、演讲和辩论的基调明确，不呆板单调。

此外，还要练习每个词、词组和句子成分的节奏。因为每个词、每句话，都将影响一个人的说话语气与节奏。节奏和说话者的心理状态关系密切，并随着心理运动的变化而变化。环境的更换，情绪的起伏，交际对象的差异，都会引起说话节奏的变化。

总之，缺乏节奏感的语言是平淡呆板的，而节奏感强的语言抑扬顿挫，富有表现力，是吸引听者的最大秘诀。

（五）加强说话效果

各人所处的地位不同，对同一事物的理解也千差万别，因此在言语交际中，应针对不同的环境、对象作出判断，掌握必要的谈话方式方法以加强谈话的效果。

1.少而精

主旨明确、内容相关、有条不紊的谈话，让人很容易领会，有一种美感；反之，主旨不明、杂乱无章的说话叫人难以领会使人厌烦。正像任何行动都会有目的一样，人只要说话就有一定的目的。目的决定了任何谈话都有一个中心意思。中心明确，才能解决说话的集中性、连续性和条理性的问题。日常说话不论简单还是复杂，都要主旨明确，要言不繁。

某单位开庆功大会，常常见到这样的情景：几位领导轮番上台讲话，同一个内容，被几位领导反复重复，或不着边际地发挥，引起不满与抱怨是必然的。这种毛病不但有损领导形象，也是对别人的不尊重。应当立一些规矩：没有话题不说话，主旨不明免开尊口，不以“出风头”开始，不用“出洋相”结束。

对于一次谈话要说出多项内容，更需要事前心中有数，在多项内容之间串起中心，不论是主动者或是倾听者，要有耐心和善于捕捉谈话的时机，将游离于主题外的话题拉回来。按一定的主题和条理与人交流，对听话的另一方也是一种礼貌。

2.准确表达，用正规语

准确表达，善于言谈，既要快捷，又要得体，是人际交流的必需。古人说：“一言兴邦，一言丧邦。”并非耸人听闻。

语言是约定俗成的，没有约定俗成，就不能成为信息的载体、交流的工具。而在这约定俗成的复杂的语言世界中，只有措辞得当，才能避免误解。“言不在多，达意则灵。”

3.形象且有趣

比喻人人都会用，关键在于巧；类比并不难，难在贴切。“愿我的祝福像高高低低的风铃，给你带去叮叮当当的快乐！”

这是应用修辞学的比喻和类比的例子。比喻和类比的恰当运用，增强了语言的说服力，达到了预期的效果。

（六）红白喜事主持的谈话禁忌

所有的说话大致可分为两种：一种是让人愉快的，另一种则是让人生厌的。每个人都喜欢说让人愉快的话，而每个主持人也都希望成为受人欢迎的主持人。

正如谈话有技巧一样，谈话也是有禁忌的。我们不能满足于我们知道或掌握了多少技巧，我们还要谨慎地注意谈话的禁忌，力避误闯雷区。谈话的禁忌有许多，需要在日常谈话中不断总结积累。以下略作概括。

1.忌枯燥无味

有一类人说话别人不爱听，并不是因为说话太多，喋喋不休，而是因为说的话太枯燥乏味，没有一点儿波澜。他常常是夫子自道，观念单调，言语乏味。这类人不开口则已，一开口便使人感到厌倦了。这些没有重点、没有观点、平淡无奇、像白开水似的话，很快就会让聆听者失去耐心。

2.忌插嘴插舌

插嘴插舌者总是在你说话说到高兴处，冷不丁地杀进来，让你猝不及防，不得不中途偃旗息鼓。他不会预先告诉你，说他要插话了。插嘴插舌者有时会插到别的话题上，有时是把你的结论代为说出，以此得意洋洋地炫耀自己的光彩。无论是哪种情况，都会让原来说话的人顿生厌恶之感，因为插嘴插舌者不懂得尊重别人。

也许，对付插嘴插舌者最好的办法，就是让他与喋喋不休的抱怨者同处一室，那样场面一定精彩，他们双方也会得到最大的满足，只是他们会更觉无聊。

3.忌说长道短

笑话、幽默、奇人异事不失为一种良好的语言润滑剂，但一旦走过头了，沉浸于那些不堪入耳的黄色玩笑，或出言粗俗，常被人认为是缺少思维能力和知识浅薄的家伙，而失掉自己的人格尊严。

4.忌小题大做

爱小题大做的人，常将很多的时间与精力，放在一件很渺小而不合乎需要的事物上。若要他讲述一段遭遇，他一定会不厌其烦地反反复复地用五倍以至十倍的时间来讲述他的故事。你等他讲了好久，已经被他众多的散漫的细节弄得晕头转向时，还没有听到他讲述的故事的要点。

假如这位小题大做者，如果能看出听他讲故事的人如此耐烦完全是因为礼貌，那么他必定会把要说的话整理完后才讲。如果能看出对方对故事并不感什么兴趣，他也会采用种种努力使故事讲述得更紧凑一些。遗憾的是，他们始终观察不出听众的反应。

5.忌自作聪明

有一类人，总觉得自己比别人聪明，摆出一副什么事都知道的架势，因此在言语行为上，总认为别人说得不好，考虑得不周，其实自己的意见也高明不到哪儿去，或者根本牛头不对马嘴，让人既好笑又好气。

自作聪明的人往往还特别爱说话，总认为自己的意见比谁的意见都好，爱大嗓门到处嚷嚷，以炫耀自己百事通的本领。

6.忌言而不实

言而不实的人说话很少有个准数，要么与事实本身不符，要么说一套，做一套，极易失去别人的信任。

红白喜事主持词如何选词、炼句

人类在传播信息过程中不可缺少的工具之一便是语言。而对于红白喜事活动主持人来说，语言所起的作用更是无可替代的。在广播这一大众传播媒介中，主持人利用这一特殊的传播符号与听众建立了直接的交流关系。语言的交流使得主持人与受众之间形成理解和沟通的桥梁，并使文化得到传播，同时也得到信息的反馈。主持人用其特有的语言吸引了听众，引发了听众的兴趣，激起了听众参与的热情。彼此间的距离缩短了，彼此间的心相通了，彼此间的交流实现了，主持人的传播目的也达到了。可以说，主持人就是通过语言这个工具，让受众认识并了解自己，同时形成自我独特的风格。

（一）开场寒暄

人们在见面时会打招呼，即寒暄。“寒”是“寒冷”，“暄”是温暖，即“嘘寒问暖”的意思，泛指人们在碰面时互相问候一下，以示礼貌和关心，在寒暄时就涉及使用客套语和称呼语两个问题。

1.使用客套语

客套语就是人们在日常的工作和生活中的礼貌用语。由于语言是人际交往中首要的工具和手段，所以掌握客套语的用法和技巧显得尤为重要。恰当地应用客套话，一方面能够体现主持人的涵养，树立良好的个人形象，另一方面能让对方感觉自己受到尊重，从而产生愉快的心理，促使人际交往的顺利进行。人们在不同场合使用不同的礼貌用语，如果相互混淆、张冠李戴的话，势必会惹来大笑话，甚至有可能引起别人的误会，导致不必要的麻烦，因此，我们要学会在不同的情况下正确、灵活地使用客套话。

在各式各样的红白喜事活动当中，要与别人发生各种形式的接触，在特定的场合，许多客套话都是约定俗成的，我们掌握了之后，便可以轻松地套用。

（1）约定客套语

嘉宾到场称：欢迎、请进、赏光、蓬荜生辉、望移玉趾、屈尊、惠顾、光临、驾临、莅临、俯就

请客人不要客气称：请便、自便、请随便

送客出门称：慢走、走好

受人之赐称：谢谢、感谢、破费、费心、拜谢、璧谢

回称：不谢、不客气、应该的、笑纳、不成敬意、惠存

谢人帮助称：有劳、劳驾、多谢

回称：不谢、不客气、举手之劳

请人评论称：指教、指点、指正、高见

回称：互相学习、互相切磋、不敢当

请人解惑称：指导、赐教、指点迷津、候教、聆教

受人教导称：茅塞顿开、醍醐灌顶、受益匪浅、“听君一席话，胜读十年书”

回称：过奖

受人益言称：药石、箴规

回称：过奖

向人提要求：恳请、恳求、诚请

回称：尽力、效劳

请人原谅称：海涵、包涵、抱歉、请勿见怪、对不起

回称：好说、没关系

自提意见称：浅见、肤见、管见

回称：高见

谢人致问称：多谢关心、有劳费心

回称：应该的

贺人荣归称：锦旋、凯旋、衣锦还乡、荣归故里

贺人中榜：蟾宫折桂、金榜题名、榜上有名

贺人生日：初度之辰、福如东海、寿比南山、大寿、寿诞、华诞、芳辰

贺人年高称：齿德俱尊、德高望重

贺人喜庆称：恭喜

（2）询问客套语

询问姓名称：贵姓、尊姓大名

回称：鄙姓、免贵姓

询问年龄称：贵庚、高寿、青春几何

询问籍贯：府上、老家

询问职业和工作：高就、供职

2.使用称呼语

在红白喜事主持的开场寒暄中，称呼语被广泛地使用着。称呼语表示着人与人的关系，反映着一个人的修养和品德。正确使用称呼语，对于加强人际沟通，促进相互交流有着重要意义。称呼有以职务相称的“职务称”；有以姓或姓名加“同志”的“姓名称”；有不知对方职务与姓名的“一般称”，如“同志”；有“职业称”如“售票员同志”；还有“代词称”，如“您”；有更亲切的称呼，如“老叶”“小关”；至于亲属的称呼也很多，可谓亲属称。

在主持中有针对地选择称呼：

（1）对工人比较通行的是称“师傅”，对文化人最好称“老师”，比较熟悉的可以称“老某”“小某”，社会上一般互称“同志”。

（2）对于领导同志（除部队外）应称为“某某同志”，而不要称职务。在某种场合为了工作需要，说明某人的身份而称一下职务也是可以的。

（3）对于老年人要称之为“老大爷”“老奶奶”。对于年纪较大的称之为“大叔”“大娘”，也可称为“叔叔”“伯伯”“阿姨”等。

（4）对于低年级的学生和幼儿园的小孩子，可根据年龄称他们为“小同学”“小同志”“小朋友”。

（5）对于年纪相仿的人，有些青年人习惯于称“大哥”“大嫂”“大

姐”，这些称呼也可以。但“哥们”“姐们”一类称呼就显得不文明了。

（6）对海外同胞，则可根据年龄、性别称为“先生”“夫人”“小姐”等，不可滥用“同志”这种称呼。

（7）对国际友人，一般对男子称“先生”；对女子称“夫人”“女士”“小姐”；对已婚女子称“夫人”，未婚女子统称“小姐”；对不了解婚姻情况的女子，可称“小姐”，对戴结婚戒指的年纪稍大的可称“夫人”。这些称呼均可冠以姓名、职称、衔称等。如“希莱克先生”“议员先生”“玛丽小姐”“秘书小姐”“护士小姐”“怀特夫人”等。

（8）对地位高的官方人士，一般为部长以上的高级官员，按国家情况称“阁下”、或职衔加先生，如“部长阁下”“总理阁下”“总理先生阁下”“大使先生阁下”等。但美国、墨西哥等国没有称“阁下”的习惯，因此可称“先生”。对有地位的女士可称“夫人”，对有高级官衔的妇女，也可称“阁下”。

（9）对医生、教授、法官、律师以及有博士等学位的人士，均可单独称“医生”“教授”“法官”“律师”“博士”等。同时可以加上姓氏，也可以加上“先生”。如“卡特教授”“法官先生”“律师先生”“博士先生”“马丁博士先生”等。

（10）对军人一般称军衔，或军衔加“先生”，知道姓名的也可冠以姓与名。如“上校先生”“莫利少校”“维尔斯中尉先生”等。有的国家对将军、元帅等高级军官称“阁下”。

（11）对教会中的神职人员，一般可称教会的职称，或姓名加职称。如“凯特神父”“传教士先生”“牧师先生”等。有时主教以上的神职人员也可称“阁下”。

（二）话题展开

话题展开，就是入题后活动主体的展开，从主持人的语言应对艺术来讲话题展开的方式有以下几种：

1.采用排比展开的方式

为了更有效地表达思想感情，加强讲话的气势，常常把结构相同或相似、语气一致、意思密切关联的三个或三个以上的词组、句子联结在一起说出来。这种修辞方式，就叫排比。

运用排比这一修辞方式可以使文句整齐隽秀，增强语言的节奏感和旋律美，能使语势得到加强，情感得到升华，充分表达讲话者的思想情感，形成强烈的表述效果。

2.采用设问或反问的方式来展开

设问与一般提问不同。一般提问是将自己不明确或者没有把握的问题，提出来希望别人予以解答，或者答案自己知道，故意提出，要求别人回答。设问则不同，不是“有疑而问”，而是为了提醒、加重讲话内容，突出观点，引起受众注意，增强语言表达效果的一种修辞方式。设问运用得好，能够增强讲话的论辩力、说服力；能够引起听众注意和思考，从而加深对讲话内容的理解和记忆；还能使讲话者抒发某种情感，使讲话曲折、含蓄。尤其在即席讲话中，设问可以避免平铺直叙，促成讲话者和受众之间的感情交流和沟通。设问能提起注意，引人思考，吸引受众。

3.采用数据来展开

中国申奥代表团2001年7月13日在莫斯科取得申奥的胜利，许多人还历历在目，中国代表团成功因素之一就是陈述报告的成功。北京的申奥陈述报告就是采用数据来展开的。

4.采用幽默的方式来展开

把幽默用于连缀情景，活跃气氛，更充分地利用幽默来推动活动的展开和进行。

5.利用高潮来推进展开

造就高潮首先靠思想，有思想，闪耀出真理的光辉；说出来的是至理名言，听众自然信服。造成高潮需要技巧，如铺垫蓄势、衬托对比、强调突出、设网解扣、当头棒喝等，都可以酝酿出高潮来。

（三）词汇

1.口语词和书面语词的不同

主持人讲话的最突出特征是口语化。口语词和书面词的不同，在词汇上表现最为明显。例如：

生日——诞辰 行礼——鞠躬 马上——即将 到达——抵达 吓唬——恐吓 信——函 这几天——连日来

以上几组词，左面为口语词，右面为书面语词。主持人在一般的综艺或谈话类活动中应尽量选择口语化的词，但是在严肃、庄重的场合，不宜用纯口语。口语的用词非常丰富，主持人一定要有选择地使用，去掉粗杂，避免不规范、不纯洁的语言现象，提高主持人用语的档次。

2.少用同音词

汉语中有许多读音相同、意义不同的词语。主持人的语言直接诉诸听觉，没有字形辨析的过程，因此，主持人在选择词汇时，要尽量少用或不用同音词，以免产生歧义。

3.少用简称，用词响亮

语言是广播电视的重要传播方式，持续时间短，要让人在短时间内听得明白，听得悦耳，就应该选择词义明确、响亮悦耳的词汇。

汉字语音的响亮度，主要取决于元音的开口度的大小，一般来说开口呼的字音要比合口呼、撮口呼、齐齿呼的字音要响亮、清晰一些。

例如：立即——马上 比如——好像 旭日——朝阳 美滋滋——喜洋洋

双音词比单音词更易懂、易读，并且更明确。汉语单音节词的词义往往趋向多维，且音波短暂，不容易让人听明白、想清楚。如一个“时”字，可以拓展为“时候”“时节”“时间”“时期”“时光”“时段”等许多双音节词汇。因此，为了明确词义，应该将单音词扩展为双音词。例如：

虽——虽然 如——如果 因——因为 但——但是 应——应该 为——为了

另外，尽可能少用简称，这也是避免产生歧义，使语义清晰的方法之一。

4.去繁求简

主持人要想使受众畅所欲言，必须营造朋友式的氛围。朋友之间的语言是不需要任何雕琢、装饰的，唯有质朴才能让人感受到亲切自然的人情味，华丽的辞藻总有矫揉造作之嫌，只会拉开距离，让人生厌。

5.注意感染力

主持人应该特别注意自己的语言是否有感染力，对词汇的选择要力求生动、形象、幽默、活泼，避免枯燥、抽象、沉闷、呆滞。为了使语言更丰富，当同一种词义反复出现时，应换用同义词、近义词，避免在一次或一类活动中重复使用相同的词汇。

例如：高兴——愉快——快乐——兴奋 气愤——生气——愤怒——恼火

6.根据受众、环境选择词语

主持人的话总要符合一定的语境，主持人要有明确的对象感，词汇的选择要与所处的语境、对象吻合。性别、年龄、职业、兴趣不同，词汇的择取要恰当。否则，将会因为没有情趣而失去观众。

（四）句式

主持人语言的语句结构特点主要体现在口语句式与书面语句式的差别上。

1.句式简短、结构精炼

口语一般比较随意、简洁、粗糙，辅以体态语，可让人很快明了语义，是日常生活中的用语。主持人的口语与日常口语同中有异，主持人语言一般在句式上既不能像书面语句式那样严谨、完整，把相互关联的内容组成复杂的长句；也不能像日常口语那样随意、松散，具有跳跃性。主持人语言讲求简洁明了，结构精炼。句子的附加成分少，并列成分少。当要表达较为复杂的意思时，采用短句加短句的形式较好，尽量不要用结构复杂的短句和关系不明的复句。

例如：

今天，要和朋友们谈的是一位年纪轻轻，相貌平平，却干出了大事业的张三。

今天，要和朋友们谈的是干出了大事业的张三，尽管他年纪轻轻，相貌平平。

前者为书面语，在“张三”前面有长长的定语成分，说、听都费劲。后者将附加成分改为分句形式，句子短、结构简练，说起来、听上去都顺当，是主持人适宜的口语句式。

2. 活泼的问答句式

采用设问句式可以开阔受众思路，加强语气，吸引受众注意，从而引出下文。这样的句式变化多，有起有伏，语气流畅、活泼、自然。

例如，俗话说：“河有头，江有源，那么长江的源头究竟在哪儿呢？”以问句的形式，扣住受众的心弦，使听者充满好奇、疑问，急切想了解下文。主持人有问有答，亲切热情，使人兴趣盎然。

3.少用关联词

主持人说话的时候，书面语里常出现的“因为——所以”等关联词。其实应该少有关联词，主要用语意表达出分句之间的关系，符合听觉要求。为了主持得更吸引人，主持人应在音色、语气、语调中追求变化，像日常口语一样，多用语气词、感叹词和象声词，从而造成书面语体所没有的特殊语感。

例如：

“今天来到××市来主持××先生和××小姐的婚礼，嘿，到这里我就发现了我们××市哇，可真是个好地方，到夏天哪，瓜果可多呢，白兰瓜呀，南瓜呀，西瓜呀，又多又便宜，这里的人都很热情，一直对我说，你就可劲吃吧！我想正是这样的城市才能养育出××先生这样的人，使得我们××小姐千里寻夫来到了这里。”

这段话用了八个语气词和感叹词，易于口语表达，语气活泼，富有感情。语气词、感叹词可以用在句首、句中或句尾，不仅用来表示各种语气，还用来表示停顿。像上面这段话，在主语后面加了语气词，有了停顿，就能更明白地表达了。语气词使用较多是口语的一大特点，但是主持人不能为了追求口语效果，而盲目地添加语气词，这样反而会弄巧成拙，显得语言拖沓、啰唆、琐碎，甚至让人感觉主持人没话可说，硬拖时间。

红白喜事主持词的写作结构

（一）开场语

开场语，顾名思义是活动主持人在活动伊始所讲的话语，好的开场语可以很快吸引受众对活动的注意，激发起受众的情绪，为整个活动确定基调，先声夺人。开场语的设计总要求有两点，即精当和巧妙。

开场语在很大程度上受活动内容和受众情况的限制，很难将其所有的形式概括完整，也很难硬性指定用哪一种方式为好，但一般常见的有以下几种：

1.开宗明义

开宗明义即主持人在活动开始之后，不做过多的铺陈而很快地进入活动中去。这样的开场语简单明了。

2.借景抒情

借景抒情即借用与活动相关的环境景物，抒发情感，以此来调动受众的情感。

3.道理议论

顾名思义，道理议论即由谈论某个道理而进入一个活动。故事能引起受众的兴趣，抒情能激发受众的情感，议论则能使受众参与思考，这也是导入活动的好办法。

4.由此及彼

由此及彼是指主持人借助一般事物或相关的事物引出第一个环节，而并不是一开始就用简洁的语言直奔这个环节主题。这样的开场白容易激发起受众的兴趣，能起到引人入胜、调动受众情绪的作用。

5.幽默风趣

即主持人上场通过说些饶有兴味的话语来带动受众的情绪，使受众心理上产生一种乐趣，然后导入一个环节。总之，无论是开宗明义，还是一件事、一段情、一幅景、一个理，由此及彼地进入活动，开场语都可随活动类型、内容的不同而千变万化。

（二）衔接语

对于主持人来说，环节与环节之间的串联非常重要，也非常关键。要完成这种连接，语言责任重大。这种将上下两个活动连接的语言就是衔接语。

衔接语，其作用在于使活动的内容与内容、形式与形式、风格与风格联系得紧密融洽，不使受众产生突兀的感觉。它是整个活动的骨架与筋脉，不仅能撑起一个活动，而且还能使各个环节的血液相互流通，赋予主持更多的光彩。同样，衔接语也要视活动类型、内容而定，展现不同的风格。

常见的衔接语有以下几种：

1.承启式

承上启下即上挂下连，用几句话概括小结或评点上一程序内容，然后自然介绍或引出下一程序内容。这种方式能使受众直接感觉到上下两个环节的内在联系。

2.问答式

由主持人提出问题，当然这问题不是随意的，而是与下一环节有关，然后由相关人士加以回答。通过对话从上一个环节过渡到下一个环节。

3.悬念式

主持人向受众抛出几个问题，引起受众的期盼心理，以此来衔接上下环节。这种方式能引起受众对下一个环节的兴趣，引人入胜。

（三）终结语

与开场相对的便是终场，天下无不散的宴席，再好的活动亦有曲终人散之时。在活动结束时，主持人所说的话与开场语相对应的，称为终结语。活动开始，主持人不说上一段话，受众就会觉得没头没脑；活动结束，主持人不说上一段话，受众当然也会觉得没有尾巴，不完整，就像一句话没有标上句号，总让人感到下面还有什么话要说似的。成功的终结语不仅让受众知道活动已经结束，而且还能让他们产生回味，让活动进行时所掀起的思想情感的波澜久久荡漾。

终结语的方式也很多，下面介绍常见的几种：

1.直接宣布

开场语开宗明义，即三言两语向受众问好，做自我介绍马上引入活动。这也是我们通常形容的开门见山式。终结语也可视活动的需要，用寥寥数语一向受众表示感谢，二向受众宣布活动到此结束，三向受众表示祝愿。

2.依依惜别

在活动结束时说一些情深意切的离别话语也是常用的终结语。离别是人生最易动情之时，在活动终了时向受众吐露这一情感，能让受众在活动结束之后仍能延续这一宝贵情感。

3.设疑引思

每每在活动终了时提出一些让人深思的与活动有关的问题，从而引起观众的思考。这样的终结语具有开拓性，能深化整个活动的主题，能激发受众对活动的更大兴趣。

4.归纳回顾

一件事完了之后总结归纳一下是人们的习惯，做活动也不例外。让受众对刚才欣赏或参与的活动在返归的过程中产生一种终结感。这种方式可以使受众对活动加深印象，帮助其回忆。

第三章　红白喜事主持词的常见分类

婚礼主持词

神圣的婚礼是每个人一生中最重要的事之一。婚礼主持词则贯穿整个婚礼过程，它主要包括婚礼主持词、主婚词、证婚词、婚礼致词、祝词和答谢词等。是参加婚庆典礼的各方面人士用来表达对新娘新郎祝福的致词。

一般婚礼由司仪主持，司仪的主持内容多由事先敲定的婚礼程序决定。司仪既负责整个流程的掌握又负责调动现场气氛。婚礼的主持词要因不同的情况而变动，有鲜明的特色。如举办在秋天的婚礼，司仪可以这样开场：

“秋风送爽，歌声朗朗，金风送喜，喜气洋洋。在这美好的日子里，在这温馨浪漫的时光，我们欢聚一堂，共同迎来了一对情侣×××先生和×××小姐幸福的结合。

秋天是一个收获的季节，而今天一对新人将在这里放飞希望，融为一体。从今天起，他们将共同培育爱情的常青树，共同分享人生的幸福果。很荣幸能够接到新郎新娘的委托为他们主持今天的新婚大典，在这里首先请允许我代表二位新人以及他们的家人对各位来宾的光临表示衷心的感谢和热烈的欢迎！”

总之，婚礼的主持词不仅要有主持人自己的特色还要与新人的婚礼过程想要的风格相符合，过于严肃和过于轻松都是不必要的，一定要能够衬托主题。

主婚词是指主婚人对新郎新娘说的话。主婚人多为新人的父母担当，如果父母已故则由其他长辈担任。其内容多半是对新人的训勉和鼓励。

证婚词顾名思义是为了在婚礼之上证明这对新人的结合而讲的话，其内容多半是恭维男女双方的家声、品行及一些颂扬之词，还要同时对新人加以劝勉、祝福和期望。这一过程使得婚礼变得神圣而庄重，因此证婚人多半由德高望重之人担当或者对新娘新郎十分了解的人担当。证婚人的希望和劝勉对于新人来说特别重要。所以证婚词一定要进行反复推敲，做到完美。例如：

“今天，是××先生和××女士喜结良缘的大好日子。首先我代表各位来宾祝新郎新娘新婚快乐、万事如意！

我受新郎、新娘之托，担任他们的结婚证人，感到十分荣幸，同时也万分欣喜。新郎、新娘通过相识、相知、相爱，直至成为夫妻，走过了难忘的时光，对此让我们表示热烈的祝贺！

现在，我宣布：××先生和××小姐的感情是真挚的，他们对共创未来已有了充分的心理和物质准备，他们的婚姻是合乎逻辑的，程序是合法有效的！青山为你们作证！秀水为你们作证！在座的亲朋好友为你们作证！

希望你们在今后的日子中，要互敬、互爱、互谅、互助，无论今后是顺畅或是坎坷，你们的心总是连在一起，把对方作为自己毕生的依靠，相依走向灿烂的明天。

值此美好的夜晚，你们不能忘却了给予你们无限呵护的父母亲，要把对父母的感念之情化为实际的行动，孝敬和侍奉双方的父母颐养天年。

让我们祈祷！让我们祝福！让我们举起手中的酒杯，共同祝愿这一对玉人新婚愉快、永结同心、白头偕老，携手共创更美好的明天！”

以上就是一个好的证婚词典范，这份证婚词，提出的希冀和勉励符合实际，对新郎新娘婚后的生活指明了方向，提出了婚后生活需要注意的地方。

神圣庄重的婚礼也应该有轻松欢愉的片刻。婚礼致词就是用来活跃气氛的。如今，婚礼致词这一环节，不仅用文字，而且配上图片和视频，让大家更了解这对新人是如何相配。婚礼致词的人选多半是新娘或新郎的挚友同事，了解新人的恋爱故事、生活趣事等。婚礼致词的内容也与此有关，首先要介绍自己与新人的关系，然后对新人人品能力表示肯定或赞扬，介绍新人的生活趣事、恋爱故事、求婚等，最后提出自己对新人的祝福和希望。

婚礼祝词就是多方人士对新人未来生活的美好祝福，一般是由领导、亲朋好友担当，内容多为希望新人婚后生活幸福美满，早生贵子等。

婚礼答谢词是由新人或者其父母对莅临婚礼的各位来宾，亲友表示感谢的致辞。如果是新人致辞还应包括对双方父母的感谢，感谢其同意两人的结合等。同时一般会客套地祝到场来宾未来的日子如意吉祥等。

生日主持词

每个人每一年都会过生日，有些时候我们会宴请些亲朋好友一起庆贺自己成长，这时候就需要了解关于生日主持词和祝词的一些内容。

生日主持词，一定要根据年龄的不同而有所差异。用词用语要适当。生日的主持人应该掌握生日宴会的各个步骤，根据场合的情况说出自己的特色。既要涵盖对寿星的祝福，又能够调动气氛。对于不同年龄层次有不同的用词，一般大型的寿宴场合，如孩子周岁或者老人过大寿都要格外注意，而且要懂得一些禁忌和规矩。如在吹生日蜡烛环节切忌不要说成“吹灭蜡烛”，请来宾致祝词的时候要长幼有序。

生日祝词，也就是来宾对过生日的人所说的祝语。祝语要根据寿星的年龄来选择适当的话，更要符合说话人的身份。对于长辈多半以祝福为主，而对待同辈和晚辈则要以勉励为主。

按年龄来说，如果是十岁以下孩子过生日，一般包括了对孩子的表扬和肯定，鼓励孩子并提出希望，最后祝福孩子并表达出自己对孩子的爱。可以说祝福可爱的小宝贝以后健康成长等。而十八岁以下的少年，祝福语应该偏重于学业，祝福其学业有成，取得进步之类的。

十八岁已成年的青年人，他们的生日祝语则偏重希望其能够实现自己的志向，找到好的工作等。

对于中年人，在生日庆典上要祝福其事业有成、儿女聪颖可爱，家庭美满、身体健康等。

对于老年人，要格外重视。一是因为老年人祝寿的讲究多，二是老年人对于自己的生日格外的重视，所以要谨言慎行。应该根据寿星的年龄和性别来做相应的变动。对于年长的男寿星多用“松柏”“北斗”“泰山”“南山”等来表现男性的坚韧和刚强；对于女性则多用“瑶池”“王母”“萱草”等来赞扬其柔美温和。

以过寿的是自己的双亲为例，在祝词中既要表现出对父母的感激之情，又要表现出自己对父母的爱和理解，更要表现出对父母的祝福。可以选择下面这样开场。

“各位亲朋好友、各位尊贵的来宾：晚上好！很高兴今天是父亲五十岁的寿辰，老师说我是上帝赐给父亲的礼物，但愿这礼物不算太糟！树木的繁茂归功于土地的养育，儿子的成长归功于父母的辛劳。您那博大温暖的胸怀，真正使我感受到了爱的奉献。在您的生日这天，请让我深情地说声谢谢！对绝大多数家庭来说，教育子女的责任是由父亲的“棍棒”来承担的。我是一个在棍棒下成长的孩子，回头想来，儿时的怨恨是那么的可笑，天下没有不爱子女的父母，用棍棒训诫也好，用笑脸抚慰也罢，都源于一个伟大的“爱”字，目的都是希望其“成人”。父亲的爱是含蓄的，每一次严厉的责备，每一回无声的付出，每一道可口的家常小菜，都诠释出一个父亲对儿子的那种特殊的关爱。它是一种崇高的爱，只是给予，不求索取，不讨恩情。父亲没有被写进一篇诗章，没有被唱入一首颂歌，但您给我以生命，并抚育我成长。五十岁是您生命的秋天，有枫叶一般的色彩。对于我来说，最大的幸福莫过于有理解自己的父母。我得到了这种幸福，并从未失去过。所以在您的生日，我想再次向您说一声：谢谢！有人说五十岁是应该休息的年龄！对于父亲而言，每增加一岁，多出的是一份魅力，一份成熟，一份智慧，今天的父亲无不散发出一个成功男人应该具有的形象。今天我们欢聚一堂，为您庆祝五十岁的寿辰，这只是代表您人生长征路上走完的第一步，愿您在今后事业树上结出更大果实，愿您与母亲几十年抗战，锤炼出的感情越来越扎实！最后，请大家与我们一起分享这个难忘的夜晚。祝大家万事如意、心想事成。”

总言之，无论是生日主持词还是生日祝语，都要符合主题，对过生日之人发自内心的祝福。讲话要符合规矩，符合身份，对于不同的人、不同年龄阶段的人选择最合适的词语表达祝福和勉励。

节日主持词

一年有三百六十五天，其中许多节日是一家人欢聚一堂共同庆贺的。对于节日，无论是对亲朋还是好友，甚至邻居，应时应景的祝福的话都显得格外体贴。节日的祝福词包括两种形式，一是书面型，多以文章的形式体现，多用于单位聚餐等正式场合。另一种是简约型，可以是口头或者短信的形式，主要表达自己对他人的节日祝福或祝愿。

书面型的祝福词，一般由标题、称呼、正文和祝福语等几部分组成。选择合适的称呼取决于出席者的身份，如“女士们、先生们”“各位嘉宾，各位亲友”“各位同事”等，通常为了表示亲切和热情，在这些称呼前面加上“亲爱的”“尊敬的”等各式修饰语。

正文的内容一般由四个部分组成。一是表明自己的身份或者表明自己是代表谁致词，这一部分决定了整个文章的基调和语气；二是欢迎来宾，并致以节日的问候和祝贺；三是说明庆祝的节日，聚会的原因等；四是提出对未来的希冀。总的来看，是为了表示庆祝节日的欢快之情。

就以六一节为例，你可以这样写节日祝词。

亲爱的同学们、老师们：

大家好！

今天是六一国际儿童节，首先，我代表学校行政向同学们表示节日的祝福！向支持我校少先队工作的各所单位、少先队辅导员们表示崇高的敬意和诚挚的问候，同时我也代表学校行政领导祝贺新加入少先队的少先队员们！

少先队员小朋友们，我们刚刚迈进21世纪，这对于你们来说，具有非同寻常的意义，因为你们的人生历程是与21世纪的前进步伐紧紧相伴的，你们是21世纪的小主人！！你们是幸运的一代，也是肩负重任的一代。今天你们是天真烂漫的红领巾，明天将成为建设祖国的栋梁，祖国现代化要靠你们去实现，中华民族的伟大复兴要靠你们去奋斗！要切实肩负起这样的神圣使命，就必须把自己锻炼成为适应现代化建设需要的优秀人才，因此，希望你们能严格要求自己，在家里做一个好孩子，在学校做一个好学生，为长大以后推进祖国21世纪大业做好全面准备。

推进21世纪大业，就要从小锻炼强健体魄。这是建设祖国的本钱。当代的少年儿童不应该做温室里的花朵，而要做搏击风雨的雄鹰。要坚持体育锻炼，养成良好的卫生习惯，不断增强体质。要磨炼勇敢顽强的意志，不向困难低头，不被挫折压倒，以乐观向上、积极进取的精神状态迎接未来的挑战。

少先队员小朋友们，儿童时代是美好人生的开端，远大的理想在这里孕育，高尚的情操在这里萌生，良好的习惯在这里养成，生命的辉煌在这里奠基。你们一定要珍惜、要努力啊！学校相信你们，相信你们一定能够成长为有理想、有道德、有文化、有纪律的四有新人，一定能够肩负起建设现代化中国的神圣使命。你们一定能行！

另一种简洁的祝福时常出现在人们的视野中，每逢佳节，朋友同事时常发一些节日祝福的短信，可以是简洁直接的“祝×××节日快乐”，也可以是结合诗句节日来历，节日特征的语句。

总言之，在喜庆的节日里，无论是节日主持词还是祝词都应该语言凝练，言简意赅，充分表现出在节日对他人的祝福，情感真实。

丧祭主持词

丧祭主持词又叫作悼词，是古代的哀辞、吊文、祭文演变而来的。即使对逝者一生的总结，也往往肩负着凭吊缅怀的作用。悼词有狭义和广义之分。

狭义的悼词，特指在追悼大会上专用的悼词。文章主要记叙了死者生前的功绩业绩。主要包括四个组成部分：死者姓名、死亡时间、年龄和原因；死者的简历；死者生平业绩和品德；死者应有的荣誉及后人应继承的遗志等。我国古代就有死者为尊的习俗，所以悼词之中一般不会涉及死者的缺点和所犯的错误。而致词人一般身份都略高于亡者，悼词也算是对亡者的盖棺定论，所以要由身份略高的人宣读。

悼词的用词用语要格外小心，叙事部分要讲求真实，评价要中肯，不可以借此恶意中伤或者一味赞扬，语言要亲切沉痛。对于主基调的把握仍应该以悲痛为主，主要围绕着对死者的追忆进行。通常先交代追悼会的时间，点明悼念的人物，然后写明死者逝世的时间、原因和终年的岁数，之后着重写死者生平事迹，对生者的影响，最后简略地表达如何悼念死者，以“×××同志安息吧”“×××同志永垂不朽”等作为结束语。

其形式例如：

××同志是×市×单位职工，中国共产党党员，因车祸抢救无效，于×年×月×日下午×时×分在×医院不幸逝世，终年××岁。××同志×年×月×日出生于×市，×年×月参加工作，×年×月加入中国共产党。×年×月至×年×月在×市×学校读书，毕业后分配到×单位工作，×年调至×市×单位，×年×月任某职务，×年×月兼任某科科长。×年×月因年龄关系任×科主任科员。××同志热爱社会主义、热爱中国共产党，拥护党的各项路线、方针、政策，始终与党中央保持一致。××同志工作一贯认真负责、勤奋踏实、吃苦耐劳，重活累活抢着干，从不计较个人得失，兢兢业业工作，踏踏实实做人。在担任×科负责人期间，他加强管理，经常深入一线，主动做好服务，积极做好后勤保障；××同志坚持以共产党员的标准严格要求自己，以身作则，廉洁自律，勤俭持家，对上级交办的各项任务不折不扣完成，对职工求助热情，在一些重大或突击性的任务中总能见到他的身影。从中层职务退下来后，他积极帮助和扶持年轻同志，并仍然忙碌在后勤工作第一线；他为人正直、热情直爽，团结同志，乐于助人，他为单位的建设和发展，特别是为×单位的×项工作作出了重要的贡献，他的工作得到了单位领导和职工的一致好评，先后多次被评先进工作者。××同志的一生，是兢兢业业、努力工作的一生，××同志的逝世，使×市×单位失去了一位好职工，我们失去了一位好同志。

今天，我们怀着十分悲痛的心情，沉痛悼念××同志，并对××同志的家属表示深切的慰问！××同志与我们永别了，我们要化悲痛为力量，让我们同心同德，团结一致，为×项事业的发展，为党和国家的现代化建设作出更大的贡献！

悼词即悼念性文章。大多是指由死者的亲友、师长和学生等撰写的对死者的追忆性文章。这种文章往往视笔者的个人情况和感情抒发对逝者的追思，内容多为回忆逝者生前的种种事迹，从而令生者难以忘怀的情感。文章既可以记叙为主，也可以抒情为主。取决于执笔者。文章的最后一般都表达对逝者的祝福，希望其在九泉之下安息。

当然也包括祭文。就是在逝者祭日或者清明时节，对先人先烈的祭奠的文章，主要通过追忆先人的光荣事迹对后人进行教育和鼓励，使先人的精神得以传承和发扬。

总之，无论狭义还是广义的悼词，都表现了生者对死者的尊重和怀念，让人感受到，生者的追思和悲痛。能够让生者继承死者的遗志，继续努力奋斗，珍惜眼前的生活。

宴会主持词

宴会主持词和致词一般“发表”在宴会的开始，是主人为了对来宾表示热烈的欢迎，亲切的问候，对客人的出席表示感谢，或者对客人进行答谢并表示衷心祝愿的应酬之辞。

宴会主持词和致词一般包括以下几个方面：

1.称呼。如各位来宾，亲朋好友们。

2.说明聚会的时间和此次聚会的目的，对来宾表示欢迎和感谢。

3.对本次聚会的事件进行赞美和颂扬，或者是评价和总结。评价要公正，总结应全面。如果是因某人而聚会，应介绍此人，说明其经历和事迹等。

4.对某事或某人提出希望。也可以说些鼓励的言辞。

5.再次感谢大家，并对全体人员提出美好祝愿。

宴会的主持词和致词都不是固定的，在实际生活中，应根据具体的情况来决定怎样主持和如何致词。宴会多为喜庆场面，在讲话时可适当增加幽默成分，以便活跃宴会气氛，让大家感受更多的欢乐。

女士们、先生们，各位嘉宾，各位亲友：

春回大地，看庭前春色满园，圆我金色梦幻；福满人间，望天外福星高照，照你锦绣前程。数载苦读功名书，只为金榜题名时。父母殷切依依望，待儿高中榜为先。

今天，是公元××××年×月×日，初秋丽日，天朗气清。

祁祁甘雨，膏泽流盈，习习祥风，启滞导生，禽鸟翔逸，卉木滋荣，纤条被绿，翠华含英。今天是个大喜的日子，×××同学以锲而不舍、持之以恒的非凡毅力加耐力，终于考取了××大学××系，我们为着一个共同的庆贺目标，从东南西北、大街小巷云集××大酒楼，出席今天宴会的主要嘉宾和领导有：

（名单一一介绍）

对于各位大驾的光临，我代表东家×××先生×××女士，向尊贵的先生们、高贵的少爷们、贤惠的女士们、漂亮的小姐们，表示最诚挚的感谢！

想当年，夜里挑灯奋战，梦回题海无涯，就一个字：累；看今朝，白日梦游仙境，绽青春之花，还是一个字：爽。俱往矣，数风流人物，还看×××。

女士们、先生们！下面，我们将要看到的是神采奕奕、精神焕发的夺魁者×××同学。吉时已到，庆典现在开始。

让我们用热烈、欢欣的掌声，组成愉快的庆典乐；用排山倒海、雷霆万钧的欢呼声，组成呐喊的浪潮声，有请×××同学闪亮登场。

庆典活动主持词

关于庆典活动的主持词有很多，这里我们可以把它分为商务庆典、学校典礼和职场活动主持的主持词。

商务庆典有多种形式，如开业开盘、开工竣工、营销展览、奠基揭牌、表彰庆功等。

俗话说“杯子底下好办事”。酒桌上会大大缩短人与人之间的距离，许多生意在酒桌上的成功率要远远高于办公室。祝酒的成功往往决定着生意的成功，因此要注意商务庆典上的礼仪，掌握商务庆典主持词及各种致词的写作要领。

商务庆典主持词及致词的内容主要是先感谢出席今天庆典的来宾，接下来介绍这个项目（或者产品），并为各方的合作和支持表示感谢，最后是展望未来，提出美好祝愿。

在有关商务庆典活动的主持中，可以通过对企业发展情况的介绍增加来宾对项目或产品的了解，为使庆典气氛更加活跃和轻松，可以穿插各种文艺活动。

因具体情况不同，本篇中领导讲话和来宾致词的内容大多省略，表演的活动也因此而略去不写，希望能把更精炼的商务庆典主持词及致词呈现在大家面前。

尊敬的各位领导、各位嘉宾、女士们、先生们：

大家中午好！

五彩祥云空中飘，天边飞来金翅鸟。

今天，我们怀着收获的喜悦迎来了××公司隆重开业。值此开业庆典之际，我谨代表××公司的全体员工，向百忙之中莅临我们开业庆典现场的各位领导、各位嘉宾、各界朋友，致以亲切的问候和热烈的欢迎！同时，也向为××公司筹建工作中，付出辛勤努力和积极帮助的各界朋友致以诚挚的谢意和美好的祝愿！

喜看三春花千树，笑饮丰年酒一杯。

××公司是一家综合性公司，×年以来，它经历了从无到有，从小到大，从弱到强，走过了辉煌的×年。公司的广大员工，时刻把公司的发展看作自身的责任和义务，时刻保持时代的紧迫感和使命感，以科技实现进步、以文化促进发展、以团结凝聚智慧，以奋斗创造财富。在竞争日益激烈的市场环境中，广大员工时刻抓住机遇，积极开拓，大胆创新，锐意进取，这不仅使公司树立了良好的社会形象，更为广大客户提供了优质的服务。

我们相聚在此，是为了今天的庆典，下面，我隆重宣布，××公司开业庆典正式开始！请鸣炮庆贺！今天，莅临庆典现场的各位嘉宾和朋友有：×××、×××、×××。让我们用热烈的掌声欢迎前来参加庆典的各位领导和各位来宾，同时对支持、帮助和参与此项工程建设的各位朋友表示诚挚的感谢。

几载寒暑不眠夜，赢来祝捷爆竹声。

在这举杯欢庆的时刻，我们不会忘记来自各方的鼎力支持，也不会忘记各方的真诚合作。

亲爱的朋友们，今天我们的开业庆典仪式和文艺演出交叉进行。接下来让我们大家共同欣赏歌舞……

女士们，先生们，朋友们，为这一天的早日到来，为这一天多一份自豪和激动，今日就让我们在这里真诚地合作，共同放飞理想和智慧。

这是新事业、新生活的开始，让我们庆功的美酒醉倒山川。

尊敬的各位来宾、女士们、先生们：××广告公司开业庆典到此圆满结束。谢谢大家的光临！我们的×经理托我向大家送上一副对联，上联是：吃尽桌上美味不要浪费，喝尽幸福美酒不要喝醉。横批：吃好喝好。

最后，祝愿我们在场的每一位来宾在新的一天里，一帆风顺，二龙腾飞，三阳开泰，四季发财，五福临门，六六大顺，七星高照，八面玲珑，九九同心，十全十美。再次感谢大家的光临。谢谢你们！

学校典礼，包括了开学典礼和毕业典礼，其中开学典礼的内容主要是欢迎新同学，毕业典礼的内容则是回顾校园生活，同时提出希望并相互祝福。

各位来宾、各位老师们、同学们：

今天，是××大学喜庆的日子，我们怀着无比激动的心情在这里隆重集会，为我校××××届毕业生举行毕业典礼。

首先，请允许我介绍在座的领导和嘉宾。出席今天毕业典礼的学院领导有：

（一一介绍领导，略）

让我们以热烈的掌声，欢迎领导和嘉宾的莅临。

下面，我郑重宣布：××大学××××届毕业生毕业典礼现在开始。

典礼进行第一项：请全体起立，奏国歌。

（国歌完毕，全体请坐）

典礼进行第二项：请副校长×××介绍毕业生情况。大家欢迎。

（讲话略，下同）

典礼进行第三项：请学校党委副书记×××宣读××××届优秀毕业生表彰决定。

典礼进行第四项：请学校党委副书记、院长×××为毕业生颁发毕业证书。

典礼进行第五项：请优秀毕业生代表上台领奖。

典礼进行第六项：请研究生代表×××同学致词。

典礼进行第七项：请本科毕业生代表×××同学致词。

典礼进行第八项：请在校生代表×××同学致词。

典礼进行第九项：请教师代表×××同志发言。

典礼进行第十项：请大学党委副书记、校长×××致词。

同学们，经过大学的学习和生活，在这四年里，你们不断走向成熟，作为××大学培养出来的第×届毕业生，母校对你们寄托了殷切的希望和无限的关注。不管你们将来走到天涯海角，请时刻牢记×××校长意味深长的嘱托，真正做到“以诚待人、踏实工作、自信自强、创新立业”。

大学生活结束了，今天你们即将告别熟悉的校园，告别朝夕相处的老师、同学，告别这个让人留恋的人生驿站，挥手作别昔日的一切。

海阔凭鱼跃，天高任鸟飞。无限广阔的未来正等着你们去开拓。

期待在未来某个阳光灿烂的日子，我们再次相聚。那时，祖国会因为你们而更加壮丽多姿！母校将为你们而感到骄傲和自豪！

祝愿同学们在新的人生道路上，事业有成，大展宏图！

××大学××××届毕业生毕业典礼到此结束。

谢谢大家！

纪念活动主持词

所谓纪念主持词就是人们在为了纪念有某种重要意义的事情而举办的活动上的主持词。

这样的活动可以是纪念重大历史事件，纪念重要人物的诞辰或逝世，学校、机构、城市、国家等建立周年活动上的演讲。

纪念主持词存在的意义在于，回顾历史，反思现在，畅想未来，通过这样的演讲，我们可以团结群众、鼓舞士气、共同奋斗。

下面是纪念长征胜利七十周年的主持词。

两万五千里长征，一次改变中国命运的征程已在人们的评说中过去了大半个世纪。长征是人类战争史上的奇迹，它特有的魅力就像是一部最完美的神话，突破时代和国界，在世界上广为传扬。

回首风雨来时路，漫漫征程，说不完的艰难困苦，道不尽的严峻险阻。冰封的皑皑雪山、人迹罕至的茫茫草地、峡谷急流、有乌江天险、有弯弯赤水、有大渡激流……加之蒋介石百万大军的围追堵截、粮食的严重短缺，每一条都足以让人恐惧、绝望。可长征中的人，却利用自己的两只脚，长驱直至两万余里，纵横十一个省。他们血战湘江、四渡赤水、巧渡金沙江、强渡大渡河，飞夺泸定桥，翻越大雪山，攻占腊子口……两万五千里长征路，两万五千里血与汗的洗礼。所到之处，哪里没有浸透着红军战士的不散热血？哪里没有谱写着一曲动人的壮歌？长征向全世界宣告，红军才是英雄好汉。他们排除万难，经历了九死一生的激烈战斗，战胜了任何人都难以想象的艰难困苦。他们在一条布满荆棘和鲜血的道路上一步步艰难地走来，走向了光明和胜利。

那是什么让长征中的人们明知征途有艰险，却毫无畏惧、万死不辞，前仆后继地奔向一个目标？是什么让他们突破国民党军队的围追堵截，跨越万水千山，战胜无数艰难险阻，创造了无与伦比的英雄业绩，谱写了惊天地、泣鬼神的伟大革命篇章？是坚定不移的信仰、不屈不挠的求索、无所畏惧的前行、向着理想勇敢奋斗的精神。是老人们口中述说的长征精神。

巍峨的雪山掩盖了革命烈士的躯体，却埋藏不了他们满腔为国为民的赤诚之心；茫茫的沼泽地吞噬了革命烈士的身躯，却掩藏不住他们的信念；如雨的子弹夺去了革命烈士的生命，却夺不去他们的精神。

岁月的年轮沉淀了斑驳的痕迹，冲天的狼烟留下了悲壮的回声。时值长征胜利70周年之际，我们回顾历史，不由感慨万千。红军长征的壮举已经成为历史，但是，长征精神却具有永恒不变的历史价值和光照千秋的缤纷异彩。那烙印在中华儿女灵魂深处的“长征精神”，与我们党和人民在我国革命、建设和改革的壮丽进程中创造的西柏坡精神、延安精神、奥运精神、三峡移民精神、抗非典精神、神五神六精神一样，是中华民族自强不息、艰苦奋斗精神的延续与升华，是中国共产党人与时俱进的时代创造。长征精神已成为中华民族意志与品格的注脚；成为中华民族追求光明与理想的象征；成为中华民族发奋图强、坚忍不拔、战胜一切困难的支柱。

现在，党中央领导集体正在率领全党和全国人民，为把我们国家建设成为伟大的社会主义强国，让人民都过上幸福美满的生活进行着新的长征。我们仍然需要在21世纪里，争取实现中华民族的全面社会主义现代化、实现民族腾飞这一现代历史主题。为此我们相信，在建设社会主义现代化的新的伟大征程中，我们仍然需要努力实践长征精神的时代价值；我们相信，在新的历史时期，同时代精神结合起来的长征精神，将激励中华民族实现伟大的振兴。

一段岁月，波澜壮阔，刻骨铭心。一种精神，穿越历史，辉映未来。长征那英勇的足迹镌刻在为人类追求解放的历史中，始终为中国人民铭记；长征那革命英雄主义的精神，始终是中国革命和建设夺取成功的基础，始终激励着中国人民朝着一个坚定的方向辉煌前进。

第四章　红白喜事主持人的主持艺术

红白喜事主持人的口语表达艺术

当一名活动主持人漂亮就够了吗？语音标准，音色优美就够了吗？答案无疑是否定的。对于一位主持人来说，语言的功用在主持活动时永远是排在第一位的，没有任何东西可以替代。一些优秀主持人的主持创作之所以具有动人的艺术感染力，一些杰出的活动主持人主持风格之所以具有感人的魅力，正是通过主持人精彩的语言表现出来的。可以说，主持人要想完成其艺术的再创作没有良好的语言素质是不行的。

（一）主持人语言交谈的原则

对于一名活动主持人来说，在活动中运用语言艺术时，有一些原则是必须坚持的。

1.实话实说

语言是主持人与受众沟通的最重要手段，也一向被认为是衡量活动是否成功、语言运用好坏、活动主持人是否受欢迎的标尺。

真实可信是主持人与受众沟通的基础。而这种真实可信的形象和信誉又来自于真实可信的信息。因此“说实话”才能打动受众、感召受众、赢得受众的信任和支持，说实话是主持人确立形象和信誉的基础。如果主持人的谈吐总游离于受众所关心的事情之外，言不及意、“打官腔”、空话套话废话连篇、回避难点、回避受众关心的问题，受众是不会把这样的主持人当作“自己人”的。主持人首先要以诚待人，才可能让受众真心实意地相信自己。

2.热心诚恳

内容的真实与表达的热诚结合起来，才能使主持人在活动中如鱼得水。主持人语言表达上所要求的热诚，归根结底是主持人情感态度的一种自然流露。这种情感态度是主持人人生观、世界观和敬业精神的反映。

3.切合语境

我们做任何事情总是处于一种特定的环境中，主持人在主持时也不例外，那就是要求语言运用时切合当时的语言环境。这里不是单指上下文或说话的上下句，而是指主持人与受众交流时的社会环境、自然环境、交流场合，以及双方的有关因素，如身份、职业、经历、思想、处境、性格等所构成的主客观因素，也可称言语环境。主持人在与受众交流时与环境相适应，才能获得好的交流效果。不同的言语环境对不同的语言乃至相同的语言都会产生一定的影响。语言环境对语言的这种制约作用不是对语言表达消极地限制与束缚，而恰恰应理解为二者之间的适应性。主持人的言语表达必须顾及下面语言环境，从而使传受双方的信息沟通得以最大限度地通畅。

4.得体自然

主持人在做主持时，一定要注意语言的得体。这也是受众用以衡量主持人语言艺术的一个标准。主持人语言运用得体与否很受关注，得体就是主持人与受众沟通时所用的语言贴切恰当。现代语言学认为“得体”是语言运用时因适应不同交际领域、目的、任务需要而形成的各种语言功能风格类型，具体表现为词汇、语法、语音手段、修辞格、章法等形成协调关系的语言运用特点。

“得体”就是把语言材料的选择放置在一种既保持话语内部各组成成分与风格色彩的统一，又和题旨情境相切合的双重适应关系中去考虑、衡量，寻求最佳的语言表达方式。

多使用一些模糊的用语是使语言得体的最好方法。所谓模糊用语是出于在表达时的策略，使其留有一定的回旋余地，不要把话说得过死。受众是主持人的朋友，朋友之间的谈话应毫无强加于人之意，应是商量的、试探的语气。

5.注重效果

主持人为达到自己预先设计的种种目的就要用种种不同的语言加以表达，因而衡量目的达到与否的标准也是不一样的。但无论怎样总应是有效的，而衡量语言运用效果的好坏总是与其所要达到的目的，要实现的任务密切相关的，与主持人在影响受众、引导受众上所产生的作用密切相关的。

从整体上说，衡量主持人语言艺术运用效果的好坏，一定要看他能否影响到受众的态度。不过，如果以为这是衡量主持人语言效果标准的全部，那也是一种误解。因为，假如把主持人语言艺术的运用看成每次都必须引起受众态度的变化，事实上是很难做到的，它必然会导致急功近利的倾向。

（二）主持人运用语言的注意事项

语言是人类社会不断发展的产物。人在这个世界里可以直观自身。人在语言这个世界里理智地、能动地和现实地复现了自己。一代一代的人接受上一代人的审美启示，并逐渐地取其精华，去其糟粕。主持人的语言技巧也是从实践中来又服务于实践。主持人要运用好有声语言，就要在语音、词汇、语法规范化的前提下掌握一定的技巧。不同类型的活动性质和活动形式，对语言技巧的选择与运用也有所不同。

语言是活动主持人政治立场、思想修养、组织能力、生活经验、年龄资历、文化层次、业务专长、思维方式、兴趣爱好、审美观念等的外化，是主持人内在素质的自然流露。不同的主持人运用自己独特的思维方式和表达方式，可以表现出不同的语言个性，形成不同的个性风采。

要培养和形成自己的语言个性，需注意以下两点：

首先，要学会“说自己的话”。主持人的语言表达包括有稿和无稿两种情况。无论是有稿还是无稿，主持人都必须说“自己的话”。有稿时，要把稿件转变成自己的话，完成阅稿——析稿——背稿——扬稿的过程。无稿时，要把所见所闻、所思所感，变成自己要说的话，流利地表述出来。主持人在活动中可着重表现主持人自己对客观现象的心灵体验，对客观事物进行描述时，也通过主持人自己的个性赋予鲜明的自我特征，以表现对现实生活的独特感受和独特发现。

其次，活动主持人还要学会“走自己的路”。近些年，由于各种各样的“星”的粲然升起，使得“追星热”也骤然升温。崇拜和模仿成了屡见不鲜的现象，甚至还出现了许多“克隆星”。主持人也一样，有的主持人缺乏创新精神和创造能力，常常不顾自身的实际条件，不管内容是否需要，不看受众是否喜欢，一味模仿他所崇拜的主持人。殊不知这如邯郸学步，弄巧成拙，不仅限制了个性的发挥，而且也让受众感觉模糊，难以留下好印象。在主持的过程中，我们并不否认要向别人学习，但学人之长的目的，是为了补己之短而非克己之长，它与单纯的模仿是有本质区别的。

（三）主持人应具备的基本语言条件

清晰的发音和吐字、抑扬顿挫的语调、适当的有变化的语言节奏。

现在有一种错误的认识，即似乎语言越不规范，就越有“个性”，反之，字正腔圆、声音动听的便是“播音腔”。当然，并不是要求每一位活动主持人都像新闻播音员一样行腔用语，但是南腔北调无论如何也不应该成为活动主持人有声语言的标准。

主持人还应该具备一般的行为规范，如面目端庄、举止大方；能说会道、善于交流；表情亲切、平易近人；思维敏捷、知识丰富等。

（四）主持人语言发声的基本特点

这里所谈的声音特点主要指语言的语音和音色特点。粗略分析，播音的声音特点可归纳成以下几点：

1.准确清晰

包括两个含义：准确是指吐字合乎规范，字音标准。清晰指语音具有较高分辨率，即使在嘈杂环境中也能听清楚。当然，这里所讲的清晰是完美表达出语言的意义和感情前提下的清晰，而不是机械地念字。吐字清晰在运用时往往受到其他表达因素的制约，并容易使人产生片面认识。吐字清晰与否会影响表达的效果好坏。然而正是这种制约，才更能显示出一个活动主持人是否具有语言功底。

2.圆润动听

主持人要有较好的声音音色和较高的吐字技巧。圆润动听与嗓音条件有直接关系，先天因素在其中起着很大作用，但后天训练也有不容忽视的影响。实践表明，许多人嗓音条件不够好，并非先天不足，而是使用方法不当。经过一段时间的科学训练，这些人的嗓音往往会有很大改善。圆润动听的另一方面涉及吐字技巧。这一点在以元音为主，字音内部组合极有规律的汉语普通话中尤为重要。完美的吐字会使人感到声音圆润动听，并可弥补嗓音方面的某些不足。我国民间常用“吐字如珠”来形容吐字技巧。由此可见吐字对声音圆润动听有着不可低估的影响。

3.自如性强

自如性在这里包括了声音的朴实大方和语流的自然畅达两方面。朴实大方的声音使人产生真实可信的感觉，语言传播发声以生活口语为基础，又经过了一定的艺术加工，是一种源于生活又高于生活的发声状态。为使声音更接近于生活口语，特别需要注意把握音节组合连读变化的规律，以保证语流的自然畅达，不应为追求“字正腔圆”而造成语流滞涩、因字害意。

4.富于变化

指主持人的发音要避免单调。人们在生活语言中，为了省力，常采用单一音高、单一音色或单一节奏的发音方式。这种单调发音方式可借助讲话者手势或面部表情加以弥补，而不致使人产生厌烦。但如果将这种发音方式照搬到主持活动之中，无疑会使听众感到厌烦。

为了有效地吸引受众，主持人的发音应力求变化。无论吐字力度，还是音高、音色、节奏，都应尽可能随活动内容和感情色彩的变化而变化。

红白喜事主持人的着装技巧

（一）主持人的服饰设计要求

主持人服饰设计的要求应服从以下三个基本点：

1.服从活动的需要

服装艺术所追求的最高境界就是和谐，对主持人而言，服装的和谐包括：服装与表演的和谐、服装与人的和谐以及服装与活动的和谐。

2.追求个性与风格

主持人追求服饰个性，与我们每个人一样，首先有个自我认识、自我定位的过程。自我认识，即了解自己的自然条件（肤色、脸型、形体）和内在素质（个性、气质、修养等）；自我定位，是指在心中对自我有个理想形象的设计，或端庄典雅的大家闺秀风范，或秀丽娴静的小家碧玉类型，或靓丽潇洒的浪漫青春一族，或其他种种。有时虽然会有所变化，可是在人们心中的总体印象应该是基本固定的。作为主持人的形象定位，要在活动形象和主持人自身形象中，寻找一个恰当的契合点，实现独具魅力的个性形象。通过自我认识、自我定位，选择适宜的色彩、款式、面料、饰品，塑造最佳的自我。

服饰是完成主持人形象塑造的有机组成部分。主持人通过服饰克服或改善自身的某些遗憾，进而更好地增强和展示自我形象的魅力。

无声的服饰语言也是主持人自身文化素养的外化。正如美国一位研究服装史的学者所说：一个人在穿衣服和打扮自己时，就像在填一张调查表，写上了自己的性别、年龄、民族、宗教信仰、职业、社会地位、经济条件、婚姻状况、为人是否可靠，在家中的地位以及心理状态等。服饰的这种特殊功能是任何其他生活用品所不具备的。我们可以通过服装了解对方。

3.注重服饰品质

主持人在考虑服装是否与自己和活动相衬之外，还要考虑服装自身的四种主要元素：品质、款式、颜色图案和尺寸。

就品质来说，在经济允许的条件下应该尽量选择质地较好的服装。在红白喜事的活动中，主持人同样是需要面对摄像机的，摄像机未必能替你遮掩那些便宜货的粗劣，这会使你显得有失品位。另外，便宜的服装也会很快地褪色、变形以至无法穿用，而货真价实的高品质服装却能较长时间地穿用。

另外很重要的一点是，由于灯光和摄像机的综合作用，强反光或发亮的面料在屏幕中会产生耀光和损失层次感；而过于吸收光线的面料则会使所有接近暗色调的层次感损失掉。因此诸如发光纤维、亮片或深色丝绒制成的服装都不太适合于在主持中穿着。

款式的原则是简练、大方。过于复杂、烦琐的服装会使主持人难以显示自己的气质，并且会使观众心烦意乱。

主持人服装的颜色也和化妆一样要避免高亮度、高纯度、高反差的颜色。摄像机无法美化这些颜色，只会使它们夸张、失真。相比之下，色彩柔和、纯度低、反差小的服装更容易创造出美感。

（二）服饰与色彩

活动主持人着装美丽与否，是由全身的穿着是否调和而决定。所谓调和，指包括色彩、外形、个性、时间、场所、活动类型等要素都搭配和谐而产生的美的效果。其中最关键的要素便是色彩。

1.色彩的搭配艺术

一种颜色表现的是一种风格，不同颜色能巧妙搭配出千百种非凡风格。选择好衣服的色彩，使其巧妙搭配，对形象与气质有着举足轻重的影响。

（1）最易搭配的蓝色

在所有的颜色中，蓝色服装最容易与其他颜色搭配。不管是近似于黑色的蓝色，还是深蓝色，都比较容易搭配，而且蓝色具有紧缩身材的效果，极富魅力。

（2）最易活用的黑色

黑色服装适合各种场合穿着，然而，如何将其他颜色的服装与之搭配好，却大有学问。一般认为白色是它的最佳配色，以黑色为主，以白色为点缀，这种设计清爽自然。

（3）必备的白色

白色可与任何颜色搭配，但要想搭配得当，也需要一番心思。

（4）充满魅力的灰色

乍看起来，灰色似乎不具有什么个性，但与蓝黑均不同的是，灰色有各种浓淡色调的变化。在保守装扮里，灰色自有一种说不出的魅力。

（5）温文尔雅的褐色

褐色服装温文尔雅，搭配起来比较困难，但在其他色系中重复奥妙的色调浓度，有可能给人一种成熟的印象。

可以说衣服颜色是主持人形象中最具情感特征的部分。衣着配色和谐，给人以优雅高贵的感觉。一般说来，颜色可分为活泼色调、柔和色调、自然色调、深暗色调，以及黑、白、灰色调这三种最有代表性的色调。

活泼色调色彩鲜艳、热情，给人以华丽、时髦甚至夸张的感觉，并带有神秘的异国情调或异族情调。

柔和色调色彩淡雅，娇媚清爽，给人以明亮轻快的感觉，是春夏季节不可或缺的颜色。

自然色调以大自然颜色为参照色，如土黄色，茶色、橄榄绿等安详、恬静又稳重的颜色。从不同组合变化中又能变幻出大量色彩，神奇莫测。

深暗色调指酒红色、深黄色、藏青色为中心的深郁、沉着的色调。在浓厚中包含着华贵与雅致、稳重与热烈，是一种矛盾的混合色，深受知识型主持人喜爱。

黑、白、灰三色也称无色色调。几乎所有的衣服都有它们的影子。

这三种色调之间，可以单独成一体，也可以互相组合，创造出一个多姿多彩的颜色世界。但颜色的组合就是大学问了。稍有不慎，你就会成为一个受人嘲笑的调色板，相反若颜色搭配得体，则能直接地展示出主持人的审美品位。因此，谨慎选择服装颜色非常重要。

2.服饰色彩搭配的基本手法

服装色彩配套手法大致有下列几种：

（1）统一法：就是使服装色彩获得统一色调的效果的方法。例如，倘若上下衣着都是蓝色的，那么鞋、袜、帽等也应是蓝色的；倘若上穿白色衬衣，下着白色短裙，那么鞋、袜、帽，以至手提包等，也应是白色的。这种色调统一的配套方式，效果独特，富有迷人的魅力，对不同气质、不同性格的主持人来说，都很合用。

（2）点缀法：就是在统一完美的主色调（包括主色、陪衬色）的基础上，加上非常醒目的小块色作点缀，使之起到画龙点睛的作用。例如：身穿一身黑色或白色衣裙的女主持人，胸前装束一朵红色小花，腰部系一条红色腰带；或是胸前插一朵粉红色羽绒花，再系一条银色腰带作装饰……这种以醒目色作点缀的配套，效果清新、雅丽，别具风韵。

（3）对比法：也叫衬托法，即通过色彩的互相对比或衬托，来加强服装的美感。俗话说："红花虽好，也要绿叶扶持。"它所强调的就是对比或衬托的魅力。例如，黑色套装配上白衬衣、深色上装配上浅色下裤等，这种黑与白、深与浅等色的对比，色彩明朗，格调新颖，对增加美感作用显著。

（4）呼应法：就是同种色或类似色的彼此照应。例如，青莲色的套服，上衣印有红白色花纹，配上白底红花衬衣和白色镶红、或青莲色边的帽子，以及类似花式的鞋、袜等，红与红、白与白、青莲与青莲等色彩就能够互相呼应，相得益彰，引起和谐统一的美感效果。

（5）衔接法：这种方法的要点是，让对比色通过一种中性色（如黑、白、金、银等色）的混合，使人产生色彩连接的感觉。例如，红色的半袖衫，绿色的短裙；或是黄色的上衣，紫色的下裤，就其色彩性质来说，均属对比色，因而看起来并不舒服。但是，如果配上一条白色（或金、银、黑等任何一色）腰带，那么上下衣的色调就会衔接起来，因而也就达到和谐统一的效果。

（6）分块法：也叫块面拼接法，就是把不同色泽加以巧妙的拼接，使服装产生既对比又调和的效果。具有浪漫的色调。但选用颜色最好不要超过三种。

红白喜事主持人场景应对技巧

在任何主持之前都有一个称为“案头工作”的准备的过程。充分细致的案头工作是成功主持的必备。只有当前期的准备工作做到位了，主持人才能在主持台上大展身手。

但是事情往往都不全是按照事前的安排有板有眼地进行的。案头准备时难以预测的偶发因素随时可能出来打破你“照本宣科”的美意；活动进行中意外捕捉到的信息又为你的主持准备了臻美的即兴创作机遇；更不用说主持任务突然来之，你只好“赤手空拳”地被请到了主持现场……因此无论怎么说，主持人的主持决不应该满足于“说现成话”，“背台词”，而应带着一种强烈的创作欲望上场登台，审时度势，把握机会，随时加以临场发挥。因此我们提出了“场景应对”这个话题。

（一）开场寒暄

1.寒暄的技巧

在开场寒暄时也要讲究技巧，即如何使用寒暄语。有人认为见面寒暄说的是可有可无的废话，这就大错特错了。尽管这些寒暄语本身并没有什么实际内容，但它却是交往中不可缺少的，能够使见面时的气氛变得活跃，增加彼此的亲切感，引起交谈的兴趣。人们相互寒暄，常常并不是为了得到某些确切的答案而只是希望借助于寒暄语给对方送去友好的信息，进而引起对方感情上的共鸣而促进彼此的友谊与合作。正如一位人类学家所说："寒暄是人际交往的起点。"得体的寒暄，能起到平时说话所起不到的效果。下面介绍在寒暄时的几种技巧和方法。

（1）问候式：这是两人相遇经常用的一种形式，或点头招呼，或微笑握手，或询问对话，互相礼敬，互相尊重，显示出一种亲近之情。

（2）夸赞式：这是一方赞美另一方，或双方互相赞美的方式，可以活跃寒暄的气氛，使一方或双方的心理得到满足。

（3）言他式：言他式寒暄是指谈论彼此本身以外都感兴趣的事。

（4）幽默式：在寒暄中加点幽默诙谐的成分，对协调交际气氛是很有效果的，人际间的沟通与友谊往往就在这幽默的寒暄中间建立起来。

2.开场寒暄的禁忌

在寒暄时，还有一些禁忌。如果触犯了别人的禁忌，其结果就可想而知了。主要的禁忌有以下几点：

（1）忌千篇一律：寒暄时，僵化的动作再配上重复的语句，实在令人生厌，这是应避免的。

（2）忌刨根问底：这样会引起人们的不快和反感，影响主持效果。

（3）忌旁若无人：红白喜事主持的主旨是表现主人，体现主人的意愿，不能喧宾夺主。

（4）忌动手动脚：身体之间的距离与彼此之间的亲密程度有关。身体之间的接触当然不会轻易在素不相识的人中间发生。

（二）话题转换

在自然交流中很少有人自始至终只说一件事，中途转换话题是司空见惯的事情。通常的话题转换，不外乎两种情况。一种属于随意转换，交谈者意兴所至，话题自然游移；另一种属于有意转换，即交谈者为了控制交谈方向，以一定方法主动更换主题，这时的交谈不再是毫无目的，而是有意识的把握。

在主持实践中，有些主持人喜欢抢话，就容易造成一种称为“乱打岔”的转移，与这里说的话题转移截然不同。“乱打岔”是不尊重谈话对方的缺乏修养的行为，很不礼貌。有意转换话题，则是一种积极的谈话艺术。它正确地运用心理活动规律，机智地避开不利因素，使会话继续保持和谐热烈的气氛和丰富的内容。

转换话题一般发生在如下情况：产生不同意见，不便争论，不必争论或不想争论时；会话出现冷场时；根据活动内容需要，需要进入下一个话题时；上一个话题已经说透，该适时而止以求更佳传播效果；谈话内容枯竭，会话难以维持时；有人失言或出现意外的尴尬局面时；需要避讳时。

转换话题也需要一定的技巧，最好能不着痕迹，巧妙自然地将对方导向新话题，而成功运用这个要领的关键，则在于会话双方对新的话题应当有较多的共同语言。这样，会话才能拓展交谈天地，维持融洽气氛。为此，在有意转换之前，充分估计对方心态和审慎选择比原来话题更有新意的、在需求上更能满足对方的话题，无疑十分重要。

下列五种转换话题技巧，可供主持人在实践中参考。

1.顺水推舟，以新换旧

这种方式是在原来话题的基础上，借助邻近内容悄悄地转移对方的注意中心，由此及彼，以新换旧，来达到自然过渡话题的目的。也可以表面上为对方的谈话作补充说明，实际上暗渡陈仓、偷换话题。

2.即景生题，随兴而起

这种方式是借助邻近或相关的事物或非语言因素，巧妙地转换话题。会话过程中，若已对目前的话题没有兴趣，可以借眼前的景色、物品、陈设、耳畔的声响、乃至嗅觉感到的气味、触觉感受到的物状、身体感受到的气温等，来转移话题。“哦，我怎么现在才发现，你墙上这幅画是相当名贵的！”“这是什么气味？上次来好像也闻到过。”“你看，那个山头多像一头雄狮！”“怎么搞的，你们整天就在这噪声中生活？”这种转换方式多用在随意性交谈的场合，或者交谈中出现了不愉快以摆脱尴尬的场合。

3.另起炉灶，简洁明快

用明白的语言刹住对方的谈锋，直截了当地以一个新话题取代旧的话题。另起炉灶式虽然直接，但在转换时要顾全对方的面子，特别是在对方谈兴正浓的时候，你可以对只顾自己口若悬河的人说："这件事咱们有机会再谈吧，我先告诉你一件事……"也可以在听到不愿听下去的话题时说："我们不谈这个，谈谈……好吗？"既注意到了礼貌，又达到了转换话题的目的。制止闲言碎语时常用这种方法。

4.答非所问，转移回避

生活是复杂的，有许多问题，我们不便直接表态或不愿把关系搞僵，必要时回避一下，来个答非所问，也不是不可以的。

（三）打断与重复

1.打断

主持人在主持活动中为有效地控制话题走向，为了使活动内容更加集中和深入，通常在现场嘉宾谈话中或听众电话交谈中采用打断和重复的手法来达到一定的传播效果。

日常交谈中如果说话中途被人打断，会觉得对方不懂礼貌、不尊重人，心里很不舒服，这是人们一种普遍的心理。所以，有教养的人在友好的交谈中尽量不去打断别人的谈话。但主持人在主持时有时间的限制，有既定的主题。如果参与嘉宾或听众的谈话水平不一，有的简洁明了；有的拖泥带水；有的条分缕析；有的语无伦次；就不能使活动有效地进行下去。更何况个别不健康、不正确的观点可能会在讨论中冒出来，因此，为了把握谈话活动的正确导向，为了使议论集中和深入，为了给更多的人发言机会，主持人在必要时还必须"打断"某些发言。不过，主持人在"打断"

时一定要谨慎从事，注意礼貌，选择时机，同时要灵活巧妙，注意方法。要避免引起发言者的不快，避免参与者对主持人的误解，避免影响大家的积极性和谈话氛围。

下面是打断对方谈话的几个小技巧。

（1）拉回话题：对跑题要及时发现，以提出新问题的方法把对方的谈话拉回到既定的话题范围中来。

（2）垫话截说：对不得要领的，用垫话的方式，从理解对方和助其一臂之力的角度，剪短截说。

（3）幽默“截流”：当发言人的观点同一层次的展开较多而推进较慢时，主持人用幽默方式“截流”，以调整其节奏。

（4）“改道引流”：对意思已表达清楚的健谈者，主持人要适时“截流”“改道”，把“渠水”引到“另一块田”里。

（5）果断打断：遇有偏激情绪、片面观点等棘手问题时，必须果断处置，有理、有力地打断。

2.重复

主持人在话题的衔接转换中经常通过“重复”的手法来突出重点，“放大”正确的观点或论据，从而把握控制话题走向、层次的主动权。“重复”是借用现场捕捉的来自群众的话语，它既表达了主持人的倾向，又不会给人强迫之感。重复手法分成以下两类：

（1）强调性重复：重点突出所强调的内容。

（2）归纳性重复：主持人用简明扼要的语言，依序不断地重复说话人的发言要点，以加深受众的印象。

（四）提问与插话

1.提问

曾经有这样一个故事。据说在某国的一个教堂内，有一天一位教士在做礼拜的时候，忽然熬不住烟瘾，便问他的上司：“我祈祷时可以抽烟吗？”结果，遭到了上司的斥责。其后又有一位教士也发了烟瘾，却换了一个问法：“我吸烟时可以祈祷吗？”上司竟莞尔一笑，答应了他的请求。

可见，问话需要技巧。同样的要求用不同的语言提问，收到的效果却截然不同。精妙的提问可以使你获得所需要的信息、知识和利益，帮助你了解对方的需要和追求，从而达到人与人之间的交流和互助，促成交往的成功。那么，如何才能正确地提问呢？

（1）提问要看对象

提问应因人而异，即要从对方的年龄、身份、职业、性格以及不同的民族文化背景出发，选择不同的提问方式与技巧。如对高龄老人，就不宜问：“你几岁了？”而应问：“您高龄？”“您高寿？”如对一位正感流年似水、老之将至的女士提出一个看似很平常的问题：“您今年多大年龄？”尽管你毫无恶意，也定会惹得她不快。同时，不同的民族文化背景有着不同的提问寒暄方式。在我国，朋友、同事、邻居见了面习惯的问法是：“吃过饭了吗？”“忙着上哪儿去呀？”对方听了会感到亲切友好。但是同样的问题，对英、美等外国人来说，他们就会产生误解或不快。问他吃过没有，他会误以为你要请他吃饭。问他上哪儿去，他则认为你在干预他的私事。另外，提问要根据对方的知识水平。

（2）提问要把握时机

提问要掌握最佳时机，发问的效果才佳。中国人见面打招呼都喜欢问一问：“吃了吗？”如果这话用在吃饭时间前后，倒也无妨，但如果下午三点钟左右在公共汽车上遇上熟人也问这么一句，就难免让人感到有点莫名其妙。

（3）提问要注意方式

能否选择到符合内容和对象需要的最恰当的提问方式和方法，同样也会关系到对话的质量和效果。问的方式是多种多样的，但根据内容、对象以及时间、环境诸因素的不同，可选择具体可行的提问方式。

宽泛与集中。主持人通过恰当的提问，一方面要为对方提供一定的自由度，让答者能有话可说，言无不尽。另一方面又要在目的性、针对性、集中性、时间性的制约下，通过突出提问的意向来限定答话的范围，引导对方做到言必有中，一说就说在点子上。

倾向性与亲和力。活动中的对话与生活中的闲谈还有一个突出的不同点即提问者往往是在已有了一个倾向性的答案或明确意向的情况下，或为使认识更明朗化；或为集中、深入地开掘话题的焦点；或为赢得时间；或为证实给更多的人听；或为转换话题以控制对话节奏等而“明知故问”。为此，常常采用一些对答话有更强制约性的提问形式。

2.插话

提问是控制谈话的范围、层次深度的重要手段。同样插话也是主持人在活动中常用的技巧之一，主持人的插话起着控制乃至深化主题的作用。时机适当、分寸适当的插话，不仅能够强化双向交流的谈话气氛，使得谈话更为融洽，而且它配合着提问能使谈话的层次更为清楚、谈话的重点更为突出，特别是插话可能会引出出乎意料的回答。在活动主持实践中，有的主持人只能生硬刻板地按照预先的准备提问。如果再加上语气不当，会使谈话像“审问”、像“口试”、像“智力测验”，总之弄得双方都显得紧张，给人一种设计好的“公式化”印象，缺少“人情味”和交流感，不是人们所期望的真诚、平等的人际交流状态。

主持人插话要注意把握时机。需要插话的情况一般有四种。一是话题内容层次衔接转换时，此时插话以小结方式概括上段内容并推进到下一层次；二是处于话题的重点或难点时，插话以加深印象，或稀释访谈对象所谈观点、理论，方便受众的理解；三是对方谈话过长或跑题时，及时插话巧妙地把话题拉回来；四是发现疑点或有新信息的苗头时，立即抓住话头跟进追问。总之，把握插话时机十分重要，不当插话时乱插话，就会打乱访谈对象和受众的思路；当插话时不插话，主持人会给人懈怠失职或反应迟钝之感，同样要影响谈话的气氛和效果。

主持人插话还要善于突出重点。突出重点的方法有多种，但都要注意与访谈对象的配合呼应，形成浓缩与稀释、抽象与具体、理性与感性的互补、映衬和烘托的效果，而不是甩开对方高谈阔论。主持人插话分寸把握得当，既与嘉宾的话浑然一体，又以不同的插话方式使嘉宾的谈话脉络清晰，重点鲜明，便于听众接受。

（五）即兴点评

在活动进行中，主持人根据活动宗旨的需要或现场谈话调控的需要，难免要适时地发表意见，或总结或引申或纠正或颂扬，这就是通常说的即兴点评。即兴点评是任何一个活动结构中必不可少的重要组成部分。它起着支撑活动结构的功能。同时，独到、有见地、精辟的观点，也是主持人树立个性形象的重要手段。

点评可以考虑从以下几方面入手：

1.提示重点

在概述消息要点中，稍加议论，引导受众注意发言重点，既有提示作用，又有解释作用。

2.引发共鸣

主持人在议论中动之以情，晓之以理，抒发内心的情感与升华的议论相结合，能激起受众的共鸣，产生意味深长的传播效果。

3.点到为止

主持人对某些事件不是就事论事，而是引导人们举一反三，联想类似的现象，思索症结所在及背后的原因。主持人并不直接下结论，不以教育者自居，点到为止，让人觉得既亲切又耐人寻味。

4.深化意义

在点评中进一步剖析一些值得深入思考的问题，突出强调其普遍意义，引起警觉，发人深省。

（六）即兴发挥、临场应变

场景应对即临场应对，是复述既定文稿的创作性语言，它是在没有准备的情况下对眼前事物的即兴发挥。广义的场景应对包括常态和非常态两种情况中的语言运用。不过，为了便于深入说明活动主持人语言活动规律，我们姑且把常态的即兴语言称作“即兴发挥”，突出其“既定中的即兴”之特色，把非常态的即兴语言称作“随机应变”，突出其“不测中的应变”。

即兴发挥往往被看作是一种无意的成功，是一种过往经验再加上些小聪明性质的灵感的产物，常常被人称“可意会不可言传”。其实并不完全是这样，即兴发挥，就是所谓的“临场”，他的发生确实是有一定的偶然性，是事先没有预料到的。但是，任何事情在发生之前总是会有引导其发生的一定的前提条件和客观因素，这又是必然性的体现。所以，对于“即兴发挥”的理解，我们应该准确地认为是对主持人知识面、敏感度和思辨力的一种考验，是体现其智慧的环节，它不仅是可以言传，还讲究一定的方法和能操作的理念。

当然，在即兴发挥的过程中，我们肯定是不中意那些离题万里、信口开河、故作姿态、无病呻吟的话题。因此，即兴发挥首要应当遵循的一条原则，就是必须贴近活动的主旨内容，再而完善活动的艺术效果。

再说，随机应变是为了获得逼真、热烈的艺术效果，在红白喜事活动中经常要面对技术方面的故障，忘词的窘迫，活动时间的长短等意想不到的情况，而圆场补台，使活动得以顺畅进行，参与者情绪一如既往，往往全靠主持人临场随机应变，力挽狂澜。随机应变虽然同属于即兴发挥，不过它专指“不测”情况下的即兴创作。上文所谈的常态下的即兴发挥，有它，则锦上添花，无它，亦无伤大雅；而非常态下的随机应变，无它，定会陷入窘境，有它，则柳暗花明，绝处逢生。

下面介绍几个临场应对的综合技巧。

1.冷静应对

冷静，才有理智。理智，才能合理应变。在社会生活中，随机应变的主要功用在于：其一，保持主动地位；其二，变被动为主动。而其最终目的是使自己永远处于主动地位，驾驭事态发展，以实现既定目标。宋人罗大经《鹤林玉露·临事之智》中云："大凡临事无大小，皆贵乎智。智者何？随机应变，足以弭患济事者是也。"从一定意义上说，智者就在于随机应变，借以弭患济事。然而，智者不是天生的。因而学习应变之术，掌握应变之道，就显得尤为重要。

2.糊涂应对

糊涂应变，就是要抓住机遇及时地应变，做到神不知、鬼不觉地不动声色地解除困窘。

3.换位应对

某些词语在特定的心理状态之下有特定的含义。在交际中，双方暂时形成一种关系，言辞的表达因此要受到制约，所以，有些话在说话者与听话者的头脑中所理解的意思完全是两码事。其实，这些话之所以造成误解，是因为双方已形成特定的宾主关系。如果不是这种关系，也就不会造成这种令人尴尬的误解了，可见，当双方形成某种关系时，言辞的表达受到其制约。表达同样的一个意思，有时应视交际对象身份的不同而改变说法，以符合交际对象的心理。主持人面对与嘉宾、观众的交流障碍时要换个角度，从对方的出发点来思考问题，打开交流沟通的渠道。

红白喜事主持人的社交禁忌

在社会交往中，人人都希望给人以良好的印象，深受别人的欢迎，结识更多的朋友，赢得友谊和尊重。然而，要想达到这一目的，不但要讲究交往礼仪，还要注意不要触犯交往禁忌。作为主持人，是大家注意的焦点，就更要注意这一点。

（一）主持人要掌握语言的分寸艺术

朋友之间、熟人之间开开玩笑是免不了的，它可以活跃气氛，融洽关系，增进友谊。但是，凡事都有个“度”，超越了这个“度”，不但达不到预想的目的，还会弄巧成拙，适得其反。开玩笑也是如此。开玩笑的“度”，没有固定的衡量标准，它要因人、因时、因环境、因内容而定。

1.要看对象

由于人的性格各不相同，使得他们的承受能力也有所不同。有的人开朗活泼，为人豁达、大度，有的人寡言少语、谨小慎微，也有的人生性多疑。因此，同样的玩笑对有的人可以开，对有的人就不能开；对男性可以开，对女性就不能开，对青年人可以开，对老年人就不能开。如果不注意这些区别，很可能因一句玩笑而影响了人与人之间的感情。

2.要看时间

同一个人，在不同的时间里会有不同的心境和情绪。有时情绪好，有时情绪低落。同样一句玩笑，在对方心情开朗时，他不会计较，而当他心情坏时，就可能耿耿于怀。因此，开玩笑最好选择在大家心情都比较舒畅时。

3.要看场合、环境

开玩笑还要看场合和环境。一般来说，在安静的环境中，最好不开玩笑，如庄重、紧张的场合，不宜开玩笑；如参加庄重的会议或社会活动时，在悲哀的环境中，不应该开玩笑；如参加吊唁活动或探望病人时，不宜开玩笑。

4.要看内容

开玩笑要讲究内容健康高雅，注重情调。特别是红白喜事主持人，忌开庸俗无聊、低级下流的玩笑；忌开捕风捉影、以假乱真的玩笑。

（二）主持人要有一定的克制力和自我调节能力

喜怒哀乐，本是人之常情，也是人的内心世界的真实表现，本不足为怪，也不应干涉。然而，在社交场合却不能随意发怒。这是因为，随便发怒，至少会引起两种不良后果：一是对发怒的对象不友好，可能会伤了彼此的和气和感情，失去熟人或朋友之间的信任与友谊。二是对发怒者本人不利。俗话说“气大伤身”，发怒者会给自己的身体带来不良的影响自不必说，还要影响发怒者的自身形象。因为人们常会认为发怒者缺乏修养，不宜深交。

那么怎样才能克制自己少发怒甚至不发怒呢？主要应做到以下几方面：

1.沉着大度

心理学研究表明，人的愤怒情绪按其程度可以分为九个梯级：不满；气恼；愠；怒；愤懑；激愤；大怒；暴怒；狂怒。当人处在第一二梯级时，还不一定发脾气，但已有发脾气的情绪基础了；在三四梯级时，脾气发出来了，但还能听规劝，或进行情绪转移；到五六梯级时，自我克制能力已经很差，而且已具有某种“主动进攻”的色彩；到七级以上时，脾气就发得很大了，理智几乎完全丧失，往往会造成破坏性的后果。然而人的脾气与怒火，会随着距事情发生时间的加长而出现递减的状态。因此遇事不要急，先静下心来想一想，怒气就会大减，直至息怒。

2.站在别人角度上思考

人的习惯和本能是不断地为自己的行为、信念和感情辩解。在社会交往中，有的人就不知不觉地把自己与他人分别对待。对别人比较苛求，对自己则比较宽容，久而久之就变得事事不顺心，看谁都不顺眼，进而变得易怒。这种人，要转变思考问题的方式，正确地对待他人，凡事都从别人的立场和角度去考虑，多为他人着想，从中找出自身的弊病，以便改掉易怒的脾气。

3.尊重他人

在我们今天的社会里，人与人之间是平等互助、互相尊重、互相理解的关系。充分认识这一点，你就能平和礼貌地与人相处，也就不会动辄对人发怒，拿别人当出气筒了。

（三）主持人要给人以诚信的印象

社会交往中，信用二字至关重要。自古就有“一诺千金”“一言既出，驷马难追”的说法。因此，要让别人相信你，尊重你，你就必须要言而有信。古人云：“人无信，不可交。”如果言而无信，在社交场合中就不会有自己真正的朋友。而要做到言而有信，必须从以下几个方面约束自己。

1.真诚

与朋友相处要坦诚，只有牢记这一点，才能与朋友建立相互信赖的关系，朋友才会信任你。

2.讲信用

前面谈到的“一诺千金”，就是告诉我们，不能轻易向别人许诺，一旦许了诺，就要记住，并不遗余力地去兑现，否则会使你失信于人。

3.有责任感

一个人要时刻对自己的言行负责，说了就要做，做不到就不要说。要严守信誉，绝不食言。

（四）尊重别人，以礼相称

绰号就是外号。在社会交往中最讲究文明礼貌，以礼待人。人与人见面、交谈等都应用礼貌称呼，切忌用别人的外号称呼对方，更不能拿别人的短处来给别人起绰号，这都是极不礼貌的，极易伤害别人的自尊和感情，同时还表明你是一个庸俗之人。有许多忌讳应该注意。比如，中国人忌讳别人叫侮辱性的小名，忌讳别人说自己“老”“胖”“穷”，忌讳别人揭露自己的隐私，忌讳在社会交际中言而无信、有意说谎和搬弄是非，忌讳在宴席上很响地喝汤，饭后结结实实地打饱嗝儿，忌讳在逢年过节的时候说到“死”等不吉利的字眼等。

中国的港澳台地区的很多忌讳，相对于内地来说是比较有特色的，比如，香港人过年互祝“恭喜发财”而不说“新年快乐”，因为“快乐”与

“快落”同音，不吉利。

（五）使用称呼语的注意事项

1.简单准确

不能把“叔叔”称为“我爸爸的弟弟”，对一个年轻的姑娘不能称“大嫂”，不能说一些“阿姨爱人的爸爸”一类描述对象关系不清的称呼。

2.要区分不同对象、场合

要准确地分清亲疏远近的关系和对方的年龄、辈份、职务等。在不同的场合、不同的时机，对不同的对象，选择正确的称呼。

3.诚于中而形于外

对人称呼亲切、彬彬有礼，是心灵美的体现。不能把称呼看成是单纯交际应酬的手段，为称呼而称呼是不可取的，效果也不会好。至于把尊称作奉承，谦称作献媚，就更不好了。

4.语言优雅

称呼不仅表示对被称呼者的友好尊重，同时也反映了称呼者的文明。

运用称谓，看来似乎是一件再简单不过的事。其实，它在语言艺术中，却是不可掉以轻心的一个关键。

场景篇

第一章　婚礼主持

婚礼主持须知

婚礼的流程

婚礼是每个人人生中四喜之一，也是充满憧憬和喜悦的仪式，从古至今婚礼都要举办得轰轰烈烈，热热闹闹的。说到古代婚礼，就是高头大马、大花轿，而随着时代的发展，社会的变迁，现在我们常见的婚礼仪式，是在结合了传统婚礼的习俗和现代社会的特点，以及西式婚礼的理念而形成的，同时，由于举行婚礼的人们所处的地域不同、民族不同，我们所看到的现代婚礼也是多种多样，色彩缤纷的。

下面就介绍下现在常见的几种形式的婚礼：

1. 传统婚礼

所谓传统婚礼，是最能够体现中国特色的一种婚礼形式，这样的婚礼是由一个迎亲仪式拉开序幕的。所谓的迎亲仪式是，新郎在伴郎等亲朋好友的陪同下，到新娘的娘家去迎接新娘，而新娘家的亲属和朋友则负责刁难新郎，等得到满意的答复之后才允许新郎带走新娘，有些地方还会要求新郎将新娘抱到车上。

当新郎好不容易抱得美人归之后，如果是在酒店举行婚礼，则新郎和新娘直接到酒店，如果在家举行仪式，则新郎新娘回到新房，这时，需要鸣放代表喜庆的鞭炮，有些地区禁止鸣放鞭炮，可以用踩红气球、撒彩色纸屑来代替。

当新郎新娘准备好之后，就可以开始举行婚礼，一般婚礼都会选择吉时，吉时一般由主持人把握。

传统式婚礼仪式的具体过程是：

首先，由主持人宣布婚礼开始，同时鸣放鞭炮，奏乐。同时新郎新娘入席。之后新郎新娘向尊长、亲友行鞠躬礼、新郎新娘互行鞠躬礼、新郎新娘向来宾行鞠躬礼。

其次，主婚人讲话，之后双方家长讲话，单位领导、介绍人、尊长及来宾代表讲话或致祝词，最后新郎新娘致答谢词。

最后，婚礼结束，再次鸣放鞭炮，奏乐。

这样的婚礼形式，比较适合中国的国情，在广大农村应用得最为广泛，现在很多城市家庭也会选用这样的婚礼形式。

2. 酒宴式婚礼

酒宴式婚礼一般没有固定的婚礼形式，一般是由婚礼的当事人（大部分时候是由男方，当然如女方需要也可由女方）在酒店预订宴席，邀请亲朋好友，由主持人简单主持，由双方家长和新郎新娘简单致词之后就开始宴席的，一种婚宴形式，这样的婚宴简单快捷，能节省参与者的时间。同时新人可以依桌敬酒，表达对亲朋好友的谢意。

这样的婚礼形式一般可以作为举办过正式的婚礼之后，对亲朋好友的答谢宴。

3. 茶话式婚礼

这是一种方便又省钱的婚礼形式，这种婚礼的重点是在于婚礼的形式。这种婚礼由新郎新娘准备一个场地，这样的场地可以是接待室、会议室等地方。这样的婚礼不需要准备酒菜，只要有简单的茶点即可。

举办婚礼时，只要邀请单位或部门同事、领导、亲戚朋友等来到事先准备好的会场，大家在轻松愉快的氛围内举行婚礼。

这样的婚礼也是要有一定的形式的。

首先由主持人宣布结婚典礼开始，同时放喜庆的音乐。与其他婚礼不同的是，这样的婚礼的主持人不一定需要专业的人士，由新人的朋友、长辈等人来主持也可以。主持人的作用是引导整个婚礼，同时宣布新人正式成婚。其次，由新人单位领导讲话，来宾（亲友及同事）致词，新郎新娘致答谢词。然后新人用茶点简单地招待参加婚宴的客人。最后，由主持人宣布婚礼结束。

茶话式婚礼一般是在工作繁忙或工作单位相同的新人之间举行，由新人和新人的同事朋友共同策划。

4. 旅行结婚

旅行婚礼是现在社会上比较流行的一种婚礼形式，这样的婚礼形式简单便捷，同时又经济实惠。

新人选择旅行婚礼这种形式，是将婚礼和蜜月旅行相结合之后的一种形式，这样的婚礼，没有繁文缛节，给亲朋好友减轻了负担，同时将举办婚宴的金钱节省下来，这样就能够有更多的金钱和时间，去更多的地方旅游。

5. 集体婚礼

参与集体婚礼的新人们，可以是素昧平生陌生人，也是好朋友们相约同时举办婚礼。不管怎么说，集体婚礼都是最为繁华热闹的婚礼之一。

集体婚礼的组织者一般是新人所在单位的工会、共青团等部门，也有妇联等团体，同样现在也有很多由电视台等单位组织的集体婚礼。

集体婚礼一般对参与者的装扮没有特殊要求，可以按照自己的喜好来打扮，男士可以穿西服或唐装，女士可以穿婚纱或旗袍，当然如果新人参加的集体婚礼有特殊的主题，主办方对于新人的着装就会有一定的要求了。

集体婚礼，一般是不需要新人的亲朋好友都参加的，一般双方家属亲戚和单位领导一部分人参加就可以了，具体的参与人数要看活动的主办方的要求。

集体婚礼的自由度比较高，没有什么固定的仪式流程，全看新人的要求和集体婚礼的主题。比较常见形式是，由主持人宣布婚礼开始，在《婚礼进行曲》的音乐声中，新郎新娘缓步进入会场，这时参加婚礼的来宾，全体起立来欢迎新人。

当新人全都来到会场之后，婚礼的仪式正式开始。主持人主持全场婚礼，相关的领导或主办方讲话和发放礼品。

6. 广告婚礼

广告婚礼对于我们来说是一种比较新颖奇特的婚礼形式，其实按照我们的习惯性思维，这种形式，其实并不能称之为婚礼。它只是新人借助大众传媒来将自己要结婚的消息传播出去。

这样的婚礼形式利用了传播媒介的传播速度快、受众众多的特点，使新人能够快速地通知亲朋好友自己要结婚了，同时可以得到很多认识和不认识的人的祝福。

同时，这样的婚礼形式没有烦琐的步骤和要求，能够省去许多麻烦，同时可以节约新人自己和亲朋好友的时间和金钱。

7. 西式婚礼

西式婚礼原本是信奉基督教或天主教的人们举行的一种婚礼形式，这种形式的婚礼从传入中国以来，就因其美丽的服装、浪漫的形式，受到了很多新人的喜爱。

西式婚礼必须在教堂举行，当婚礼开始之后，婚礼进行曲响起，这时牧师、新郎、男傧相相继进入教堂。

牧师首先进入，他登上圣坛，这时新郎来到圣坛的右边，站好。男傧相站在新郎的左边稍后。

当新郎准备好之后，有女傧相、花童相继出现在教堂之中，在这之后，新娘就可以出场了，新娘是挽着父亲的右臂，慢慢地走向新郎。这时双方的母亲及宾客要从座位上站起来，当新娘来到新郎的面前时，新娘的父亲将新娘的手交给新郎，这时婚礼仪式开始，牧师做祈祷和致词，这时，婚礼的嘉宾可以落座了。

在婚礼中新郎新娘宣誓要一生相伴，然后交换结婚戒指，最后牧师宣布新郎新娘成为夫妇，新郎新娘交换誓言之吻，至此，婚礼结束，新人开始接受大家的祝福。

8. 其他形式的婚礼

随着社会的发展，人们的想法越来越多，越来越多的新奇婚礼形式出现在了我们的眼前。

植树结婚典礼。环保、低碳是我们现在大部分人追求的生活方式，植树婚礼就是响应了这种生活理念的一种婚礼形式。新婚夫妇到政府指定的植树地点进行植树，既有纪念意义，又有益于社会。

婚礼电影晚会。这样的婚礼形式，在很多农村很常见。农村举办婚礼希望能够热热闹闹的，所以，现在很多新婚夫妇会包租一场电影，招待村里乡亲一起去看电影，这样的婚礼形式既热闹，又简单便捷。

如何做一个出色的主持人

婚礼对大部分人来说是一生只有一次的神圣仪式，对于这样的仪式人们都是充满了憧憬的，而婚礼主持人就是完成人们憧憬、给予人们梦想的人。所以，人们常说婚礼主持人，是一份甜蜜的职业，它充满甜蜜的爱。

但是，对于一个真正的婚礼主持人来说，想要出色地完成这个甜蜜的工作，其实是一件非常不容易的事情。

在一场婚礼中，一名主持人不但要有良好的专业素养，能够在婚礼上侃侃而谈、诙谐风趣、雅而不俗；同时还要求主持人思维敏捷，有良好的应变能力，面对一些意外的、突发的情况，能够应对自如，圆满地解决突发问题。同时，一名优秀的主持人还要有良好的品位，他要风度潇洒、仪表堂堂。

优秀的主持人，能够使整场婚礼增光添彩，使得婚礼喜庆热闹，同时能够细心地发现问题，能够协调各部门公共工作，为整场婚礼的顺利进行而努力。

简单来说，一名优秀的主持人需要具备以下几个能力：

第一，具备职业道德和职业修养，遵守行业相关规则，自觉维护婚庆行业的信誉。

作为一名主持人，一场婚礼只是他众多工作中的一件，也许过两天他就会将新人的名字忘记。但是，对新人来说，这是他们生命中唯一的一次婚宴，是弥足珍贵的，他们交给主持人的不单是婚礼的主持权，同时是他们全心全意的信任。

作为一名婚礼主持人，职业道德要求他必须时刻将新人的利益放在第一位，遵守约定，准时到场，认真准备，不出现乱收费等不讲信誉的行为，尽心尽责地将自己百分之百的热情投入到新人的婚礼当中去，将婚礼举办得尽善尽美。这样做表面上完全忽略了主持人的利益，但是有助于维护住婚庆行业的信誉，同时维护自身的形象，为自己奠定了良好的信用。虽然新人的婚礼只有一次，但是这次的新人可以为主持人介绍自己的亲朋好友，这样作为主持人也可以得到很多的工作，可以说这是一种双赢。

第二，认真“备课”，准备充分。

作为一名婚礼主持人，他的工作并不单单是在婚礼的舞台上短短的十几分钟的主持，在婚礼举办之前，有很多事前工作也需要他来做。事先须与新人及其家人进行充分的交流和沟通，了解新人的喜好和愿望，只有这样才能了解新人，才能真正地明白他们想要一个怎样的婚礼，才准备出相应的合理的主持词。

第三，具备一定的文化艺术修养。

主持人的工作就是说话，但是什么话可以说，该怎么说都是有一定讲究的，说好了，参加婚礼的人人都会开心，说得不好，一场婚宴有可能就不欢而散了。所以，文化艺术修养对于一名主持人来说是十分重要的，但是文化艺术其实是一个范围十分宽泛的概念，不同的婚礼也有不同的要求，但是作为一名主持人，至少要具备言语交际能力、文化民俗知识、节目主持人语言能力、科学发声能力、普通话语音能力、朗诵能力、言语交际能力等。同时要将这些能力融会贯通。

第四，不断学习、研究和探索，完善自我。

活到老学到老，这是很多人都知道的道理，这样的道理同样适用于婚礼主持人，或者说，因为是主持人，持续学习才更是必要。同时可以和同行朋友多交流多借鉴，汲取更多的知识不断地完善自我。

第五，正确地定位自我。

作为一名婚礼主持人，可以说是在婚礼的舞台上权力最大的人，也是观众关注的目标，但是不能因为如此，就分不清谁是主角，谁是配角。

一场婚礼，它的主角永远是新人，主持人所作所说的一切都是为了介绍、表现新人的。主持人应切忌在婚礼现场过多地表现自己，否则就是喧宾夺主了。主持人过多表现自己虽然也能够产生热闹活跃气氛，但是这时来宾们的注意力都集中在主持人身上，而忽略了新人，可以说这样的婚礼是失败的。

第六，独立创新，有自己的风格。

每个主持人在刚刚开始独立工作时或多或少地有过模仿的痕迹，但是作为一名婚礼主持人在真正展开工作之后，都应该彻底杜绝单纯模仿别人，而要依靠自己的创意，形成自己独特的主持风格。

学习别人的主持风格是可以，但是不同的风格适合不同的人，每个主持人的风格都是在反复的锻炼中渐渐选择出的，单纯的生搬硬套是不能得到理想的效果的。

第七，在婚礼中融入自己的真情实感。

人和人交往依靠的是真心真意，作为一名主持人，如果用虚假的感情来面对新人，那么他的主持将是死板呆滞的，只有投入了自己的真情实感，才和新人以及来宾在感情上产生了共鸣，也就是，想要感动别人必要先感动自己。

第八，具有冷静的头脑，优秀的应变能力。

对于主持人来说，虽然不同的人婚礼的形式有所不同，但是总还是有套路可循。但是，凡事不尽如人意，在婚礼的现场，经常还会遇到一些这样那样的意外情况，比如说致词嘉宾紧张忘词，花童没有按照预定路线走，新娘踩到礼服等。这样的情况，稍有不慎，就能导致婚礼失败，这时就要依靠主持人的危机处理能力和应变能力来将事件化险为夷，帮助新人或嘉宾摆脱尴尬的境地，保证婚礼能够欢快而热闹地继续。

第九，注重自身的仪表。

主持人是一个公众人物，在婚礼现场，他是所有人关注的焦点，他将引领整个婚礼。这样的一个人，是不能衣着随便的，婚礼主持人的着装和仪态同样反映了他对婚礼的重视程度，以及对新人、宾客的敬意。

总之，想要成为一名优秀的婚礼主持人，就必须不断地完善自我，努力学习。

如何用游戏调节婚礼气氛

婚礼中的游戏，作为活跃气氛，完善婚礼的一种形式，现在越来越多地被应用在婚礼中，在迎亲时、拍摄外景时、在婚礼仪式上、在游戏环节上，都充满了小游戏，如何合理安排这些游戏，就是我们下面要讨论的问题。

下面介绍几种简便易玩，又乐趣无穷的小游戏。

1.八抬大轿迎亲

常规的婚礼都是用轿车这种现代的交通工具，而现在有些年轻人反其道选用古代的五花马和八抬大轿的形式来迎亲，更显得热闹，当然也可以选用自行车。也曾有新人选择他们相识的公交车作为婚车。这样的迎亲形式，首先要考虑天气状况。一般比较适合在气候宜人的春秋天进行。其次路程也是必须考虑的问题，如果新郎家和新娘家离得较远，可以只象征性地走一点，其他还是按照常规形式。

2.娘家人堵门

堵门一直是婚礼中的一个热门游戏，这时新娘的亲朋好友可以安排各种难题来“为难”一下新郎。例如，在十秒钟内说出爱新娘的十个理由等。但是要注意的是，堵门再好玩其目的是为了婚礼的正常进行。所以在堵门时要特别注意时间，不要耽误了婚礼的吉时，那就得不偿失了。

3.制作一份婚礼日报

报纸是传递信息的工具，婚礼日报是传递幸福的工具。这种日报是新人送给来宾的，包括：新郎新娘的幸福合照以及他们恋爱的故事。由于制作婚礼报纸需要一定的周期。因此新人在制作时需提前和婚庆公司的工作人员进行沟通。

4.在婚礼上重现求婚现场

这个游戏可以由嘉宾提出，是一个“为难”新人的游戏，这时可以看到新郎的不好意思和新娘的羞涩，但是要注意不能过分地为难新人，以免造成不愉快。

这个游戏也可以由新郎自己准备，这就是一个展现新郎浪漫的机会了，这就需要和婚庆公司协调妥当，对细节要全面把握。

5.交杯酒也要喝出新意

喝交杯酒是婚礼上必不可少的环节。通常新人在这个环节会选择香槟或者红酒。

6.在婚礼上做电影女主角

这个游戏可以由新郎和他的好朋友一起设计，选择新娘喜欢的电影电视剧，将其中的情节变成舞台剧，让新娘体会到电影一样的浪漫爱情，这将会成为新娘终生难忘的婚礼。

7.才艺展示

才艺展示，已经成为现代婚礼一个必备的项目了，它的好处是一方面避免了婚礼冷场，一方面给平日里工作繁忙的朋友们一个展示自己的平台。

8.击鼓传花

击鼓传花是一个比较经典的游戏，它是一个最适合多人玩，同时又最具趣味性的游戏。当然奖惩措施要合理得当，不能过分。

9.传糖果

这也是一个经典游戏，要求新郎用嘴叼着喜糖给新娘吃，当然，新郎可以帮着新娘一起吃。这个小游戏可是十分考验新郎新娘的默契呢。也可以让新郎和新娘咬同一个苹果。

10.“白头偕老”

找一个大圆盘，里面盛满面粉，在面粉里埋一颗糖果，然后要求新郎新娘采取吹面粉的方式把糖果找出来，新郎新娘必定是满头面粉，这就是白头偕老。

这些只是在婚礼中可以玩的小游戏的一小部分，还有更多等待大家去挖掘，学会了这些小节目就可以使得婚礼不会冷场，保证婚礼能成为一个美好的回忆。

常见婚礼主持词

婚礼主持

各位朋友，各位来宾，大家好！

在这一元复始，万象更新的大好日子里，×××酒店宾朋满座，齐贺××先生、××小姐的结婚之喜，首先请允许我代表新郎新娘欢迎大家的光临。

（停顿掌声）

现在离吉时还有10秒钟，让我们用期待的声音共同倒计时。10，9，8，7，6……1

（奏乐、鸣炮）

现在请伸出我们的双手，用最热烈的掌声，有请两位新人闪亮登场！（掌声）大家看，在爱情的滋润下，我们的新娘子是如此的楚楚动人，而新郎官是那么的英俊潇洒，风度翩翩，两位佳人在庄严的婚礼进行曲中手牵着手、心贴着心，面带着微笑向我们款步走来。

新郎新娘经历了晓露丹霞，花前月下，九夏芙蓉，三秋杨柳，终于盼来了这美好、激动的时刻。下面让我们来采访一下新郎官，你愿意娶我们的××小姐为妻吗？现在给你一个机会，让你对新娘说一句你此时最想说的一句话，让它成为你永世的经典。

……

看来我们的新郎官深深地爱着我们的新娘子。我们再采访一下美丽的新娘“最欣赏新郎官哪一点？最讨厌他哪一点？”……

从新郎新娘简短的话语中，我们感觉到了新娘新郎真是郎情妾意，情意绵绵，让我们祝他们的这份情、这份爱化作永久的心心相连。

一对有情人要从相识、相知、相爱到最后走到一起是“百年修得同船渡，千年修得的共枕眠”，因此现在让我们掌声有请证婚人××为新人证婚。

在结婚的时候，有一句话是这样说的：“谁抢到结婚证，谁就在以后的日子里，当家作主，现在我们就请伴郎伴娘代表新郎新娘抢结婚证。”

今天，一对幸福的新人喜结良缘，组建了一个新的家庭，俗话说：“建小家莫忘大家，可谓淑女佳妇；重恩情切记父母，堪称孝子贤婿。”因此，他们的结合最应感谢的就莫过于双方父母了，下面，让我们以热烈的掌声，请双方父母上台就座。

请新郎给岳父岳母大人敬茶；请新娘给公公婆婆敬茶。

一杯浓浓的香茶，渗着新人对父母的感激与孝顺，看得出，老人家是非常开心，那我们就掌声有请男方父亲代表双方父母讲话。

……

接下来，拜堂仪式就要开始了。请新郎新娘听我的口令。

一拜父母，（一、二、三）感谢父母多年的养育和教诲之恩。二拜来宾，感谢亲朋好友的光临与祝福。夫妻对拜，有一个风俗，夫妻对拜的时候谁鞠躬鞠得越深说明谁爱对方爱得越深，现在就请新人听好，一鞠躬，谢谢您选择了我，再鞠躬，白头偕老，三鞠躬，永结同心！

喝交杯酒。

此时，爱情，美酒，乐曲围绕着我们这对幸福的新人，让我们锦上添花，用掌声祝福新人美好姻缘结甜果，来年抱个胖娃娃。

现在，我宣布×××先生和×××小姐的婚礼仪式到此结束，下面有丰盛的酒菜，希望大家吃好喝好。

西式婚礼主持

亲爱的各位来宾，各位朋友，在婚礼的钟声即将敲响的时刻，××婚庆礼仪策划中心温馨提示，请您抓紧时间入席就座，为了保证婚礼的有序进行，请您不要在现场随意走动，不要大声喧哗，带孩子的朋友请您看好自己的小孩，注意现场的秩序和孩子的安全。在婚礼进行过程中，请您配合主持人将您最热情的掌声送给最幸福的一对新人，××婚庆礼仪策划中心将和您一起共同打造这浪漫温馨的完美婚典。请××婚庆礼仪策划中心各位爱情使者进入工作状态，××先生、××小姐结婚大典倒计时：5，4，3，2，1……

来宾朋友们，相识是一种缘，相知是一份情。相恋是一份爱，相守是一种福。来宾朋友们，是缘分让我们相聚，是真爱将我们召集。每个人来到这个世界上，都是一个半圆，他们一生都在追求属于自己的另一半。而就在今天，××年××月××日，××先生，××小姐这一对深深相恋的伴侣终于找到了属于彼此的那个半圆，同时，也迎来了他们一生中最幸福、最难忘的一刻！××先生和××小姐的结婚盛典也拉开了帷幕。一个新的家庭即将诞生。

独白：

一生之中遇到你，感觉生命如此甜蜜，让我真心真意地爱你，用尽我一生的勇气。当我不在你身边的时候，请把你的左手放在你的脸上，代替我轻抚你的脸庞；请把你的右手放在你的心上，让我可以感受你的心跳。我会用我的心轻轻地感受，我会用我的灵魂深深地触摸。我情愿一生一世地爱你，一路上有你。

开场：（背景音乐）

尊敬的各位领导、各位来宾、女士们、先生们，大家中午好！

春风吹来了桃李的芳香，新人沉浸在爱情的海洋。今天播种下喜庆与吉祥，明天收获着地久和天长。喜庆的鞭炮绽放着欢乐，缤纷的礼花映照出祥和。飘香的美酒预示着幸福，相爱的男女共浴在爱河。

朋友们，今天是××年××月××日，我们共同迎来了××先生和××小姐喜结连理的良辰吉日。我是主持人××，首先我代表新郎新娘以及他们的家人，向各位朋友的光临表示热烈的欢迎和衷心的感谢！

在这个喜庆的时刻，我希望现场的朋友们：把你们的笑容露出来！把你们的掌声响起来！把你们的激情喊出来！××先生、××小姐结婚大典现——在——开——始！鸣炮！奏乐！

亲爱的朋友们：相识是缘起，相爱是缘续。缘的开始，是在一次不经意的回眸，一次偶然的擦肩，才拉开了爱的序幕，点亮了缘分的天空。在一个浪漫的夜晚，男孩对女孩许下了承诺：他要和她牵手一生，共同走过漫漫的人生道路。在今天，在这里，这个男孩就要和他心爱的女孩兑现人生诺言，品尝爱的甜蜜。那，就让我们掌声请出这个幸福的男孩——今天的新郎：××先生！主持人邀请新郎上台。主持人邀请新娘登场。新郎拥抱新娘。新郎向新娘父亲宣誓，父亲将新郎新娘的手交叠在一起，交接仪式完成，新人站在幸福门前准备上场。

曾经有人说过，等待的过程是漫长的，等待的过程是甜蜜的。众里寻他千百度，蓦然回首伊人却在灯火阑珊处。俗话说：结婚容易相处难，两位经过深思熟虑选择了彼此。有请新郎新娘面对面，紧握彼此的双手，深情看着彼此的双眸进行庄严的宣誓。

尊敬的××先生，当你的手牵定××小姐的手，从这一刻起，无论贫穷和富贵，健康和疾病，你都将关心她，呵护她，珍惜她，陪伴她，一生一世，直到永远，你愿意吗？（我愿意）

尊敬的××小姐，当你的手牵定××先生的手，从这一刻起，无论贫穷或富贵，健康或疾病，你都将忠于他，支持他，帮助他，安慰他，一生一世，直到永远，你愿意吗？（我愿意）

大家听得出刚才两人的话语是发自肺腑的，我想当岁月的光华流失于额头的鬓角，当生活的艰辛填满彼此脑海心际的时候，衷心希望你们记住今天彼此的诺言，永远把对方当成手心里的宝！

久旱盼雨逢甘霖，结婚不忘证婚人。掌声有请证婚人入场！（证婚略）

甘霖普降万物润，主婚上台表寸心。掌声有请主婚人入场！（主婚略）

朋友们，信物有价，情义无价。岁月易变，承诺不变。戒指是婚礼上最珍贵的信物，它的珍贵不是价值，而是一份承诺，有请小天使……

新郎，真诚地望着你的爱妻，记住，是你今生无悔的选择！请为你的爱妻佩戴结婚钻戒。

新娘，真诚地望着你的先生，记住，是你今生幸福的依靠！请为你的先生佩戴结婚钻戒。天长地久有尽时，此情绵绵无绝期。一枚小小的钻戒，牢牢地套住了他们绵绵的情，套住了彼此相爱的心。你可以拥吻新娘了！（掌声）

苍天播下幸福的种子，大地盛开吉祥的花朵。有请新人用深情的三鞠躬来感谢这份永恒的爱情。

一鞠躬：回忆昨天，一见钟情，一心一意，一往情深，一路相随。

再鞠躬：喜看今天，高朋满座，喜气洋洋，永结同心，比翼双飞。

三鞠躬：祝福明天，相亲相爱，相敬如宾，相濡以沫，相伴永久。

朋友们，世界上最伟大、最真诚的人就是父亲母亲；世界上最博大、最无私的爱就是父爱母爱。掌声有请父母亲登场！

……

父母的养育深恩永远都不能忘记，来，拉起你最爱的人，走向你最亲的人，先改口，再敬茶，最后把孝心化作三鞠躬献给爸爸和妈妈。

一鞠躬：一拜父母生育情，情深似海伴儿行；

再鞠躬：二拜父母养育恩，恩重如山记在心；

三鞠躬：三拜父母身体好，寿比南山永不老！（新人改口、敬茶、行礼，父母应声、喝茶、发红包。）

请一对新人偎依在父母的身边，让我们的摄影师留下这个难忘的镜头。

有请父母亲入席观礼！新郎新娘，你们结婚以后，记住要常回家看看，父母亲一辈子不容易就图个团团圆圆，平平安安！

朋友们，烛光是幸福、温馨、喜悦、吉祥的象征，现在新人的父母正在传递爱的火种……有请小天使送上爱的火种，让新郎新娘引燃这象征薪火相传的爱情火焰，点燃这象征锦绣前程的水晶烛台。

请你们永远铭记公元××××年××月××日，今天是你们幸福的纪念日，是你们美好新生活的开始，请你们一起点燃属于你们共同的爱情圣火。

从今以后，你不再被湿冷的雨水所淋，因为你们彼此成为遮蔽的雨伞。

从今以后，你不再觉得寒冷，因为你们互相温暖彼此的心灵。从今以后，你不再有孤单寂寞，因为你们彼此的生命已经融为一体。愿你们在携手的路上永远撒满爱的阳光！请你们在这神圣的烛光面前许下一个今生的心愿。上天让你们在爱的道路上相遇，经过了漫长的期待，在无数双目光的凝视下，在红红的烛火旁，这份美丽心愿一定会早日实现。烛光映入一份温馨一份浪漫，烛光变成一份喜悦一份平安。愿你们永远拥有：开心的一刻，快乐的一天，美好的一年，幸福的一生！让我们默默地为一对新人祈祷、祝福，祝福他们爱情坚如磐石，婚姻美满幸福！

尊敬的各位女士，各位先生，亲爱的来宾朋友们：今天婚礼上最神圣、最庄严、最激动人心的时刻就要到了。手印，人各迥异，终生不变，是人类最具权威性的生命元素与生命记号；是最具珍藏价值的历史原件；是人类最郑重的留言与留念。

今天，在这庄严、神圣的婚礼殿堂，让我们共同见证这激动人心的时刻，两颗相爱的心在这里庄严地留下生命的印痕，镌刻下心灵的承诺。一生一世，一世一生！

渴望在爱的天堂飞翔，这双爱的翅膀要靠你们用双手共同织就。来吧，现在就用你们的双手，印下千年不变的誓言，编织一双彩翼，让爱去勇敢飞翔！

交杯酒是甜滋滋的，预示着你们将来生活的幸福。交杯酒是火辣辣的，激励着你们开创美好的明天。有请爱情天使……有请新人互敬交杯酒。

执子之手，与子偕老。爱情就是此时一对新人四目相投的那一刻。相濡以沫，同甘共苦。婚姻就是将来两个老人彼此依偎的那一天。你中有我，我中有你。恩爱长久，幸福齐天！

这正是爱的琼浆浇灌爱的花朵，明年肯定结出沉甸甸的爱情之果。生个男孩白又胖，英俊潇洒像新郎；生个女孩最漂亮，美丽可爱像新娘；争取生个龙凤胎，一男一女一对双！

……

常言说得好：一个篱笆三个桩，一个好汉还要大家帮。今天有这么多亲朋好友光临祝贺，说明一对新人及双方父母亲人多，朋友多，口碑好，人缘好，请新人给朋友们鞠三个躬，大伙说好不好？（新人三鞠躬）

一鞠躬：感谢领导的栽培和帮助；

再鞠躬：感谢朋友的深情和厚意；

三鞠躬：祝愿大家：身体好、工作好、学习好、生活好、你也好、我也好，我们一天更比一天好！

茫茫人海，芸芸众生，月老为你们牵了爱的红线，丘比特神箭射中你们爱的心弦。日月星光谱写你们爱的传奇，爱的新诗篇，尊重、温暖、忠诚、幸福和你们相依相伴。爱情的列车没有终点，只有永远！让我们掌声欢送两位新人开始他们新的征程！

伴随着热烈的掌声和喜庆的音乐，×××先生和×××小姐结婚典礼到此圆满礼成，新婚喜筵现在开始！请大家高举金杯，斟满美酒，开怀畅饮。

祝福新郎新娘在未来的日子里，办事样样顺，好运天天交。工资天天涨，生活步步高。

朋友们，新郎新娘给大家敬酒啦！请您端起酒杯，祝愿大家：年年兴旺发达，月月心想事成，天天笑口常开！

教堂婚礼主持

牧师：各位来宾，我们今天欢聚在这里，一起来参加×××和×××的婚礼。婚姻是爱情和相互信任的升华。它不仅需要双方一生一世的相爱，更需要一生一世的相互信赖。

今天×××和×××将在这里向大家庄严宣告他们向对方的爱情和信任的承诺。

牧师：×××和×××，现在请你们向在座的宣告你们结婚的心愿。

牧师：×××，是否愿意娶×××作为你的妻子？你是否愿意无论是顺境或逆境，富裕或贫穷，健康或疾病，快乐或忧愁，你都将毫无保留地爱她，对她忠诚直到永远？

新郎：我愿意。

牧师：×××，你是否愿意嫁给×××作为他的妻子？你是否愿意无论是顺境或逆境，富裕或贫穷，健康或疾病，快乐或忧愁，你都将毫无保留地爱他，对他忠诚直到永远？

新娘：我愿意。

牧师：×××和×××，现在请你们面向对方，握住对方的双手，作为妻子和丈夫向对方宣告誓言。

牧师：×××请跟我说。我全心全意娶你做我的妻子。无论是顺境或逆境，富裕或贫穷，健康或疾病，快乐或忧愁，我都将毫无保留地爱你，我将努力去理解你，完完全全信任你：我们将成为一个整体，互为彼此的一部分，我们将一起面对人生的一切，去分享我们的梦想，作为平等的忠实伴侣：度过今后的一生。

牧师：×××请跟我重复。我全心全意嫁给你作为你的妻子。无论是顺境或逆境，富裕或贫穷，健康或疾病，快乐或忧愁，我都将毫无保留地爱你，我将努力去理解你，完完全全信任你，我们将成为一个整体；互为彼此的一部分：我们将一起面对人生的一切，去分享我们的梦想，作为平等的忠实伴侣，度过今后的一生。

牧师：这里现在有两枚戒指：它们是婚姻的象征：它们完美的圆环代表着生命与爱，象征永恒的爱情。

牧师：现在请把戒指戴在新娘的手上。请跟我重复。你是我的生命，我的爱，我的挚友。我今天娶你为妻，这个戒指将永远印证我对你的挚爱和我今天对你的压严承诺。

牧师：现在请×××把戒指戴在新郎的手上：

牧师：×××，请跟我重复，你是我的生命，我的爱，我的挚友。我今天嫁你为妻，这枚戒指将永远印证我对你的挚爱和我今天对你的庄严承诺。

牧师：现在，×××，你可以掀开面纱亲吻你的新娘了。

牧师：从今以后，你不再被湿冷雨水所淋，因为你们彼此成为遮蔽的保障。从今以后，你不再觉得寒冷，因为你们互相温暖彼此的心灵。从今以后，不再有孤单寂寞。从今以后，你们仍然是两个人，但只有一个生命。唯愿你们的日子，天天美满直到地久天长。

牧师：现在请允许我向大家介绍：这是×××及他的夫人，让我们一起为他们祝福。

牧师：婚礼仪式礼成，请新人退场。

中式婚礼主持

开场白：

山欢水笑同贺新婚喜，

地久天长共祝百年好。

尊敬的各位亲朋、各位贵友、女士们！先生们！街坊四邻们，大家好！

今天是公元××××年元月××日，农历××年××月××，今天久负盛名的×××大酒楼6楼的宴会大厅，是高朋满座，金碧辉煌，正在恭候一对新人的到来。承蒙××家族和××家族的厚爱，在这里为一对新人主持新婚庆典，我感到万分的荣幸，希望大家在仪式当中，给予一对新人和主持人，多多的掌声支持，谢谢啦！

在这里我也要代表一对新人和他们的家长，对各位来宾的到来表示热烈的欢迎和衷心的感谢！祝各位来宾朋友们，在今后的工作、生活中生意兴隆，财源广进，心想事成，万事如意，抬头见喜，低头见钱。谢谢！

现在良辰吉时已到，我宣布×××先生×××小姐新婚庆典现在开始——。有劳嘉宾大驾，全体起立。这正是“新人到堂前，宾主站两边，才子配佳人，鼓乐响连天。”有请新人入花堂啦！

“借来天上火，燃成火一盆，新人火上过，日子过得红红火火啦！”（响乐）

“一块檀香木，雕成玉马鞍，新人迈过去，步步保平安。”（响乐）

“一撒金，二撒银，三撒新人上台转过身。”（响乐）

有请新郎官在自己新婚庆典的舞台上三箭定乾坤：

一箭射天，天赐良缘，新人喜临门啦！

二箭射地，地配一双，新人百年好和。

三箭定乾坤，先射天，后射地，天长地久，地久天长。（响乐）

一对新人在大家的掌声祝福下，已经来到了花堂上，有请来宾落座。

各位来宾，各位贵友，按照咱老祖宗的规矩，新娘的盖头是到了洞房新郎才挑开了，但是，今天来了这么多的客人，这么多的朋友，这么多的嘉宾，大家是不是想早一点看看新娘的花容呀！（想）。那好！今儿咱们就来个“与时俱进”，提前在这里让新郎揭开盖头，好不好？（好）（然后拿一秤杆，问？）大家知道这是什么呀？（秤杆）对，这是秤杆，秤杆这上面的是什么？（称星）这秤杆也叫“喜竿”，咱们让新郎官，拿这个“喜竿”挑开新娘的盖头，新郎官“称心如意”啦！（响乐）

这正是“芙蓉出绿水，新人露花容”。大家掌声祝福啦！（响乐）

（介绍新人）

朋友们，下面请允许我向大家介绍以下这两位新人：这位英俊潇洒、精明干练、满脸喜气洋洋、又有一点扬扬得意的先生，就是新郎×××先生；掌声祝贺！（响乐）站在新郎旁边的这位美丽大方、满脸甜蜜的就是新娘×××小姐。掌声祝福他们！（响乐）

（三拜九叩大礼）

下面请新人行大礼，行三拜九叩之礼。

（一拜天地）

一拜天地日月星，请一对新人转过身，整衣冠，拱手作揖，拜。

风调雨顺，一鞠躬，

五谷丰登，再鞠躬，

家业兴旺，（响乐）三鞠躬，起身。

再拜高堂，老祖宗。

有请双方家长上台入座，依次为女方家长，男方家长。

整衣冠，拜。（响乐）

祝父母多福多寿，一鞠躬。

愿高堂幸福安康，再鞠躬。

愿父母双亲，寿比南山，三鞠躬。请新人起。（响乐）

在这里我也代表一对新人，祝愿双方老人“福如东海长流水；寿比南山不老松”。愿你们来年的此时共享三世同堂的天伦之乐。

（夫妻对拜）

请新人面向北，相对而立——互相整衣冠——拱手作揖——拜（响乐）

夫妻恩爱，一鞠躬。

百年好合，再鞠躬。

早生贵子，三鞠躬。请新人起。（响乐）

（改口敬茶、给红包）

双方家长握手合影，“天上牛郎会织女，地上才子配成双，今日两家结秦晋，荣华富贵万年长。”（响乐）

（早生贵子）

拿桌上准备好的四喜果（枣、栗子、花生、核桃），问新郎、新郎什么意思？

核桃——白头偕老

花生——花搭着生

枣、栗子——早生贵子

（吃子孙饺子）

子孙饺子有七个——五男二女，新娘咬一口饺子，问新娘生不生。

（感谢来宾）

牵马的，抬轿的，敲锣打鼓放炮的；

接客的，嘹哨的，还有招呼不到的；

梳头的，扶女的，亲朋好友知己的；

看客的，送礼的，四面八方贺喜的；

烧火的，做饭的，挑水切菜捞面的；

扫地的，看院的，提茶倒水抹案的；

还有门口立站的；趴在窗台偷看的；

新郎、新娘咱们一起行礼啦！

农村婚礼主持

农家小院内张灯结彩，喜气洋洋，彩色的旗子迎风飘扬，大红的灯笼高高悬挂，满院贴满了大红的喜字，新房的窗户上贴着戏水的鸳鸯，大门上贴着大红的喜联，上书：天喜地喜催得红梅放，主欢宾欢迎将新人来；横批是：幸福长存。正房的房檐下悬挂着红色条幅，上写：贺×××先生和×××小姐永结同心。

女主持人：女士们、先生们，电视机前的观众朋友们：你们好！由××××婚庆公司精心策划的大型婚礼纪录片在今天这个黄道吉日就要开拍了，首先，向大家介绍一下参与本次婚礼拍摄的相关人员。

男主持人：首先向大家介绍的是担任本场婚礼的两位领衔主演，男主角是风流倜傥、人见人爱的快乐单身汉，也就是新郎×××先生。

女主持人：女主角是美丽大方，温柔体贴，号称××城一朵花的靓丽新娘×××小姐。

男主持人：今天的录像师，我们荣幸地请到了我国老一辈著名的、享誉海内外的摄影艺术家×××先生的崇拜者，也就是我们：××××婚庆公司专业婚礼摄像师××先生。今天的他将使出浑身的解数，用他抖擞的精神来为本次婚礼服务。请诸位放心，他手下精彩的镜头除了能将新人最美好、最甜蜜、最感人的片断录制下来，同时也能留下在座亲朋好友的张张笑脸，声声祝福。

女主持人：当然，今天的婚礼还有两名不可或缺的解说员，那就是——鄙人×××，和鄙人的搭档×××先生。

男主持人：和风吹绿柳，时雨润春苗。春到山乡处处喜，喜临农家院院春。

亲爱的朋友们，大家好！很荣幸来担任×××先生和×××小姐百年好合的庆典主持人。今天，我们将用花样翻新的语言主持今天的婚礼。

女主持人：朋友们，接下来，让我们用掌声鼓励婚礼工作人员为我们来个时空连线。

（台下掌声热烈地响了起来）

请你随我们的摄像机的镜头一起记录下这场非同寻常的婚礼大典！（镜头移向喜庆的院落）

男主持人：朋友们，你现在看到的是北方农家一座平凡而又普通的小院，但是，今天它却显得格外的与众不同。大家看：宅边屋角瓜黄菜绿，池边河畔鸭大鹅肥；槽边不乏千里马，仓内常存万石粮。这真是：劳动门第春常在，勤俭人家庆有余。小院中洋溢着无限的喜庆气氛，这里的人们面带笑容，掩不住内心的喜悦，这情这景，就像一杯甘醇的美酒，令人陶醉，令人神往。

女主持人：朋友们，这是一个阳光明媚的早晨，这是一个充满希望的日子，这是一个亲朋好友欢聚的时刻，月下老人又为一对年轻人牵上了红丝线。这位就是我们今天的男一号——新郎官：×××先生。看，今天的他容光焕发、精神抖擞，他已整装待发，马上就要去迎娶他的新娘了。

介绍完新郎，还必须介绍一下这几位重要人物（指新郎旁边的人），他们是今天的接亲人员，为完成好这次接亲他们做了大量的准备工作。（接亲队伍簇拥着新郎走向装饰一新的婚车）

男主持人：如今农村的婚事操办，可是今非昔比了，人们有了钱就免不了在结婚大喜的日子热闹一番，就连接新娘过门，都用了装饰漂亮的高级轿车。今天，迎娶新娘的婚车就是超豪华的凯迪拉克，这可是花了大价钱的。结婚是一辈子的大事，今天不坐更待何时？今天，美丽的婚车用鲜花装饰一新，车花以百合和玫瑰为主，九百九十九朵大红的玫瑰摆设成新郎的心语“I LOVE YOU”。

（新郎和接亲亲友们在车里坐好，准备出发）

女主持人：好，我们的接亲车队和迎亲特使团已经整装待发。鸣炮，奏乐！（锣鼓震天响，鞭炮朝天吼）

男主持人：鞭炮齐鸣，婚车启动，我们的新郎遥望着前方早已心驰神往。一对新人经过时间的过滤、情感的交往，两颗彼此爱慕的心灵撞击出耀眼的爱情火花，美好的时刻已经到来，见不着情妹妹，新郎是坐立难耐！

好，长长的车队缓缓行进，喜悦的心情要慢慢体会。（车队缓缓驶开）

朋友们，新郎家的情况就为你介绍到这里，咱们一会再见。现在，请在我们的摄像师傅连线新娘家，由我的搭档×××小姐为你介绍新娘家的进展情况……

（新娘家客厅：桌上早已摆放好了待亲的水果、蛋糕和茶水，天花板上垂着五彩的彩带，屋顶的四角吊着红红的小灯笼，窗户上贴着红色的喜喜字。来宾们穿戴一新，欢声笑语，屋内充满着愉快的氛围）

（新娘屋内：墙边摆放着准备好的嫁妆。新娘在化妆）

女主持人：华堂溢喜地天交泰，桂苑飘香人月双圆。亲爱的观众朋友们，我现在是在新娘家中，在今天这个吉祥万福的日子，我们终于迎来了×××小姐的新婚大喜。现在，我们的新娘正在化妆师的精心打造下，宛如天上仙女下了凡尘。

看她……活脱脱的一个超级大美女。

（新娘的母亲和亲友在把苹果、红枣、桂圆、喜糖等塞进大红大绿的被子里，叠好后再用红包、袱皮儿包好）

男主持人：（夸新娘的嫁妆）

女主持人：大家看，美好的祝福天铺地盖，一层层温暖又一层层关怀。这是来自亲友的祝福，这是来自亲人的厚爱。

（院外突然间汽笛长鸣，鞭炮声大作，锣鼓声四起）

朋友们，现在新郎已经来到了新娘的家中，按照当地的习俗，新郎官首先要喊“妈，开门。”

男主持人：月老牵红线，两家喜结亲，握手再握手，亲家喜相认。（女方家亲友与迎亲人员一一握手、问好，在客厅内上座）

女主持人：为美丽的新娘子戴上美丽的花，说上几句贴心的话。（新郎为新娘戴上胸花）

新郎：亲爱的老婆，你永远是我心中的鲜花！

新娘：亲爱的老公，你永远是滋养我的雨露！

男主持人：来，让美丽的鲜花送给她可爱的牛粪一个香吻，以示感谢！（在朋友们会意的笑声中，新娘在新郎的额头上亲了一下）

女主持人：按照当地的风俗，新娘在出门之前，还要换上一双新鞋，图个吉利。是呀，希望新娘穿上这双鞋，走人生的路，走吉祥的路，走幸福的路，走安康的路。（新郎为新娘穿上新鞋）

男主持人：新郎就要把爸爸妈妈心爱的小棉袄接走了，新郎对岳父岳母说几句心里话吧！

新郎：爸爸，妈妈，现在我就要把×××接走了，请你们放心。我会好

好对×××的。我们以后也会经常来家里看望你二老。（岳母向新郎递上准备好的红包）

女主持人：小小的红包是一颗爱子的心，谁说姑爷不是咱自家的人。

男主持人：各位朋友，新娘就要告别少女青春的梦想，离开生她养她的父母了。

女主持人：是啊，离别之情是难以用语言表达的。人世间最纯真无私的爱，莫过于父爱和母爱。

男主持人：即将出门的新娘站在爸爸妈妈身边，为爸爸妈妈敬上一块喜糖。女笑双亲乐，家和万事兴。朋友们，这就是母女情，这就是父女爱。（新娘将剥好的喜糖送到父母嘴里）

女主持人：再见了，从小长大的地方，再见了亲爱的爹娘。女儿大喜的日子妈妈为什么眼泪汪汪？

母亲：我这是高兴的眼泪、喜悦的眼泪。

父亲：生活中不论遇到什么风浪，父母永远是你们坚强的后盾。

男主持人：车队徐徐开动，缓缓地驶出了新娘的家门。

女主持人：婚车缓缓驶出，徐徐地踏上了爱的归途！

（新郎家门前）

男主持人：朋友们，两位新人手拉着手，肩并着肩，面带着幸福的微笑，走下了迎亲的喜车，走向他们的新房。

女主持人：舒适典雅的婚床宽宽敞敞，大红的喜字成对成双，五彩的霓虹灯散发着柔和的光芒，粉色的窗帘给人无尽的幻想。

男主持人：爱的殿堂如此华丽，看得出新郎对新娘的心意。幸福的风帆将在这里扬起，爱情的硕果将在这里孕育。

女主持人：是啊，我们还不难看出，在这温馨的港湾中，在这精心建设的爱情小巢里，小两口一定会有许多甜美的梦幻和爱的交响。

（新郎新娘在新房内换衣服，稍作休息）

男主持人：各位来宾、各位贵客、各位亲朋、各位乡邻：

在这希望的田野上，在这山花烂漫的季节里，我们相聚在喜气洋洋的农家小院，我宣布×××小伙和×××姑娘的婚礼现在开始！奏乐、放鞭炮！

女主持人：一对新人拜花堂，两情相悦似蜜甜，三生有幸结良缘，四方亲朋来得全，五福临门合家欢，六六大顺庆团圆，七星高照全家福，八仙过海来祝愿，九九相依又相伴，十分美好到百年，千载良缘万年长。

男主持人：抬起头，往这儿看，新郎就在你面前。这个小伙不简单，能文能武有才干……

女主持人：抬起头，往这儿看，新娘长得真不赖。瓜子脸，丹凤眼，两个酒窝镶上边……

男主持人：这才是：郎才女貌好姻缘，多才多艺好青年。

女主持人：恩爱夫妻比翼飞，戏水鸳鸯羡煞人。

男主持人：新人结婚要证婚，合理合法才放心。

下面有请中华人民共和国××省××县××乡××村村长×××先生为新人证婚。

证婚人：……

男主持人：谢谢×××先生的证婚，请新郎新娘向证婚人三鞠躬！（新人向证婚人三鞠躬）

女主持人：今天的来宾真热烈，送来了祝福和欢乐。掌声一阵又一阵，拍疼了手心和手背。下面，请新人给各位来宾三鞠躬。（热烈的掌声再次响起）

……

男主持人：爱情需要奉献，婚姻需要浇灌。希望×××先生和×××小姐珍惜好时光，珍惜真感情。

女主持人：亲爱的观众朋友们，×××先生和×××小姐的新婚纪录片已接近尾声。在这里我祝愿一对鸳鸯，爱不释手，三生有幸，似水流年，五味俱全，流连忘返，妻贤子孝，八字吻合，久思成婚，实在欢喜，百年好合，千言万语，溢于言表，婚姻美满！

男主持人：祝来宾朋友们，一帆刚启，双喜临门，三阳开泰，四季发财，五福临门，六六大顺，七星高照，八方进宝，九九平安，十全十美，百事顺心，万事如意！

女主持人：各位年轻后生护送新郎新娘入洞房。（新郎新娘被朋友们簇拥到洞房去了）

男主持人：朋友们，今天的婚礼直播在大家热烈的掌声和笑声中就要和大家再见了。朋友们，再见！

城市婚礼主持

开场白：

各位朋友，首先请允许我介绍一下今天的来宾单位，他们是：

××××××的朋友们，你们辛苦了！

××××××的朋友们，欢迎你们！

××××××的朋友们，谢谢你们！

××××××的朋友们，你们好！

欢迎大家的到来，下面让我们共同进入婚礼倒计时！

五、四、三、二、一，起飞！

鞭炮炸响，歌声飞扬，喜气洋洋，欢聚一堂……

尊重的各位来宾，女士们，先生们，朋友们，大家中午好！（鞠躬）

今天×××先生，×××女士，在这富丽堂皇的××××大酒店举行结婚典礼，在此我谨代表一对新人以及他们的二老双亲，向前来贺礼的各位贵宾表示衷心的感谢，谢谢你们！并向婚礼致以热烈的祝贺，预祝婚礼取得圆满成功！

各位来宾，×××和×××的爱情经过春天的孕育、夏天的火热、秋天的收获、冬天的升华，已经瓜熟蒂落，今天让我们一起进入这幸福的美好时光。

请一对新人携手登场！（音乐）

各位朋友大家请看一对新人，面带幸福的微笑，怀揣未来的理想，迈着轻快的步伐，向我们款款走来……你们要满怀信心，你们要一直朝前走，不要向两边看，你们就会融化在这蓝天里……一直走，一直朝前走……（此段话也可略去，让新人在音乐中上场。）

各位来宾，你看这新郎官：

英俊潇洒气质佳，才貌双全人人夸；名牌服装身上穿，精明能干不一般。再看这新娘子是：美丽大方，漂亮健康，（还是双眼皮）看她今天的化妆也不艳，脸上搽的是“雅倩”，凤凰头上一点红，新郎越看越心疼。新郎和新娘他们在学校：学习刻苦，成绩优秀；在单位：尊重领导，工作出色；在家庭：尊敬老人，孝敬父母；他们在天愿作比翼鸟，在地愿为连理枝，真是天生的一对，地配的一双。各位来宾大家请看，今天有：巍巍秦岭作证，滔滔渭水旁听，各位来宾在场，××饭店鼓掌。

在此我要衷心的祝福你们，愿你们在今后的生活里要……

要握紧爱的温度，爱在路上从来就风雨无阻；爱要幸福哪怕从眼泪中流出……；留住所爱，留住所想，留住一梦相伴日月长，留住幸福相伴终生长，幸福是什么？

幸福是春天的池塘，碧波荡漾；幸福是夏天的杨柳，轻柔飞扬；幸福是秋天的瓜果，满园飘香；幸福是冬天的雪花，银装素裹。

愿你们生活幸福，春华秋实，冬暖夏凉……。再愿你们的爱情踏过绵绵的白沙，跃过巍巍的碧峰，穿过团团的白云，在肥沃的蓝田播种，用辛勤的汗水浇灌，在温暖的阳光下，发芽生长，长大成才，才华出众，实现梦想，获得大奖……。

获得什么大奖呢？获得诺贝尔科学大奖。我从1995年开始主持婚礼，我向每一对新人的后代发出同样的祝愿，我的心愿是：“在我有生之年，能看到中国人获得诺贝尔大奖……”

话题有点沉重，换个话题，现场有没有彩迷朋友？有就好，请你沾今天的喜气，赶快去买彩票，包你中大奖，不中五百万也中八百万起码中一千万，如不中奖，我给你包赔损失，那是不可能的（开玩笑）。不过也不一定。

把握城市脉搏，放大市民心声。各位来宾，这里是××和××的婚礼现场，本节目是由×××先生特别赞助播出的，一分钟广告以后请继续收听。

水有源，树有根，结婚不忘父母亲。多少年来，你们茹苦含辛，含辛茹苦，精心培养，日夜操劳，把你们的儿女培养长大成人、成才，今天你们的儿女已经身着盛装，步入了这金色的婚姻殿堂，感谢你啊父亲母亲，感谢你们多年来的养育之恩，向你们行三鞠躬礼：一鞠躬，牢记父母生育恩；再鞠躬，感谢父母养育恩；三鞠躬，大家都是见证人。下面我把话筒交给你们，把这舞台也交给你们，请家长代表致词。

……

集体婚礼主持

甲：尊敬的各位领导，各位来宾。

乙：女士们，先生们，各位亲朋好友们。

合：大家早上好。

乙：东风送暖，阳光明媚，彩旗飘扬，锣鼓喧天，这是一个充满着欢快吉祥、充满着幸福美满的好日子。

甲：此时此刻，×××广场到处洋溢着一股热闹的节日气氛，各位来宾脸上挂着幸福甜蜜的笑容。

乙：天长地久鸳鸯配，花好月圆爱相随。朋友们，在这大喜的日子里，我们欢聚一堂，迎来了××活动集体婚礼仪式的隆重举行。

甲：本次活动的主办单位是：×××

乙：本次活动的协办单位是：×××

甲：狮跃龙腾、欢声笑语，为新人而舞，为新人而歌。

乙：今天是××××年××月××日，××对新人将奏响人生历程壮美的乐章。

甲：今天，他们将在这里举行一生中最隆重、最辉煌的婚礼庆典。

乙：暖冬喜宴八方客，艳阳笑迎粉佳人。这是一个难忘的日子，这是一场别开生面的婚庆大典！它的主题就是“真情常相伴，琴瑟永和谐”。

甲：秉承“×××”的理念，将××对新人最辉煌的瞬间融入记忆中。

乙：去聆听大自然的呼吸，感受大自然的律动，感知地之博大、天之高远、生命之厚重、宇宙之浩瀚。

甲：我宣布××青年集体婚礼仪式现在开始，让我们聚焦幸福之门，用热烈的掌声欢迎对新人靓丽出场。

（男女合）迎——新——人——入——场。

（××对新人入场）

（音乐起：婚礼进行曲）

甲：鹊桥漫步。

乙：爱河撑船。

甲：脚底是猩红的地毯，头顶是爱情的花环，

乙：身后是亲人的嘱托，眼前是美丽的家园。

甲：来吧朋友，这里有潺潺的溪水，这里有巍巍的青山，

乙：这里有金屋花好，这里有玉楼月圆，

甲：这里芳情摇曳，这里心语缠绵。

女：在香风花雨中，新人牵手步入这典礼的广场，

甲：看他们喜庆满怀、青春飞扬，礼服竞秀、婚纱飘香，

乙：看他们闪金耀翠、俪影双双，多么豪迈、多么荣光。

甲：首先推开幸福之门的是××先生和××小姐，共同的爱好使他们走到一起，多年的相识是爱拉近了两人的距离，祝你们真爱一生、真爱永恒。

乙：新郎×××新娘×××肩并肩、手挽手走来了！他们在神圣的《婚

礼进行曲》中握紧彼此的手，体会着爱情的珍贵；他们在生活的跋涉里感知父母似海的深情，此时他们最想说的是：感谢你们，爸爸妈妈。

甲：一路坎坷，一路欢乐，一路付出，一路收获。当新郎×××、新娘×××携起了双手，展现在他们面前的将是幸福美满的生活。

乙：新郎×××，新娘×××，梦魂牵绕的时刻，我们紧紧地拥抱。拥抱阳光，让太阳感受我们炽热的爱；拥抱父母，让亲人祝福我们互助的爱；拥抱爱人，让自己感动我们至诚的爱。

甲：朋友们，现在走来的是×××和他的新娘×××，×××这样对妻子说：你也许不是最好的，但一定是最适合我的，我也许不是最棒的，但一定是你最需要的。

乙：如山之永恒，如水之常清。由信任、理解、宽容和默契铺就的爱情之路上，走来了幸福的新郎×××和快乐的新娘×××。他们约定：让这美好的时刻成为今生远航的起点，牵手走完人生的旅程。

……

甲：喜看凤侣谐欢日，雅座宾朋共贺时。

乙：出席今天婚礼庆典的领导和来宾有：×××、×××……

甲：还有来自全国各地的新人家长及亲友们。

合：让我们对各位领导、嘉宾及新人家长亲友的光临表示热烈欢迎和衷心的感谢。

甲：婚姻爱情人生主题，婚姻的核心是以夫妻互爱为纽带，为法律所认可，为社会所认同。让我们共同为他们的美满婚姻做历史的见证！

乙：来吧，大家以热烈的掌声有请×××主婚。

甲：下面，有请证婚人×××为××对新人证婚。大家欢迎！

乙：下面有请×××为××对新人致贺词，大家欢迎！

甲：××对并蒂莲花，对对红莲映碧水。

乙：听吧！看吧！各位新人朋友，鲜花为你们摇曳，广场为你们纵情，全国为你们欢呼，地球为你们——转动！

甲：下面进行爱情宣誓，请新郎×××，新娘×××上前为大家领誓。请各位新郎把左手放在胸前，请新娘把右手放在胸前，让我们一起宣誓。

（新人集体爱情宣誓：我们肩负着生命的重托，我们背负着国家的希望，我们承载着亲人的期待，领导作证、嘉宾作证，家长亲友作证。为爱情的地久天长，为家庭的和谐安泰，为祖国和家乡的日新月异，我们不负使命、真情相爱、忠贞不渝、白头偕老。）

（宣誓完毕）

甲：深沉的爱如玉孕石腹，艰辛的爱如珠生贝胎，和谐的爱如琴瑟共鸣，博大的爱与日月同在。

（庄严音乐强起，渐弱）

乙：天地间是一份缘，让两颗心紧紧相连。

甲：相识是缘，结亲是缘，是一世情缘！

乙：这份情缘跨过了大海，越过了高山，化做两颗晶莹的钻戒溶入你的心田。

甲：请新人互赠信物。

乙：缘是一支荡气回肠的歌，缘是一首韵味悠长的诗，缘是一幅五彩缤纷的画，缘是一湾长流不息的河。

向家长领导和来宾三鞠躬

甲：新郎，你还等什么？你可以拥吻你的新娘啦——

乙：别用脚步惊扰这份宁静，别让嘈杂碰破这种意境。这是心与心的碰撞。

甲：这是情与情的交融，这是生命和生命的对话。

乙：相爱吧，新人们，从今以后，你们有了自己的一方地，有了自己的一方天空。

甲：守住这方地，守住这方天空，让人生在这里演绎升腾。

甲：不要说你已习惯了一个人远征，不要说人生的路上还有高山峡谷、荆棘丛生，还有莫测的雨、变幻的风，既然我们选择了启程的日子，既然我们的手臂挽在了一起，既然我们把心灵的和弦叫作爱情。我要与你同行。

乙：无论肩负的使命是多么深重，无论穿过沼泽荒漠还是步入绿荫花丛，作为你的伴侣作为你的同路人，我不会让你一个人去迎接命运的挑战，承受岁月的暴雨狂风。我要伴你远行。

甲：风雨袭来，我是你头上一把坚贞的雨伞，茫茫沙漠，我是你心灵一条甘美的清泉；冰川雪谷，我是胸中一缕温柔的春风，漫漫长夜，我是你眸子里一颗永恒的“启明”；孤独之中，我是你枝头一只分忧的百灵。

乙：有时我也会像一条疲倦的小船，靠在你宽厚的胸膛——那块安全岛上，做一个美丽的梦。我要伴你远行。

甲：也许有一天，四季会染白你的鬓发，也许有一天，岁月会在我的额头上雕刻苍老。

乙：也许漫长的里程会使你步履蹒跚，

甲：也许夕阳会落进我昏花的眼睛，我们搀扶着、依偎着、微笑着去完成爱的旅程。

合：然后在同一片枫叶上写下我们经历的故事和我们的姓名。我们一路同行。

甲：下面请各位领导来宾与×××对新人合影留念。

乙：请领导来宾到台下就座。

甲：百年佳偶今朝合，一世姻缘此时成。

乙：不劳鸿雁传情语，且喜春声入洞房。

甲：玉律鸣秋鹊桥路近，金风送爽鱼水合欢。

乙：喜今日银河初渡，祝来年玉树生枝。

合：再祝新人甜蜜长久、好合百年。

甲：我宣布×××集体婚礼圆满礼成。

酒店婚礼主持

（音乐）

各位女士们、先生们、来宾朋友们，今天是××年××月××日，×××先生和×××小姐将在这里喜结良缘。主持人首先要代表两位新人及他们的父母感谢各位的光临，谢谢你们！同时也让我们用掌声祝福两位新人，祝他们天天幸福，天天开心！（音乐停）

×××先生与×××小姐于××年××月相识，（音乐起）经过近×年的了解，彼此相知相爱，今天终于走到了一起。蓝天见证他们的幸福，白云见证他们的快乐，大地见证他们美满幸福的结合。接下来就让我们用掌声请出证婚人，来自×××××单位的×××先生，上台为两位新人证婚！

谢谢×××先生精彩的证婚，谢谢！（音乐渐停）

×××先生，此时此刻您心里在想什么？您最想对您的新娘说一句什么样的话？（音乐起）新娘，您最想对新郎说什么？其实，结婚只是一条崭新的生活道路的开始，在这条路上，还有很多的坎坷，很多的风雨，你们需要共同患难，相互关心，相互照顾，一生一世，不离不弃。在此，我要郑重地请你们宣读你们的结婚誓言。

（音乐推上，礼仪小姐递上结婚誓言）

（音乐弱，新人宣读结婚誓言）

（服务人员递上笔，新人在结婚誓言上签名）

让我们再次响起掌声好吗？（音乐切换）

（音乐起渐弱）有一件礼物，流传了很久，从古到今，人们都要用它来见证爱情。古时候男子结草衔环，用一株草编成一枚指环戴在心爱女子的手上。现在，人们用戒指来表达一生不变的爱情。下面请新郎新娘手持婚戒，相对而立，把戒指轻轻地戴在对方的手上。

新郎，你可以拥吻你的新娘了。掌声送给他们！（音乐推向高潮）

（音乐弱渐停）

如果说美丽的爱情如一杯香醇的美酒，那么交杯酒可能就是其中激起的一朵浪花。有请礼仪小姐为两位新人送上交杯酒。（音乐起）请两位新人端起交杯酒，深深地凝视着对方，然后慢慢地绕过彼此的胳膊，慢慢地，慢慢地把它喝下。（音乐推向高潮）

来宾朋友们，让我们祝福他们吧，祝福这一对新人永远徜徉在爱的海洋里面！

（音乐弱渐停）

刚才我注意看了一下，在来宾朋友们当中，有四位还不算是老人的老人，在两位新人的仪式过程中一直默默地看着，脸上洋溢着满足和幸福的微笑。他们就是两位新人的爸爸和妈妈。有一句话叫谁知天下父母心，两位新人走到今天，爸爸妈妈已经期盼了很久很久。在这里，主持人要对两位新人的爸爸妈妈以及天下所有的爸爸妈妈深深地鞠一躬：爸爸妈妈，你们辛苦了！

今天在这里咱们换一种上台方式，由两位新人走下台去，搀起你们的爸爸妈妈，慢慢地走到台上来。我知道爸爸妈妈都还年轻，但也许用这样的一种方式，才能表达儿女们对您无尽的爱！

（音乐起，新人搀爸爸妈妈上台）

看得出，爸爸妈妈有些激动。这样吧，让爸爸用简单的几句话来表达一下此时的心情。来，您请。

好，谢谢爸爸。妈妈的心情我想此时也是同样的。这样，我们让新娘对妈妈亲热地喊一声然后再来一个深深的拥抱好吗？

好，请工作人员搬上四把椅子，让爸爸妈妈在台上就座，然后由您的女儿女婿、儿子儿媳妇为您敬上一杯茶。

好，再次用掌声谢谢爸爸妈妈，请爸爸妈妈手牵着手，到主席上就座。谢谢！

（音乐停）

接下来我们要把话筒交给两位新人，请他们发表一下爱情感言。

好，我们要再次祝福两位新人，祝你们在今后的生活中相濡以沫，互相爱护，贫贱不移，富贵不弃，愿你们的爱成为永恒！

女士们、先生们、来宾朋友们，至此，主持人宣布：×××先生、×××小姐的婚礼礼成！（音乐起）请两位新人退场。最后，感谢××××大酒店，感谢大家，谢谢！

老年人婚礼主持

各位来宾，各位朋友，各位长辈们：

看！大红喜字挂中堂，赞颂对联贴两旁，上联是：风雨征途磨去青春岁月；下联是：灿烂晚霞涂上幸福光辉。

宾朋好友聚一堂，人人脸上喜洋洋，衷心祝贺晚年福，喜逢长者结鸳鸯。本司仪在这庄严时刻，向各位宣布：×××与×××结婚典礼现在开始！

初恋神秘常迷惘，可知爱情路漫长，人生之路风云变，难保中途出故障。匈牙利诗人裴多菲说得好："生命诚可贵，爱情价更高，若为自由故，两者皆可抛。"

我说："人生之路坎坷，几多风雨磨难多，人在危难结情谊，赤诚心儿自结合。"

人生难得一知己，喜逢晚年结伴侣。因此，今天的婚礼更珍贵，更有纪念意义！今天×××与×××的幸福结合，不能不说是上帝的安排，月下老人的匹配，它是感情成熟的结合，瓜熟蒂落，必然结果。现在我代表大家祝贺这对老年人在爱情的长河中奔腾向前，流水欢歌！——下面请新郎与新娘，向大家致谢，祝酒答谢！

简便手续是改革，典礼程序不必多。

主婚人证婚人俱在，大家举杯尽情喝——

各位女士、先生们，经过本司仪检查，这对老年人婚姻符合法律程序，有结婚登记证，有结婚照片为据，请各位放心他们恪守计划生育！（鼓掌）下面请朋友致贺词——

朋友们，师长们：

让我们举杯畅饮，这是枫叶酿成的琼浆玉液，这是甜沁心肺的甘露。喝千杯，饮万杯不醉，只喝得爱情之花满天飞！

——下面自由活动开始，谢谢大家！

节日婚礼

元旦婚礼主持

尊敬的各位亲友！各位嘉宾！女士们先生们：

大家好！万里长征欣比翼，百年好合喜同心；香车迎淑女，美酒宴嘉宾。今天是元旦，是新年的第一天，在这激动人心的时刻，我们欢聚一堂，共同庆贺新郎××先生××和新娘小姐喜结良缘！

首先我谨代表东道主××先生全家向各位能够在百忙之中前来庆贺表示热烈的欢迎和衷心的感谢！

下面让我们欢迎新郎新娘入场！（奏婚礼进行曲）

他们手挽着手，心贴着心，缓缓走来，真是般配的一对，让我们大家以热烈的掌声祝贺他们新婚快乐！

下面，我们有请证婚人、介绍人、主婚人入席。

燕尔新婚日，良辰美景时。在那浓妆锦绣里包含着述不尽的恩爱。五彩的绚丽中洋溢着道不完的温情，多少次花前月下，多少次相拥相抱，终于，迎来了这如梦的佳期、这最幸福的时刻。祝愿一对新人喜结盟永相爱，壮怀鹏志共双飞！

下面请证婚人宣读结婚证书。

（略）

俗话说，父爱有如泰山，母爱就像大海。他们给予了儿女无私的爱，多少年来无怨无悔地付出着，岁月在他们的面庞留下了道道印痕，在他们的头顶浇出丝丝白发。正是他们撑起了家庭的一方晴朗的天空，培养出了眼前这对优秀的新人，下面我们有请双方的父母上台来讲话。

（略）

好，下面有请新人为父母献鲜花。

因为一座鹊桥，而畅通了天上与人间；因为我们的介绍人，才有了今天的喜庆。下面，请介绍人讲话。

（略）

爱情是古老却又年轻的话题，我们当中很多人已经拥有，当然还有更多的人正在追求，两位新人经历了初恋的心跳，别离的心心相印，在似水柔情、浪漫温馨里终于迎来了缘定今生的时刻。

下面请夫妻对拜。

为了感谢今天前来参加婚礼的各位来宾，主人备了丰盛的喜宴感谢大家。同时，请全体起立，为新郎、新娘快乐的一天，幸福的一百年，干杯，最后，让我们衷心地祝愿新郎新娘新婚甜蜜，家庭和美，早生贵子。

请各位嘉宾入席，酒宴开始。

春节婚礼主持

各位来宾、各位朋友，女士们、先生们：

大家好！

今天是我们的传统节日——春节。在这一天，家家大院将张灯结彩，金碧辉煌。在这温暖日子里，在这充满了欢声笑语的氛围里，我们迎来了××先生和××小姐的新婚喜庆盛典。

首先请允许我代表新郎、新娘双方父母家人向各位来宾的光临表示衷心的感谢和热烈的欢迎！

作为新娘和新郎的好友，今天，我非常荣幸地受到邀请来主持他们的婚礼仪式。不仅能够见证他们的爱情，他们的婚姻，还能在这充满着欢乐的喜庆时刻，和在座的各位朋友，各位领导共享，也使我感到格外的亲切和难忘。为此，我真诚地希望各位和我一起，用欢笑，用掌声祝福这对新人，希望他们把这人生最美好的瞬间、最珍贵的片刻、最温馨的时景永远留在他们记忆最深处。

下面进行婚礼第一项：鸣炮奏乐。

天降祥瑞，地呈紫征。金童玉女，天作之合。

婚礼第二项：请新娘新郎的父母入座、请证婚人×××致证婚词，有请。

婚礼第三项：请新郎、新娘上台。

一拜天地。

二拜高堂。

夫妻对拜。

共拜来宾。

婚礼第四项：有请来宾×××致辞。

阳光普照，人心融融。新婚庆典，喜气洋洋。

在大千世界芸芸众生中，这对新人能够寻觅到对方并以彼此作为终生相伴的知己，真是人生的一大喜事，一大幸事。

这对新人能够有今天，首先要感谢他们的父母，其次感谢介绍人的穿针引线，当然也要感谢各位亲朋好友，谢谢你们的关爱，感谢你们的光临！

……

新郎新娘此时心情一定格外激动。让我们再次祝愿你们的生活像蜜糖般甜蜜，爱情像钻石般永恒；事业像黄金般那样灿烂，最后让我们再次祝愿新郎和新娘，也祝各位来宾分享这天伦之乐，度过美好的时光。

婚礼第五项：入洞房。

闺中秀，楼阁藏，手拉手，喜洋洋，新郎抱着新娘入洞房，咱们大家吃喜糖。

元宵节婚礼主持

亲爱的朋友们：

大家好！

今天是正月十五，是一年中第一个月圆之日，同时也是一对新人爱情圆满、婚姻美满的大喜之日。在这样一个玉兔呈祥的好日子里，把一份祝福送给大家：天上月儿圆、地上人团圆。诚挚的祝福，满载着浓浓的喜气。祝福送大家，美梦一线牵。元宵佳节到，良宵美景贺团圆！快乐过年！月圆、人圆、事事圆满！花好、灯好、好事连连！吃了汤圆，甜甜蜜蜜，团团圆圆！

今天世界上两个最幸福的人，他们将携手走进这个婚姻的殿堂，即将开始他们的幸福生活，在这里让我们用幸福的掌声欢迎他们的到来吧！（有请新郎××新娘××入场！）

（婚礼进行曲）

在这优美抒情浪漫的婚礼进行曲的伴奏下，在这个幸福的时刻里，在我们面前的这对新人，他们心贴着心、手牵着手，面带着微笑向我们款步走来。这预示着他们幸福生活的开始。

朋友们，让我们以衷心的祝福，为他们欢呼，为他们喝彩，为了他们完美的结合，而热烈鼓掌，祝福他们拥有美好的未来！

今天英俊潇洒的新郎和美丽漂亮的新娘终于再次牵手了。今天来参加你们婚礼的人是非常的多，可以说是高堂满座，各位的到来给你们的婚礼带来了欢乐，同时也使得这里显得蓬荜生辉，充满了幸福的气息，下面我就介绍一下今天的主要来宾。（他们是双方的父母亲友，双方的领导，证婚人）

（请新郎新娘感谢来宾的到来）

现在我就代表在座的各位亲朋好友问你们一个问题。××先生，您愿意娶您身边这位××小姐为您的妻子吗？（愿意）（掌声）

无论是贫贱与富贵直到永远吗？（是）好，请问××小姐：您愿意嫁给在您身边这位××先生为您的丈夫吗?

无论是贫贱与富贵直到永远吗？（是）好，让我们祝他们一生平安，前程灿烂，白头偕老。（掌声）

好，各位亲朋好友，站在你们面前的这对新人，他们从相知相恋，到今天的喜结良缘，成为合法的夫妻，可以说是天赐良缘。合法的夫妻需要有法律的保护，下面有请证婚人为他们颁发具有法律效力的证书。（证婚人上场宣读证书）下面新人将向双方父母致上深深的感恩礼，敬茶并改口。（有请双方父母上台）感谢父母的生育之恩，一鞠躬。感谢父母的养育之恩，二鞠躬。祝双方父母健康长寿，三鞠躬。向双方父母敬茶并改口。（请双方父母给我们的新人和来宾讲几句话）

下面两位新人互相行礼一生一世一往情深：

一鞠躬，心心相印恩恩爱爱；

二鞠躬，三生有幸来宾作证；

三鞠躬，（掌声）接下来两位新人将互送新婚的信物并喝下新婚的美酒。

（朋友们这紫红色的美酒将预祝他们今后的生活幸福美满。）

（来宾们让我们再次祝福他们。）

下面我们的新人将给我们带来一个更温馨的时刻。他们将点燃新婚的生活，爱情的烛光。（放抒情的音乐）朋友们这烛光充满了温馨，充满了爱更充满了光明，今天××先生和××小姐在我们面前携手点燃了这新婚的圣火，愿他们今后的生活像这燃烧的烛光一样光明温馨，朋友们让我们用热烈的掌声祝福他们吧！

来宾朋友们，在这美好的祝福和热烈的掌声中，在此我宣布××先生与××小姐的结婚庆典到此礼成。将新人送入洞房……

今天××先生和××小姐的婚礼是热烈圆满的，在此我代表新人向大家再一次的表示感谢！下面请大家尽情地享用这幸福的美宴吧。

情人节婚礼主持

各位嘉宾、各位朋友、亲爱的有情人：

大家好！

这是一个爱的节日，这是一个情的节日，更是一对新人结婚的大喜之日。今天是2月14日——情人节。一对新人选择在这样一个温馨而浪漫、多情而甜蜜的情人节结婚，表明一对新人对爱的执着、对情的痴迷，并希望对方成为自己永远的情人。

在这样一个特别的日子里，首先把一份祝福送给有情人。下面，就有请今天的双方主婚人到前面就座，有请咱们今天亲爱的娘家客人到前面就座，有请证婚人、介绍人到前面就座。

各位来宾、各位领导、各位先生、各位女士，大家好！

阳光明媚，歌声飞扬，欢声笑语，天降吉祥，在这美好的日子里，我们迎来了一对情侣××先生和××小姐幸福的结合。在这里首先请允许我代表二位新人以及他们的家人对各位来宾的光临表示衷心的感谢和热烈的欢迎！接下来我宣布新婚庆典仪式现在开始，好，请我们的音响师奏响庄严的婚礼进行曲，让我们大家以最热烈的掌声有请二位新人登场！

身披着洁白的婚纱，头上戴着美丽的鲜花，沐浴在幸福甜蜜之中的佳人在庄严的婚礼进行曲当中心贴着心、手牵着手，面带着微笑向我们款步走来。朋友们，让我们衷心地为他们祝福，为他们祈祷，为他们欢呼，为他们喝彩，为了他们完美的结合，让我们再一次热情鼓掌，祝福他们美好的未来！

各位来宾，各位领导，今天是成婚的黄道吉日，是个非常吉祥的日子，那么今天我们的××先生和××小姐怀着两颗彼此相爱的心，终于走上了这庄严神圣的婚礼圣堂！

请问××先生，您愿意娶您身边这位××小姐为您的妻子吗？（愿意）请给点掌声再来一次！无论是贫贱与富贵直到永远吗？（是）那么，好，请问××小姐：您愿意嫁给在您身边这位××先生为您的丈夫吗？无论贫贱与富贵直到永远吗？（愿意）那么，好，上帝匹配，两厢情愿，一生平安，前程灿烂！

接下来我要代表中华人民共和国民政部向新郎新娘宣读并颁发结婚证书！接下来请允许我向各位来宾介绍一下今天的二位新人，站在这边的这位亭亭玉立婀娜多姿的这位小姐就是今天的新娘××小姐，请向前一步走，让大家来认识一下。翘首望，看新娘，美妙佳人人向往，身形苗条似仙女，风姿翩翩似鹤翔，有如出水芙蓉娇艳美，赛过五彩金凤凰，大眼睛高鼻梁，唇红齿白体透香，真是要说多美有多美，要说漂亮赛秋香，风流才子唐伯虎，为点秋香愁断肠，三点秋香真情在，春心拥抱入洞房，且看小伙儿有绝招，梧桐引来金凤凰。

介绍完新娘我们看新郎，新郎就在新娘旁，站在新娘旁边的这位美滋滋乐颠颠的小伙子就是咱们今天的新郎××先生，向前一步，让大家来认识一下，好，看新郎，也漂亮：英俊潇洒，相貌堂堂，浓眉大眼，落落大方，比阿兰德龙有魅力，比施瓦辛格体格棒。这正是，才子配佳人，织女配牛郎，花好月圆，地久天长！

那么接下来就有请我们的二位新人以夫妻的身份向在座的所有来宾行新婚大礼。大家知道年轻人结婚啊，无论是从装修房子到打家具，还是买衣服买被呀办酒席，那么大部分的经济支出都出自于父母，父母啊可以说为了儿女的婚事费尽了心血，支出了大笔的费用。但是咱们大婶说了能够娶这么一个温柔漂亮的儿媳妇别说花上几万，就是花上十万、五十万都值得。所以新郎新娘请听着，水有源，树有根，儿女不忘养育恩，今朝结婚成家业，尊老敬贤白发双亲，接下来是二拜高堂，父母双亲。

一鞠躬，感谢养育之恩，再鞠躬，感谢抚养成人，三鞠躬，永远孝敬老人！

好，接下来拜咱们今天远道而来的亲爱的娘家客人，他们把一位温柔漂亮的小姐从小养到大，今天呢高高兴兴送到了你们家，在这里咱们首先要向他们道一声谢谢！好，二位新人向咱们今天亲爱的娘家客人深深地三鞠躬，一鞠躬，再鞠躬，三鞠躬！

好，接下来是夫妻对拜，二位新人向左向右转，在咱们×××（地名）有这么一个风俗，夫妻对拜的时候啊谁鞠躬鞠得越深说明谁爱对方爱得越深，一鞠躬，谢谢您选择了我，再鞠躬，白头偕老，三鞠躬，永结同心！

还有这么一句话，打鱼要靠网，划船要靠桨，新郎新娘入洞房，怎能离开大红娘。那么请二位新人的介绍人站起来让大家认识一下。您好，我代表二位新人非常感谢您这位介绍人，刚才二位新人说了，如果没有您牵线搭桥，他们今天也不能在这里喜结连理，那么在给您三鞠躬的同时，要由我代表二位新人献上您三句话，好，下面向亲爱的介绍人三鞠躬，一鞠躬，感谢您，是吧？二鞠躬，再谢您，三鞠躬，不理您，结完婚了用不着您了，开句玩笑，不要新人进洞房，媒婆抛出墙，过年过节拿个两块三块钱的东西看看，咱们也不嫌少是吧？开句玩笑，请坐，谢谢。

那么，接下来拜见请新郎新娘向来自祖国各地四面八方、地区大街小巷的各位来宾、各位朋友、各位领导、各位同事、各位亲朋、各位挚友、各位大爷大娘、大叔大婶、大哥大嫂、大姐大姐夫深深地三鞠躬！首先是我们这边的朋友，一鞠躬，中间的朋友，再鞠躬，这边的朋友，三鞠躬！朋友们，掌声代表回敬啊！好，谢谢。

好，各位来宾，亲爱的朋友们，接下来让我们大家用最热烈的掌声有请今天咱们的老东家，也是咱们新郎的父亲××先生代表他们全家向我们在座的所有来宾致答谢词，让我们掌声欢迎！

好，亲爱的朋友们，接下来让我们大家用同样热烈的掌声有请咱们今天娘家客人的代表也是咱们新娘的父亲代表所有的娘家客人向二位新人向所有的来宾致贺词，让我们大家掌声欢迎！

让我们为幸福的恋人起舞，为快乐的爱侣歌唱，为火热的爱情举杯，愿他们的人生之路永远洒满爱的阳光。好，各位来宾，亲爱的朋友们，今天的新婚庆典仪式就暂时告一个段落，今天咱们的老东家准备了一些薄酒淡菜，不成敬意，那么在开局之前呢，送我们在座的所有来宾一副对联。上联是：吃，吃尽天下美味不要浪费，下联是：喝，喝尽人间美酒不要喝醉，横批是赵本山的一句至理名言：吃好喝好！那么，最后祝愿我们在场的所有来宾所有的朋友们家庭幸福，生活美满，身体健康，万事如意！

五一婚礼主持

各位来宾、各位朋友，女士们、先生们：

大家好！

今天是五一劳动节，是全世界劳动人民的节日，就在今天，今天，有一对热血男女，劳动骨干，在这里，××先生××女士喜结良缘了！

受新人父母的委托，我今天有幸主持新人的喜宴。我代表新人，向光临喜宴的所有来宾，致以最热烈的欢迎和最诚挚的感谢！

正所谓："新郎新娘心心相印，似龙似凤事事呈祥。在天愿作比翼鸟，在地甘为连理枝。"今天是公元××××年的×月×日。在这热情似火的季节里，在这样一个美好、温馨、浪漫的日子里，我们喜酒相逢，举杯畅饮，欢聚在×××大酒店，共同见证和祝福二位新人的美丽爱情和幸福婚姻。我是××××婚庆礼仪公司的首席主持人×××，在此，就请允许我代表二位新人向在座各位来宾的到来表示衷心的感谢和热烈的欢迎。同时，愿大家在将来的日子里能够好事多多、好梦圆圆、好景久久、好运连连，好心情一直到老，好日子越过越好！

谢谢各位，那么，首先，就请各位朋友们用你们热烈的掌声和尖叫声和呐喊声隆重请出本场婚礼的两位主角——新郎官××先生和新娘子××小姐闪亮登场……

现在是吉时9点58分，我宣布：××先生××小姐新婚盛典现在开始，奏乐，鸣礼炮，新郎新娘步入新婚殿堂（这时鸣礼炮，放音乐《婚礼进行曲》）（主持人旁白：怀着彼此相爱的心，你们步入这神圣的新婚殿堂，让我们用最热烈的掌声为他们祝福，愿他们一生平安快乐，幸福吉祥）新人入场，站定后音乐切换为《梦中的婚礼》。

爱情是美丽的，它美在情感上，爱情是美妙的，它妙在动人处。爱情是上天赐给你们最珍贵的礼物。今天，在这里婚姻的缔结和家庭的建立，伴随的是责任和义务的确定，这就需要你们在今后日子中做到彼此的谦让体贴和关爱。那么，在这里，就让我们共同来见证他们的爱情，祝福他们的婚姻，倾听他们（爱的誓言）。礼仪小姐呈上誓言（新人宣读）。（宣读完毕音乐停）

是啊，正如他们美丽的爱情，需要你们用心彼此承诺和呵护，而幸福美满的婚姻，则需要法律和在座各位的保护，下面，有请为二位新人宣读新婚证词。好，让我们掌声有请证婚大使隆重登场。

（此时音乐响起）（证婚人登场宣读新婚证词）新人感谢！（主持人：愿你牙口好，胃口好，身体倍儿棒，吃嘛嘛香，一口气啊，上六楼，啥事没有！）

伟大的诗人遇过曾经说过：生活是花，爱情便是花之蜜。其实呢，正是这心与心的交换，爱与爱的交融，才交织出今天这么一个美好的爱情故事，为了永远记住这一天，铭记这一时，让美丽的爱情花朵绽放在这一刻，我们两位新人即将互换他们爱情的信物，以表示他们对爱情的忠贞不渝。好，下面有请我们今天两位可爱的小天使带着礼物和两颗纯洁的心入场。（立刻放音乐《虫儿飞》，金童玉女手持鲜花与信物上）。（新人互换爱情信物时，主持人：交换的是礼物，彼此融入的却是心与心的灵魂，不管走到哪里，无论身在何处，都要记得：我心永恒）。（之后金童玉女献花，主持人即兴采访金童玉女）（金童玉女下台）

看到这么天真可爱的孩子使我想起了有那么一首诗：慈母手中线，游子身上衣。临行密密缝，意恐迟迟归。谁言寸草心，报得三春晖。您是那登天的梯啊，您是那拉车的牛，这个是谁？这个人就是咱的妈妈和爸爸。有人说父爱如山，母爱如海，从咿呀学语到背起书包，从小学到你们今天长大成人，亲爱的爸爸，妈妈，你们付出了那么多的辛苦，今天，就请我们的新人带着感恩的心，用最深情的鞠躬来表达对您的全权孝心！（新人拜父母），然后给父母一个深情的拥抱，同时新人把花送给父母。同时引出父母讲话（父母讲话结束后音乐立刻改放《喜洋洋》拜来宾。

岁月的长河流不尽相思的寄托，情感的波涛最终汇聚成爱的汪洋，曾经的相识，相知，相爱，到今天的一辈子去相守。从一个人的精彩到两个人的世界，今天，晶莹的美酒即将缓缓流淌，就像我们两位新人把他们的心，把他们的情，交给对方，相濡以沫。有请二位新人走到杯塔面前，倾倒你们爱的美酒。（主持人：幸福的美酒你流吧，流进我的心里，流进你的生命里，从此以后，执子之手，与子偕老）之后各执一杯，新人举杯、碰杯、交杯、共饮交杯之酒（司仪宣布喝时，音乐立刻切换到《等你爱我》，放礼花，主持人：交杯之酒，交心之酒，愿你们喝下这交杯之酒，幸福生活天长地久。）之后改放音乐。二位新人走到烛台面前点燃烛台，点燃后新人许愿，然后回到舞台中间立刻切换音乐。

酒很甜吧，心情很不错吧？（新郎回答）引出夫妻对拜。（新人进行对拜）（花样与普通对拜进行选择）此处添加特殊礼物，即“神秘礼物”。

送对联（白首齐眉鸳鸯比翼，青阳启瑞桃李同心）时一直放，宣布对联并留影。主持人旁白：朋友们，最后，带着美好的祝福，让我们共同来分享这新人幸福的一刻吧！我隆重的宣布：××先生××小姐新婚盛典到此礼成！（此时立刻切换音乐《怒放的生命》）最后，让我们共同分享他们的爱意，他们的幸福和甜蜜，有请新人抛洒他们爱的吉祥物！（新人开始送吉祥物）。

热情洋溢在这个季节，收获美好在不远的将来，美丽的爱情故事，幸福的婚姻之路，将从这里，成为你们人生的永恒。最后，让我们再次祝愿两位新人的爱情天长地久，地老天荒。愿你们美满的婚姻生活能乘风远航，抵达幸福的彼岸。朋友们，再见！

七夕婚礼主持

男主持人：天马流星，穿越时空的爱恋；钻石星辰，冰释相望的心结。

女主持人：盈盈一水，隔断千年儿女梦。翩翩两蝶，架起七彩虹桥情。

男、女主持人：各位嘉宾，各位朋友，女士们，先生们，大家好！

女主持人：今天是公元××××年×月×日，农历××××年七月初七，古老的历史，动人的传说，优美的诗句，铺垫出七夕节浓郁的文化底蕴，赋予七夕节神奇旖旎的氛围，令人沉醉不已。

男主持人：山重重水平平山水如画太阳高，天气温暖，草木飘香，景色宜人，今天是一个大吉大利的好日子，宾客云集，高朋满座，欢聚在××最富丽堂皇的××大酒店，共同参加×××先生×××女士——一对新人的新婚大典。

女主持人：受两位新人家长的委托，由我们担任本场婚礼的主持人，我叫×××，这位是我的搭档×××，在这星光灿烂、美好的仲夏之际，我俩非常乐意成就二位新人的喜事。

男主持人：彤日行天瑞兆赤绳圆旧梦；禅云丽地辉荣红叶赋新诗。

女主持人：花好月圆，情动于衷而形于言——请允许我代表二位新人及其双方的老人，对各位嘉宾、各位亲朋好友的到来，表示热烈的欢迎和衷心的感谢。

男主持人：鞭炮声、祝福声、欢笑声，声声入耳；国事、家事、喜事，事事吉祥如意。

女主持人：逢喜贺喜喜不断，出出进进人皆喜。大家同唱喜字歌，喜出望外把酒喝！

男主持人：下面，让我们以掌声有请二位新人和双方的主婚、证婚人隆重登场，到主席台就座。

女主持人：朋友们，7月的××是艳阳高照、莺歌燕舞、柳绿花红的仲夏季节。在这美好的季节里，一对新人带着火辣的恋情、美好的爱情和快乐的心情，怀着对未来生活的美好向往，双双步入新婚的礼堂。他们即将在这里许下海枯石烂永不变的庄重誓言；他们即将在这里接受所有来宾朋友对他们的真诚祝福；他们即将在这里共同饮下甜蜜的交杯酒；他们也将把这里作为人生的一个新的起点。在今后的生活道路上，不管是富贵还是贫穷，不论是健康还是疾病，他们都将携手并肩，互相搀扶，互相爱护，互相帮助，共同走过今后漫漫的人生之路。这对幸福的新人就是×××先生和×××小姐。

乾八卦，坤八卦，八八六十四卦，卦卦乾坤已定；鸾九声，凤九声，九九八十一声，声声鸾凤合鸣。

男主持人："只愿一生跟你走"，一生一次，当然要有高品位、高质量的婚礼，不仅是白领们的必然选择，更是各种"领"的终极梦想。正是：不求武场大登科，只求洞房小登科。再穷不能穷婚礼，再苦不能苦老婆！现在是6点18分，六六大顺，18要发。花好月圆，吉日良辰——婚礼开始。

有请全体嘉宾起立，请音响师和电子琴乐队把悠扬的《婚礼进行曲》奏响，请把祝福的幸福双响喜炮燃起，让我们以热烈的掌声，欢迎二位新人闪亮登场，共同步入新婚的礼堂！

（播放《婚礼进行曲》）

男主持人：朋友们，新郎新娘已经手挽着手、肩并着肩、心贴着心，缓缓地向我们走来，从他们洋溢着笑容的脸上，我们可以看出他们二人此刻非常甜蜜，非常幸福，让我们再一次把祝福的掌声送给他们！

女主持人：人们都说，结婚这一天是一个人一生当中最美丽、最漂亮的一天。朋友们，此时此刻，二位新人已经站在了我们面前。不用我说，大家已经看到了，今天的二位新人是相得益彰，相映生辉，光彩照人。随着神圣的《婚礼进行曲》，步入鲜红的地毯，娇美的新娘手挽着父亲，捧着鲜艳的玫瑰，心儿像花般怒放，喜滋滋笑盈盈地向我们走来，新娘的父亲将女儿的手放在新郎的手上。

男主持人：一朵紫色的小花，尚留着爱神的箭疤，让它那灵液的力量，渗进他眸子的中央。人逢喜事精神爽，满脸笑容登台。

女主持人：我们的新娘×××小姐，穿着一袭洁白的婚纱，戴着璀璨放光的首饰，刻意营造了靓丽的流行氛围。再瞧她长得是柳叶眉、杏核眼、一头青丝如墨染、樱桃小口一点点，映衬出高贵典雅的气质，洁白俏丽的脸庞，尽显大家闺秀的风采。

叫声新娘，站在你面前的他——

男主持人：

是那个在风雨飘零的夜晚，撑一把伞，为你遮风挡雨的那个人；

是那个在漫漫长夜，牵他的手，你便不再害怕的那个人；

是那个雪花纷飞的寒冬，给你一双温暖的手的那个人；

是那个你受委屈时，想伏在他肩头，大哭一场的那个人；

是那个把你气哭，然后千方百计逗你笑的那个人；

是那个喜欢NBA，却陪你看，电子情书的那个人；

女主持人：

是那个皱眉品尝你做的佳肴，却作狼吞虎咽状的那个人；

是那个他开心时，你对他吹胡子，瞪眼睛，他真生气时，你乖乖在一旁的那个人；

是那个愿意陪你数星星，却不愿陪逛街的那个人；

是那个给你打电话，便不愿给你写信的那个人；

是那个记得你的生日，却忘记给你买玫瑰的那个人；

是那个你想给他两拳头，却给他一个吻的那个人；

是那个你想恨，却怎么也恨不起来的那个人！

男主持人：

百年修得同船渡，千年修得共枕眠。你侬我侬，忒煞多情，情多处，热似火，把一块泥，捻一个你，塑一个我，将咱们两个一齐打破，用水调和，再捏一个你，在塑一个我，我泥中有你，你泥中有我。

女主持人：

新郎，你面前的这个她——

就是在吵架时，虽然很想低头却别扭得不肯说出自己心里感觉的那个人；

就是把你的承诺刻在心里，却仍是满腹幽怨地不停追问你后不后悔的那个人；

就是爱你爱得地老天荒却无论如何不肯开口表达的那个人；

就是在你面前时刻担心自己不够漂亮、不够可爱的那个人；

男主持人：

就是躺在床上不断提醒你别误了上班，却忍不住用泪水打湿你背影的那个人；

就是你走过的地方无论多危险，她也能陪着你走过去的那个人；

就是想设法从算命、看相中寻找和你结合的原因，而结果却只能解释为缘分的那个人；

就是你一天看不到，就像少一根肋骨的那个人；

女主持人：

就是你绞尽脑汁、想着一切办法去讨好的那个人；

就是在你满怀疲惫时，一想起就感觉到有阳光浓浓地染亮你的睫毛的那个人；

就是让你放弃男子汉的架子，把高昂的头埋在她温暖的胸前的那个人；

就是无论你走到那里，都不能使爱情平息，唇上带着她永远的温馨，带着她所有的幸福、所有的忧伤、所有的眼泪与欢笑的那个人。

……

（婚礼的中间程序同前面主持词，内容略）

男主持人：朋友们，婚礼马上就要结束了，婚礼是短暂的，但是新郎新娘的幸福生活才刚刚开始，在这里，我把几句由衷的祝福送给二位新人：爱是永恒的颂歌，爱是生命的源泉。愿你们在爱的道路上，无论是一马平川，还是崎岖坎坷，都能够携手并肩，互相支持，互相关心，互相搀扶，互相帮助，我相信在你的共同努力下，一定能够跨过任何障碍，度过任何险滩，最终到达幸福的彼岸。

女主持人：婚礼到此结束，请各位入席用餐。

中秋节婚礼主持

尊敬的各位来宾，各位亲朋好友：

大家中午好！

日月如梭，光阴似箭，时间如海浪般向前推进，今天是公元××年××月××日，农历八月十五，是举家团圆的中秋节，我们怀着无比激动的心情相聚在××饭店，共同庆祝×××先生、×××女士喜结良缘，首先请允许我自我介绍一下，我叫××，来自××婚庆中心，今天非常荣幸地接受新郎新娘的委托，在这里为他们举行隆重的婚礼庆典，同时，也请允许我代表二位新人以及他们的家人向各位来宾，各位亲朋好友的光临表示衷心的感谢和热烈的欢迎！（掌声）

好，良辰已到，我非常荣幸地宣布：×××先生和×××女士的新婚庆典仪式现在开始，请我们的音响师奏响庄严的婚礼进行曲，让我们大家以最最热烈的掌声有请我们的王子和公主闪亮登场！（奏《婚礼进行曲》）

看，沐浴在幸福甜蜜之中的新人在庄严的婚礼进行曲当中，心贴着心，手牵着手，面带着微笑向我们款步走来。朋友们，让我们衷心地为他们祝福，为他们祈祷，为他们欢呼，为他们喝彩，为了他们完美的结合，让我们再一次热情鼓掌，祝福他们美好的未来！

在这热闹非凡的婚礼殿堂，我想是缘是分，把他们两颗纯洁的心连在一起，把这对钟爱一生的新人结合得甜甜蜜蜜，是天是地，把这对心心相印的夫妻融合得恩恩爱爱，美满幸福！

我们的新郎，要比任何一个时候更感受到幸福，更显得英俊潇洒，而我们的新娘，要比任何一个时候更感到感动，更显得楚楚动人和温柔漂亮。

此时此刻，我想最激动、最高兴的人除了我们新郎、新娘之外，莫过于对新郎、新娘有养育之恩的父母。父母是生我们养我们的人，是他们教会我们说第一句话，走第一步路，是他们在人生的大海中为我们导航，他们应该是我们心中永远的热爱。

好的，下面就有请我们的父母上场，有请！（介绍父母）

接下来，新郎、新娘拜堂。

一拜宾客：一鞠躬，祝大家笑口常开，二鞠躬：祝大家家庭和美，三鞠躬：祝大家鸿运开泰。

二拜高堂：一鞠躬：祝父母永远快乐，二鞠躬：祝父母健康长寿，三鞠躬，祝父母生活幸福。

夫妻对拜：一鞠躬，忠诚是永远的，二鞠躬，理解是必要的，三鞠躬，尊重是相互的。

下面，请我们的新郎、新娘给父母敬上孝茶，请伴郎呈上，好，首先请我们的新娘给公公婆婆敬茶，并大声地说：爸妈，请喝茶！（新郎给岳父岳母敬茶）

在这里，我代表二位新人，对父母说一声：爸、妈，感谢你们对我们的养育和教导，谢谢你们！让我们把掌声献给我们可亲可敬的父母！请我们的父母入席，有请！

现在请新郎、新娘相对站立，请新郎拿起你的右手，把右手放在左胸心脏跳动的地方，并把眼睛的目光直视对方的眼睛，好的，下面请回答我的提问：新郎×××先生，你愿意和×××小姐结为夫妻，无论她健康与疾病，贫穷与富贵，都永远敬她，爱她，关心她，并与她携手相伴一生吗？

（我愿意）

新娘请重复新郎刚才的动作，把右手放在左胸心脏跳动的地方，并把眼睛的目光直视对方的眼睛，好的，然后回答我的提问：新娘×××小姐，你愿意和×××先生结为夫妻，无论他健康与疾病，贫穷与富贵，都永远敬他，爱他，关心他，并与他携手相伴一生吗？

（我愿意）

好，各位来宾，各位亲朋好友，二位新人都是一句实实在在的我愿意，都是发自内心的感受与承诺。

下面，最激动人心、最圣洁庄严的时刻到来了，请伴郎、伴娘呈上婚

戒，新郎新娘交换结婚戒指，这象征着他们纯洁的心永远相印、美满幸福。（掌声）

小小的圆环代表的是双方大大的真心，也真心地希望这两枚小小的圆环能环环相连，真心永远，真情地久天长，让我们用热烈的掌声欢庆我们的新郎，新娘喜结连理，从此并蒂花开。

（交杯酒仪式）请伴郎呈上美酒，这满满的交杯酒，是两位新人用他们的情，用他们的爱酿造的美酒，也只有真心相爱的人，才能拥有这样的美酒，有请！

喝了这杯酒，今生今世不分手，喝了这杯酒，来生还要一起走。

好的，各位来宾，各位亲朋好友，此刻，我们用无言祝福，让这对相爱的人尽情地享受他们人生当中最最精彩，最最浪漫，最最幸福的时刻！让我们把所有最最美好的祝福都化作最最热烈的掌声陪伴着这对相爱的人从此踏上爱的航程！

最后，我代表二位新人，对各位来宾，各位亲朋好友的到来，再次表示感谢！

好，新婚庆典仪式到此结束，新婚喜宴现在开席，朋友们，请畅饮！

教师节婚礼主持

各位朋友、各位来宾、女士们、先生们：

大家晚上好！

今天是××××年9月10日，是×××小姐的节日，教师节，今天又是×××小姐和××先生喜结连理、终成眷属的日子。我是今天的司仪，非常荣幸为一对新人主持本次结婚盛典。我代表一对新人和双方父母，对各位来宾的光临表示热烈的欢迎和衷心的感谢！（鞠躬）首先，掌声迎出今天幸福的新郎××先生！

××，昨晚上你睡好了吗？今天站在这个舞台上，是什么样的心情？此时此刻你最想见的人是谁？好，请你把目光锁定那道幸福之门，将会有一个美丽的天使下凡！准备好了吗？用你的心大声呼唤她的到来吧。

美丽的新娘在父亲的陪伴下款款地向我们走来，现在，××，需要你用全部的爱从岳父手中迎接你的新娘，和她一起走未来的人生之路。

手与手相连就是一颗完整的心，就是一份完美的祝福，所有现场的朋友们，来宾们，现在请举起你们的左手和右手，使劲鼓掌，不要停下，让这些最热烈的鼓励和祝福，伴随新郎新娘一生。

（宣誓）佛云：前世的五百次回眸方能换来今生的擦肩而过，那么又有多少次回眸方能换来两个陌生的年轻人牵手一生一世，俗话说：十年修得同船渡，百年修得共枕眠。是缘分是天意让他们相识、相知、相爱，终于在这个激情燃烧的岁月，他们喜结良缘、缘定终身。新郎和新娘都和我说，此时此刻有一句话想对彼此说，那么现在请你们转过身，看着彼此的眼睛，握紧彼此的双手，在众人面前说出这份爱的告白吧。

执子之手，与子偕老，两颗相恋的心终于聚合在了一起。新郎我问你，你愿意娶×××小姐为妻吗？和她相伴一生，彼此呵护吗？新娘我问你，你愿意嫁给××先生为妻吗？和他携手人生，彼此忠诚吗？

紧握的双手从此不再分开，爱情的光华在此时分外璀璨。下面请美丽的伴娘送上象征永恒的戒指。新郎请拿起这枚戒指，把它戴上新娘的无名指。新娘也请拿起这枚戒指，把它戴上新郎的无名指。并且把两只手高高地举起。请大家见证，从此他们有了一个名字叫幸福。

我们衷心希望你们记住今天彼此的诺言，永远把对方当成手心里的宝！现在请拉紧你们的双手，拉近你们的距离，深情相拥，热情的相吻。

香槟。今天，两个相爱的人要用他们的真爱共同铸就一条人间的银河，爱的长河。请新人走向香槟泉，用心把你们的爱情去书写。源自彼此心海的爱情荧光液，浇灌着爱情之花。两颗相爱的心融合在一起，新人永恒的爱熠熠生辉。爱的源泉在汇聚，情的河水在流淌。蓝色的光芒在闪耀，美好的人生在闪亮。这就是生命的精彩，这就是爱情的光芒。

蛋糕。在这喜庆的日子里，新郎和新娘将共同切开一个洁白的百年好合婚礼大蛋糕，这象征着他们对爱情永恒的宣誓和为未来美好新生活剪彩。洁白芬芳的蛋糕，香香甜甜，也预祝他们今后的生活如同芝麻开花——节节高。

感恩。今天满眼都是开心的笑脸，但在这其中我能发现有四张笑脸特别美丽，特别温暖，因为这里蕴含了太多太多的爱。他们就是双方的父母，让我们用最热烈的掌声送给缔造了今天这段幸福婚姻的四位长辈吧。今天是个特别的日子，两个幸福的家庭，如今变成了三个。两个孩子多了两位疼爱自己的父母，双方老人也多了一个孝敬自己的孩子，相信这样的场合，你们彼此都会有很多话要说……

感谢亲爱的爸爸和妈妈。请新郎新娘给敬爱的父母亲鞠上三躬！

一拜父母生育情，情深似海伴儿行；

二拜父母养育恩，恩重如山记在心；

三拜父母身体好，笑口常开乐逍遥！

给你们的父母一个大大的拥抱吧，并且甜甜地喊一声他们此时最想听到的称呼吧。

烛光。朋友们，烛光是幸福、喜悦、吉祥的象征，有请爱情天使送上爱的火种。让两位母亲把爱的火种传承给一对新人，让她们点燃新生活的烛光，让爱火绵延，幸福的一生！一对新人站在烛台前，把双手握在一起、眼睛轻轻闭上，在这神圣的时刻，在这柔柔的烛光下，许下一个美好的心愿。上天赋予了你们在爱的路上相遇，经过了漫长的期待，在无数双目光的凝视下，在红红的烛火旁，这份美丽心愿一定会早日实现。感谢几位老人家，请入席观礼。新郎新娘，你们结婚以后，记住要常回家看看，老人家一辈子不容易，就图个团团圆圆、平平安安。

交杯。这满满的交杯酒是我们两位新人，用他们的情，用他们的爱酿造的美酒，也只有真心相爱的人，才能喝的美酒，有请：喝了这杯酒，今生今世不分手，喝了这杯酒，来生还要一起走。

感谢仪式。一对新人今天有幸在各位亲朋好友面前幸福地结为了夫妻，他们也将在这里深深向各位表示感谢。

一鞠躬，感谢各位领导的关心、帮助和培养，对给予他们家庭以深切关怀的亲友，工作生活中给予帮助的朋友致以崇高的敬意；

再鞠躬，谢谢朋友们来贺喜，永远把这美好的光景和大家的深情厚谊保留在自己的记忆里；

三鞠躬，衷心祝愿各位领导和全体来宾身体健康！工作顺利！心想事成！万事如意！

传说中，新娘手中的花束送给哪一个女伴，她将会成为下一个幸福的新娘。现在我们请新娘送出她这一个幸福花束吧。

婚宴仪式。亲爱的朋友们，在您的关注和祝福中，一对新人的结婚大典圆满礼成，丰盛的婚礼盛宴现在开席，让我们：围着圆圆的桌子，举起圆圆的杯子，把这圆圆满满的祝福带给新郎新娘！祝福他们：相亲相爱、生活美满、天长地久！干杯！

国庆婚礼主持

（开场白）

佳日佳期喜气洋

才子佳人配成双

众位亲朋来祝贺

喜结良缘福满堂

尊敬各位来宾，亲爱的朋友们：

今天是××××年10月1日，在这金风送爽、普天同庆的大好日子里，我们欢聚在×××大酒店，共同庆贺×××先生和×××小姐的新婚庆典。

各位亲友、各位来宾，请大家入座，婚礼马上就要开始了。

我是司仪××，非常荣幸在此与大家相会。此时此刻，一场温馨的情感盛宴即将上演，请您准备好热情的掌声为这对有缘人送上最美好的祝福。

现在我宣布《××××国庆有约，我们结婚啦》主题婚礼正式开始。

进行婚礼第一项：

请新人上场：（音乐《我和你》）有一种真情叫作爱不释手，有一种分享叫作风雨同舟，有一种真爱叫作天长地久。虽然许多人已经拥有，但很多人还在追求。今天有一对新人他们将一生一世携手，把这里当作爱的天堂，许下爱的心愿。此时此刻，她们正在幸福之门下静静等待，等待您的祝福，等待您的掌声，等待属于她们的婚礼进行曲。朋友们，请全体起立，掌声有请新郎新娘闪亮登场。（《婚礼进行曲》）多少次花前月下，多少次相识相恋，终于等来了今天，等来了手挽着手，肩并着肩伴随着婚礼进行曲走进婚礼殿堂的美好时刻。

进行婚礼第二项：

介绍新人：新郎新娘站台前，郎才女貌好姻缘！小伙子变成了大丈夫，大姑娘变成了小媳妇！他们真是公主和王子的最美组合。大家先随我看新娘，千金难买是新娘，新娘是个好姑娘，温柔美丽又大方；就是这样一个天上人间少有的女孩多年以来一直是新郎的梦中情人，心中的偶像，追求的对象，终于经过多年的孜孜追求与苦苦相缠打动了她的心扉，到达了婚礼的驿站；这是新娘的魅力所在，同时，更是新郎的魅力所在。再看一下徜徉在幸福之河的新郎，千里难寻是新郎，新郎是个好儿郎，英俊潇洒仪表堂堂。这么一位既帅气又多情，既像歌星又似影星的好男儿，哪位女子又不喜欢呢，大家说，是不是？现在请今天最大的官新郎官先向大家介绍下你和新娘的名字，职业和你们的罗曼史。特别是罗曼史要重点介绍，这可是大家都想知道的。

……

进行婚礼第三项：

新人宣誓：（《泰坦尼克号》主题曲）在这温馨时刻，请新郎深情地看着美丽的新娘，听我的问话，然后慎重回答。做她的丈夫，无论她以后健康或疾病，漂亮或衰老，顺境或逆境，你都永远爱她，永不背叛她，你愿意吗？（愿意）实实在在一个“愿意”让新娘吃了一颗定心丸。新娘，做他的妻子，无论他以后富有或贫穷，健康或疾病，顺境或逆境，你都永远珍爱她，永不背叛她，你愿意吗？（愿意）真真切切一个“我愿意”。

进行婚礼第四项：

证婚人主婚：下面有请证婚人做见证，为二位新人宣读结婚证书。

进行婚礼第五项：

父母上台：今天呢，我还请来了两位神秘的嘉宾，也是我们今天婚宴的最大赞助商，请大家以最热烈的掌声有请“董事长”和“夫人”也就是新郎父母上台。叔叔，这几天您和阿姨都辛苦啦！儿子为你们挑的儿媳妇怎么样？来，请坐，新娘快改口叫声妈，妈会笑着给钱花。今天改口叫声爸，以后疼你没二话。

进行婚礼第六项：

三拜仪式：儿女成长三分父母流汗三升，儿女立业成家父母操劳半生。新郎新娘情意长，不忘自己的爹和娘，新郎新娘情谊深，不忘家人养育恩，请二位新人一拜高堂。爸爸妈妈辛苦啦，以后你们就开始享福吧！鞠躬不到90度，不算好媳妇！

亲朋好友是天，亲朋好友是地，有了亲朋好友，我们就能顶天立地；亲朋好友是风，亲朋好友是雨，有了亲朋好友，我们就能呼风唤雨。请二位新人二拜来宾。谢谢你们来贺喜，我们的小家欢迎你！

从今天开始你们将开始幸福的婚姻生活，相敬如宾是婚姻的基础，请你们面对面站好，深情地凝望着对方，夫妻对拜。勤下厨房多炒菜，真心实意爱太太，多干家务少唠叨，一心一意爱老公，人间生活多美好，两人世界显单调，早日生个胖娃娃，一家团圆乐逍遥。但要记住国家计划生育政策：数量要少，质量要高。

进行婚礼第七项：

喝交杯酒：分三口喝，先绕对方手喝，然后喂对方喝，最后绕对方脖子喝。喝了交杯酒，幸福跟着走，天长又地久。（谁先喝完谁理财）好，现在请所有来宾全体起立，斟好喜酒举起杯，为这对新人喜结良缘，百年好合干一杯，为各位领导，各位朋友身体健康，事业有成干杯，为大家节日快乐再干一杯！

……

各位来宾，亲爱的朋友们，现在新郎新娘又站在了台上，我们将为大家宣读一些朋友对新人的祝福。

……

万里晴空，山河壮丽，赤旗飘扬。九州方圆，普天同庆，江河歌唱，遍地流芳。天赐良缘，终生良伴，属灵伉俪，家庭美满。

让我们衷心祝福一对有情人白头偕老，地久天长。我宣布×××先生和×××小姐结婚庆典礼圆满成功。最后祝天下所有大家庭，小家庭，新家庭，老家庭，生活美满家庭和睦。也愿天下有情人终成眷属！

圣诞节婚礼主持

各位女士、各位小姐、各位先生：

晚上好！今天是××××年12月25日圣诞节，在这风和日丽、天地之合的喜庆日子里，我们共同相聚在宾馆（大酒店）厅，隆重庆祝×××先生与×××小姐喜结良缘。

各位亲朋好友，我叫××。今天，我十分荣幸地接受新郎、新娘的重托，步入这神圣而庄重的婚礼殿堂为新郎、新娘的婚礼主持庆典仪式。

现在，我宣布×××先生与×××小姐的婚礼仪式现在开始（奏《婚礼进行曲》）。

各位亲朋好友、各位小姐、各位先生：在这灯火辉煌、热闹非凡的婚礼殿堂，我想是缘分把这对钟爱一生的新人结合得甜甜蜜蜜，是天地把这对心心相印的夫妻融合得恩恩爱爱，美满幸福。这一切的一切，是上帝创造了他们，是他们两颗纯洁的心相撞在一起，由此更显露出我们的新郎啊，要比平时任何一个时候更感受到真正的幸福，更显得英俊潇洒，大家说是不是？（嘉宾掌声）而我们的新娘要比平时任何一个时候更感到内心的激动，更显得楚楚动人和漂亮温柔，大家一起说是不是？（嘉宾掌声）此时此刻，我想还有两对夫妻此时此刻是最激动最高兴的，那就是对新郎、新娘有养育之恩的父母；借此机会，我们的新郎新娘为了感谢父母的慈爱，以表达对双方父母真诚感谢和深深的祝福，特意用一束束最美丽的鲜花献给养育之恩的父母，也可以用敬香茶的方式进行。

现在请新郎新娘先向新娘的父母×先生和×女士献花。（大家掌声有请）向新郎的父母×先生和女士×献花或敬茶。（大家掌声再次响起）

现在请证婚人致证婚词。（掌声）

现在请新郎、新娘的双方代表致主婚词。（掌声）

现在请来宾代表致贺词。（掌声）

现在请新郎新娘致答谢词。（掌声）

各位来宾，现在最激动人心、最圣洁庄严的时刻到来了，新郎新娘交换结婚戒指，这象征着他们纯洁的心永远相印美满幸福。（掌声）

现在请新郎新娘互敬交杯美酒，这象征着他们俩永远的甜甜蜜蜜，恩恩爱爱，爱河永恒。（开香槟酒，然后新娘新郎互敬美酒）

各位来宾，×××先生与×××小姐的婚礼高潮一浪高过一浪，内容真是别具一格，既有东方的真诚朴实，含蓄深沉，又有西方的坦露真情，高雅华贵，使大家沉浸在喜庆的氛围里。

现在，由新郎新娘共切百年好合的蛋糕。洁白纯洁的蛋糕象征着他们俩团团圆圆，事业兴旺，生活美满。

各位来宾，让我们祈祷，让我们祝福，让我们举起手中的酒杯，共同祝福这对龙凤新人新婚愉快、白头偕老、永结同心！（掌声并大家共同一起说一声：干杯）各位来宾，现在请新郎新娘入席（掌声有请）。

各位来宾，×××先生与×××小姐的婚礼庆典仪式到此结束了，等一会儿，新娘穿着更加艳丽漂亮的晚礼服来到大家身边，依次向来宾们敬酒敬烟，以表达新郎新娘的感谢之情。

幸福的新郎新娘，让我们再次祝愿你们的生活一定像蜜糖般甜蜜；你们的爱情一定会像钻石般永恒；你们的事业一定会像黄金般灿烂。最后让我们再次地祝愿新郎和新娘，并祝各位来宾分享这天伦之乐，度过美好的时光。

谢谢大家！

职业婚礼

干部婚礼主持

各位来宾、各位领导、各位先生、各位女士，大家好！

下玉镜台笑谈佳话，种蓝田玉喜结良缘。今天是×××和×××结婚的大好日子。

这位潇洒倜傥的小伙子就是今天最大的官儿新郎官×××先生。×××先生是一名国家公务员，在××局工作。他思想进步，工作积极，勤奋好学，是××机关不可多得的人才。就是这位出类拔萃的小伙子，以他非凡的实力，打开了一位美丽姑娘的爱情的心扉。这位幸运的姑娘就是今天的女主角——×××小姐。

×××小姐与××先生工作在同一单位。她温柔可爱，美丽大方，为人友善，一个东方美女的光辉形象就展现在我们面前。××先生和××小姐真可谓是天生的一对，地造的一双。

从现在起，我们的社会里又诞生了一个新的家庭，它将受到法律的保护和社会的承认。二位新人即将开始新的生活。希望你们在生活上互敬互爱，早生贵子，但也不要忘了计划生育；在工作中互相帮助，比翼齐飞，做一个人民满意的公务员。

——新人讲话！（略）

今天，对于新郎、新娘的父母来说，是放飞希望的日子。我想，此刻双方老人一定会有千言万语要对孩子们说。

下面进行的是我们中华民族传统的三拜仪式，过去讲“一拜天地、二拜高堂、夫妻对拜、送入洞房”。今天我们在共产党领导下，不信地也不信天，我们所面对的天和地就是广大人民群众。所以，我们要把第一拜献给在座的各位来宾、亲朋好友和父老乡亲们。

——向来宾三鞠躬！

——向父母三鞠躬！

——夫妻对拜，一拜互敬互爱白头偕老；二拜工作学习争分夺秒；三拜尊老扶幼越过越好！

愿他们，百年好合，天长地久。

军人婚礼主持

尊敬的各位来宾、各位亲友，同志们，朋友们：

漫天的柳絮传达着声声祝福，报春的喜鹊象征着吉祥如意。

这个杨柳依依、春暖花开的好天气，我们绿色军营迎来了两位新人结婚的日子，真是喜上加喜。今天，各位来宾，各位同志聚集在一起共同分享这对新人的喜悦，度过一个快乐幸福的日子。

站在我身边的新郎新娘可谓是名副其实的郎才女貌，天作之合。新郎是一位参谋、才子，××同志，新娘是一位军医，漂亮的×××同志。

出席今天婚礼的不仅有两位新人的亲朋好友，还有双方单位的领导及同事。热烈欢迎你们的到来！

首先，请×军参谋长×××宣读结婚证书，为两位新人证婚，并致证婚词。

今天参加婚礼的亲友中最高兴的莫过于两位新人的双亲，父母辛苦将你们培育成人，现在终于盼到了你们结婚的时刻，盼到你们成立自己的家庭，接下来有请新郎、新娘的父母讲话。

请两位新人向双方老人、各位来宾三鞠躬，一拜高堂，感谢父母养育之恩，二拜来宾，感谢来宾的光临和祝福，夫妻对拜，永远恩爱！

有道是："千里姻缘一线牵"，新郎新娘从相识相爱到喜结连理，×××先生正好见证了新郎新娘的爱情历程，现在让我们以热烈的掌声有请介绍人×××先生上台讲话！

请两位新人的单位领导讲话。

最后，请新郎新娘致词，并向各位来宾表示祝福和感谢！

现在，两位新人的婚礼到此结束，祝两位新人百年好合、一生幸福！

警察婚礼主持

尊敬的各位来宾、亲朋好友、先生们、女士们，大家好！

冬天的白雪为什么悄然降临？那是上苍对爱情的贺礼。冬日的阳光为什么那样的迷人？那是太阳对恋人的祝福。在这白雪皑皑的季节里，在新城宾馆温暖的迎宾礼堂里，我们共同见证×××先生×××女士的结婚盛典！

首先，请允许我代表新郎新娘以及他们的父母向全体嘉宾的光临表示最热烈的欢迎和最衷心的感谢！此刻，世界上两个最幸福的人，将携手走进这个神圣的婚姻殿堂，即将开始他们幸福的生活。让我们用最热烈的掌声欢迎他们的到来！（新人进）

身披洁白的婚纱，沐浴在幸福甜蜜之中的新娘，伴着幸福的《婚礼进行曲》，和新郎手牵着手、肩并着肩、心贴着心，面带微笑向我们款步走来。

执子之手，与子偕老。这一刻，意味着两颗相恋已久的心，终于走到了一起；这一刻，意味着两个相爱的人步入了神圣的婚姻殿堂；这一刻，意味着在今后的日子里，无论是风是雨都要一起度过；这一刻，意味着在人生的旅途中，他们将相濡以沫、携手一生、恩爱到老！（新人上前台，男左女右）

今天的婚礼，平常又不平常，因为我们的新郎×××先生，是一名光荣的人民警察，是名副其实的共和国卫士！威风凛凛，气质雄壮，浓眉大眼真是漂亮。而站在旁边这位亭亭玉立、婀娜多姿的漂亮MM，就是今天的新娘×××小姐。

这正是：才子配佳人，美女配猛男！

下面我问一下新郎和新娘，听听他们的心里话。请问×××先生，您愿意娶您身边这位×××小姐为您的妻子吗？（愿意）请给点掌声再来一次！（愿意，大声！）无论什么时候都会好好保护她吗？（是的）

我再问一下×××小姐。×××小姐，你知道×××先生是名警察吗？（知道）那么，嫁给了警察，就等于嫁给了义务，嫁给了责任，嫁给了风险与艰难，嫁给了光荣与自豪……这些，你都明白吗？（明白）那么请问×××小姐：您愿意嫁给您身边这位×××先生为您的丈夫吗？（愿意）无论贫贱与富贵都会直到永远吗？（是的）

好，各位来宾，让我们以我们最最热烈的掌声，为×××找到这样一个好姑娘而祝贺，并向我们的新娘、我们的新警嫂致以最崇高的敬意和最衷心的祝福！

那么接下来就有请我们的二位新人向在座的所有来宾行新婚大礼。（举行拜堂仪式）

一拜父母。

一鞠躬，感谢父母的养育之恩；

再鞠躬，保证以后永远孝顺；

三鞠躬，祝父母身体永远健康！

拜来宾。

一鞠躬，感谢大家的关心和支持；

再鞠躬，请亲朋好友、领导同事以后对小两口继续关心；

三鞠躬，祝各位来宾工作顺利，家庭幸福，万事如意！

夫妻对拜。

请面对行礼。好，第一拜，夫妻恩恩又爱爱；

第二拜，婚后继续谈恋爱；

第三拜，地老天荒不分开。

行过三拜大礼，请礼仪小姐端上美酒，请新郎新娘喝交杯酒。（喝交杯酒）

喝一口，今生今世，永远牵手；喝两口，幸福生活，从今开头！

我们看新娘是两口美酒喝下去，两朵桃花上脸来，那是一种幸福，一种陶醉。让我们祝愿他们生活有如甘蔗加糖甜如蜜，芝麻开花节节高！

好，各位来宾，亲爱的朋友们，今天的新婚庆典仪式就暂时告一个段落。最后，也祝愿我们在场的所有来宾东成西就，南通北达，左右逢源，生活幸福，家庭美满，身体健康，万事如意！

谢谢大家！

教师婚礼主持

尊敬的各位来宾，尊敬的各位亲朋好友，大家晚上好！在这天地之合的喜庆之日，我们相聚在这古朴典雅的××饭店，欢聚在这鲜花簇拥、喜庆浓郁的宴会大厅，共同为×××先生和×××小姐举行新婚礼宴。×××先生和×××小姐是同一个单位的同事，他们都是优秀的人民教师。

现在，让我们奏响《婚礼进行曲》，欢呼新郎新娘的到来！（《婚礼进行曲》响起）

有请今天最美丽的新娘×××小姐和最幸福的新郎×××先生！

站在我身边的新郎新娘如此的郎才女貌、天作之合，真是令人羡慕。新郎先生，今天你是世界上最幸福的人，请问幸福的感觉怎么样呢？（新郎说话）新娘小姐，今天你是世界上最美丽的天使，能不能也给我们描述一下幸福的感受呀？（新娘说话）今天是你们的大喜日子，我们的每位来宾都和你们一样幸福，让我们再次用热烈的掌声来祝福你们！

有道是："千里姻缘一线牵"。新郎新娘相识相爱于××，从××远道而来的××先生正好见证了新郎新娘的爱情历程，现在让我们以热烈的掌声有请证婚人××上台讲话！（证婚人讲话）

男大当婚，女大当嫁。在今天这个大喜日子里，其实最高兴的应该还有两位新人的父母。父母辛辛苦苦把你们养大、教育你们、培养你们，费了很多的心血，从今天开始，父母亲正式看见你们真正的长大成人，今天一对儿女成家了，希望新郎新娘在建设好美好幸福家庭的基础上，同心同德打造事业的成功！因为，我再次建议，我们的来宾都能用你们的掌声和喝彩声，像刚才欢迎新郎新娘那样的热烈程度那样欢迎新人的父母！感谢新人伟大而慈祥的父母双亲！现在有请：双方父母上台！

儿女不忘养育恩，今朝结婚成家立业，双亲为大。现在请新郎新娘准备！一拜高堂，一鞠躬，感谢养育之恩，再鞠躬，感谢抚养成人，三鞠躬，永远孝敬老人。现向父母敬茶，谁言寸草心，报得三春晖呀！二拜来宾！感谢来宾的祝贺与祝福；夫妻对拜，恩爱到永远！好，大礼行毕，我们来听听双方父母的心里话。（请母亲大人讲话），现在新人与父母合影！请摄影准备，感谢双方父母的养育之恩，让我们大家一起恭喜你们！

现在，最激动的时刻到来了：那就是新郎新娘点亮爱情的蜡烛与戴上婚姻的戒指的仪式正式开始。

（问伴郎）：×××，你愿意代表所有的人，见证这份婚约，并承诺尽力支持×××先生和×××小姐共同建立美满的家庭吗？

——我愿意。（点蜡烛）

（问伴娘）：×××，你愿意代表所有的人，见证这份婚约，并承诺尽力支持×××小姐与×××先生建立幸福的家庭吗？

——我愿意。（点蜡烛）

而如今，面前的这两根蜡烛，分立在两旁，正是代表了新郎新娘此时此刻之前的生命。他们的烛光，是分开的，分别代表了你们从父母那里所领受的信心、智慧和爱心。

都说教师像蜡烛，燃烧自己照亮别人，现在请新郎新娘拿起这两根代表自己的蜡烛，共同点燃中间的那一支。从现在起，你们彼此鼓励与支持，同甘苦，共患难。下面，最最激动的时刻终于来临了！让我们为你们的伟大爱情鼓掌！这是心与心的交换，爱与爱的交融，交织出今天这一美好的誓言，为了永远记住这一天，铭记这一刻，爱情花朵绽放的这一刻，我们两位新人将互换婚戒，以表示他们对爱情的忠贞不渝。好，请伴娘端上婚戒。（伴娘端上婚戒）

大家可以看到，现在我手中拿的这对戒指是完整的圆，代表着没有结束的永恒，代表了纯净、圣洁。当你们彼此交换戒指时，借着这个婚姻的信物，我们祈祷，你们的爱也是如此天长地久、纯净圣洁，你们的婚姻也会永远和和睦睦、幸福美满。

现在请问新郎：

您愿意娶您身边这位新娘为您的妻子吗？无论是贫贱与富贵直到永远吗？

（我愿意）请大家掌声支持，请新郎再来一次！

请问新娘：您愿意嫁给在您身边这位新郎为您的丈夫吗？无论贫贱与富贵直到永远吗？

（我愿意）请大家掌声支持，请新娘再说一次！

现在，请新郎将这个戒指戴在新娘左手的无名指上，并且告诉她：

——我，×××，在今天这个特别的日子里，愿意以这个戒指作为我的信物，向我的永恒的爱人与妻子——×××，承诺，从今以后，我将永远在你的身边，毫无保留地爱你、尊重你、疼惜你，在危难中保护你，在忧伤中安慰你，永远对你忠实，与你共同成长与成功。我非常庆幸，能成为你的丈夫；我非常激动，向全世界宣布，你是我今生的唯一。

新娘，请将这个戒指戴在新郎左手的无名指上，并且告诉他……

——我，×××，在今天这个特别的日子里，愿意以这个戒指作为我的信物，向我的永恒的爱人与丈夫——×××，承诺，从今以后，我将永远在你的身边，毫无保留地爱你、尊重你、疼惜你，在危难中保护你，在忧伤中安慰你，永远对你忠实，与你共同成长与成功。我非常庆幸，能成为你的妻子；我非常激动，向全世界宣布，你是我今生的唯一。

现在，我郑重地宣布，×××、×××，你们已经成为夫妻，新郎新娘正式成为生命中的一体，新郎的血液里有新娘，新娘的血液里有新郎，以后将共同度过美好而幸福的未来人生！

朋友们，在这里我想用一种特别而又特殊的祝福，让朋友们共同为我们两位新人祝福，请来宾们前来举起酒杯，品尝爱情的香槟美酒，现在等我数三声之后，把我们最深的祝福和祝愿化做“干杯”，祝福这对龙凤新人新婚愉快、白头偕老、永结同心！“一、二、三”干杯，祝福新郎，祝福新娘，幸福永远，真爱永恒！

医生婚礼主持

各位领导、各位来宾、女士们、先生们：

大家好！

阳光明媚，歌声飞扬，欢声笑语，天降吉祥，在这美好的日子里，我非常荣幸在这里主持×××小姐和×××先生的婚礼。希望我们所有的来宾今天在这里能吃得开心玩得愉快，共同分享新郎新娘的喜悦，度过一个非常幸福而难忘的快乐日子。

在这里，我有一个小小的要求；当我们的新郎新娘携手走进这个新婚殿堂的时候，我希望我们到场的每一位朋友能用你们的掌声和喝彩声，我们的新娘和新郎是救死扶伤的白衣天使，他们每天都战斗在医护工作的最前线，让我们伴随着《婚礼进行曲》的音乐迎接新郎新娘的到来，大家说，好不好？

（鼓掌与喝彩声响起）大家的喝彩与掌声好像还不够热烈，让我们再次用特别热烈的喝彩与掌声欢迎新郎新娘。（鼓掌与喝彩声再次响起）

我十分荣幸地接受新郎新娘的重托为这对新人担任今天礼宴的司仪，我首先代表两位新人向参加今晚礼宴的来宾和亲朋好友表示真诚的欢迎和衷心的谢意，希望大家今晚可以过得愉快，并留下一个特别美好的记忆。

现在，我荣幸地向大家宣布：×××先生和×××小姐的婚礼仪式现在开始，有请今天的王子和公主，我们的新郎和新娘入场。（示意鼓掌）

音乐在大厅回响，幸福在空中绽放，朋友们，来宾们，让我们祝福的掌声再热烈些，热烈些。在这灯火辉煌、热闹非凡的婚礼殿堂，我想是缘份让这两颗纯洁的心相拥在一起，把这对钟爱一生的新人结合得甜甜蜜蜜，是天地把这对心心相印的夫妻融合得恩恩爱爱，美满幸福。

我们的新郎，要比平时任何一个时候更感受到幸福，更显得英俊潇洒，而我们的新娘要比平时任何一个时候更感到内心的激动，更显得楚楚动人和漂亮温柔。

现在有请新郎新娘的证婚人×××先生致证婚词。（示意鼓掌）

主持人：谢谢×××先生感人至深的致词。让我们一起祝愿两位新人心心相印，长相知，长相守，甘苦与共，恩爱永远。

证婚仪式及交换结婚戒指。

主持人：我们的新郎（新娘）×××，您是否愿意娶（嫁）你身边的新娘（新郎）×××，无论今后疾病健康、贫穷富贵、环境的改变，您都会用自己的一生去钟爱她、关爱她？——新郎（新娘）答：我愿意。

主持人：心与心的交换，爱与爱的交融，交织出今天这么一个美好的誓言，为了永远记住这一天，铭记这一刻，接下来我们两位新人将互换婚戒，以表示他们对爱情的忠贞不渝。好，请伴娘端上婚戒。

交换婚戒进行时——

主持人：婚戒是有情人之间示爱的信物，这两颗小小的同心圆将两个人的两颗心紧紧地联系在一起，朋友们，让我们由衷地祝愿两位新人，祝愿他们俩爱情恒久远，两心永相伴。

主持人：这满满的交杯酒是我们两位新人，用他们的情，用他们的爱酿造的美酒，也只有真心相爱的人，才能喝的美酒，有请：

交杯酒进行中——

主持人：喝了这杯酒，今生今世不分手，喝了这杯酒，来生还要一起走。

交杯酒后及新人入席——

主持人：朋友们，在这里我想用一种特别的祝福，让朋友们共同为我们两位新人祝福，请在座的来宾们共同起立好么？举起你们手中的酒杯，等我数三之后把我们最深的祝福和祝愿化做“干杯”，祝福这对龙凤新人新婚愉快、白头偕老、永结同心！“一、二、三”干杯。

各位来宾，现在请新郎新娘入席（掌声有请）。

新郎新娘的婚宴仪式现在先告一段落，宴席开始，请大家享用新人为大家准备的美味佳肴，谢谢！

演员婚礼主持

女士们、先生们：

在这新年伊始、万象更新的美好季节，在这莺歌燕舞、花好月圆的良辰吉日，在这高朋满座、欢声笑语的千金一刻，我们相聚于×××大酒店，前来参加×××先生与优秀的戏剧演员×××小姐的结婚典礼。在此，我谨代表二位新人对诸位领导、诸位同事、各位亲朋好友表示最诚挚的欢迎，感谢大家的光临。

若干年前的一天，在×××（地方），发生了一件惊天动地、惊世骇俗的爱情故事。英俊潇洒、才华横溢×××先生与温文尔雅、聪明艳丽的×××小姐在一次演出中相遇了，他们是一见钟情。他们发誓：一旦相约，就不见不散；一旦爱上，就没完没了。经过春的播种，夏的浪漫，秋的酝酿，冬的考验，两颗爱心再也抑制不住相思风雨中的苦痛，他们决定说好不分手，定于今天举行结婚典礼。下面我宣布，结婚典礼现在开始，鸣炮奏乐！

在这庄严圣洁的《婚礼进行曲》中，×××先生与×××小姐手挽手心连心，这犹如鸾凤合鸣，又似鸳鸯戏水，犹如并蒂莲花，又似天生连理，让我们以最热烈的掌声向二位新人表示最美好的祝福，愿他们和谐美满，天长地久！共同点燃喜庆红烛。婚姻不仅仅需要感情的升华，生理的冲动，更多的是责任，更多的是义务，更多的是那份牵挂。下面就有请新郎新娘面对面站好，在各位来宾面前庄严的宣誓。

新郎：我自愿娶×××为妻，坚决服从领导，行使丈夫义务，保守夫妻秘密，按时缴纳工资（奖金、外快），对老婆说老实话，办老实事，绝不会拈花惹草，亲爱的，你就放心地爱我吧！

新娘：我自愿嫁给×××为夫，坚决执行对的领导，行使妻子权利，履行老婆义务，洗好盘子，叠好被子，带好孩子，管好票子，绝不会红杏出墙，亲爱的，你就大胆地亲个够吧！

（有请今天婚礼的证婚人）钻戒恒久远，红豆赠佳人，有请新郎为新娘佩戴定情钻戒。礼物虽有价，情义却无涯，时刻带身边，永远伴韶华！

深深大地情，浓浓父母恩，在今天的结婚典礼上，最高兴的是新郎新娘的双亲父母。天下最伟大最无私的爱，就是父母对子女的爱，老人们为儿女皱纹爬上了额头，青丝染成了白发，他们等的盼的不就是今天吗？让我们以最热烈的掌声向老人们表示贺喜，用掌声有请老人们同来宾们见面！

大酒店的全体员工为今天的婚礼提供了周到的服务，精美的佳肴，帮忙的同事、同学付出了辛勤的劳动，摄影、摄像的师傅忙前忙后，尤其是各位来宾放弃节假日的休息，在百忙中前来参加婚礼，带来了友谊，带来了祝福。为此，我提议，向以上提到的所有朋友表示感谢三鞠躬，一鞠躬感谢；二鞠躬再感谢，三鞠躬再感谢感谢！

酒缘情缘今世缘，喜结良缘；掌声笑声祝福声，响成一片。结百年好，拜千禧堂，为了答谢各位亲朋，主家略备喜筵，让我们再一次以热烈掌声向二位新人表示祝福，愿他们白头偕老，永浴爱河。结婚典礼到此结束，奏乐！

第二章　生日主持

生日主持须知

生日宴会的流程

过生日的时候，中国人不免邀上三五好友或者宴请宾客一同庆贺。这样就形成了正式或者非正式的生日宴会。正式的生日宴会流程与一般宴会大致相同，主要有五个部分。

1.开场白。由主持人宣布宴会开始，介绍到场的来宾，聚会的目的。

2.介绍寿星登场，寿星致词。

3.来宾代表或者亲友拜寿。

4.推出蛋糕，点燃蜡烛，寿星许愿并熄灭。

5.寿星致谢词。

相对于正式的生日宴会，更常见的是非正式的生日聚会。一般非正式的生日宴会，没有特定的步骤和程序，最重要的就是主客同乐。

怎样调动生日宴会的氛围

吃饭做事最重要的就是氛围，氛围这两个字看似简单，但是对于宴会却是最难掌控的。生日宴会不同于其他宴会，它是以给寿星祝寿或过生日为主。生日宴会的气氛也远比其他正式宴会重要。区别于严肃紧张的宴会气氛，生日宴会更强调的是主客同乐，愉快诙谐。

作为生日宴会的主持人要懂得运用幽默的语言来调节气氛，主持用词不要过于正式严肃，要适用于场合。也可以讲些小笑话之类的，博得主客一乐。但是笑话不要低俗或者让人难堪，以免适得其反，让人不舒服。

在流程设计方面，整个流程中，除了介绍来宾等环节相对正式外，还可以穿插一些游戏环节或唱歌环节助兴。这样有利于活跃气氛，让宴会变得更加热闹，更符合贺生日祝寿的主题。

游戏和歌曲的选择也是活跃气氛必须要注意的一个细节。就拿歌曲来说，既然是生日宴会，所选择的歌曲应该符合祝寿的主题，或者体现美好愿景的，节奏应该欢快、愉悦，不能选择那些曲调悲伤，让人心生感伤的曲子。如果错选了歌曲可能不但没起到助兴的作用，反而弄巧成拙，使宴会的气氛变得尴尬，让主人或者客人难堪。甚至可以请一些专业的演员来表演戏曲、相声等。

游戏的选择上也要格外注意这一点，所玩的游戏最好参与人数不要过多，否则易于造成场面混乱。所选的游戏，最好是应景的有些彩头的。像丢蛋糕、抹奶油一类的游戏就不适合，应该尽量避免。游戏不仅要大方得体，更重要的是符合场合。

总的来说，调动场上气氛的方法还有很多，就不一一枚举。不同的场合，不同的环境，不同的生日宴会规模都有其适合适当的调动气氛方法。要看主持人的灵机应变，也要看宾客的配合程度。

婴儿满月、百日主持

满月宴主持

尊敬的各位嘉宾朋友们：

大家好！

琴瑟和鸣添新曲，喜得贵子倍欢畅，邀朋把盏聚一堂，喜迎今日满月庆！

真可谓：吉星高照添贵子，福气东来耀豪门。

在这个良辰美景的时刻，我宣布××与××夫妇喜得贵子满月酒宴庆典仪式现在开始！

首先让我们大家以热烈的掌声向喜得贵子的××与××夫妇，致以热烈的祝贺和美好的祝愿！一个可爱的精灵降临人间，撒下了一片欢笑声！真是：兰阶添喜怀中抱，想听逗人啼笑声。值此大喜之际，我谨祝小宝宝健康好养，易带成人，今天可爱，明天聪明，今天小人，明天大人，今日喜星，明日文星、财星！为此，我提议：为××夫妇新添之喜，为××小宝宝的健康成长而干杯！

接下来请允许我介绍参加今天满月酒宴庆典仪式的主要来宾：

……

这真是：爱情演绎谱华章，家族繁衍人兴旺，高朋满座笑声起，推杯换盏喜气扬。正是因为各位嘉宾的捧场，这满月酒宴才会这般精彩，这般热闹，这般的喜庆。我代表喜添贵子的主人对各位嘉宾的到来表示热烈地欢迎和衷心地感谢！同时也祝福所有的来宾，喝着今天祝福的酒，生活越过越富有！愿朋友们抬头见喜喜无边，出门迎财财万贯！祝老年人健康长寿；中年人事业有成；青年人家庭幸福；孩子们快乐成长！

下面让我们用掌声有请嘉宾代表××致满月酒宴贺词。

……

女士们、先生们，今天，阳光灿灿，绿草青青，天蓝蓝，水碧碧。正所谓：人面鲜花相映红，绿水青山情更浓。在这情浓浓意浓浓，温馨融融的日子里，在这风含情、水含笑、充满欢歌笑语的时刻，我们已欣喜地看到××夫妇的家庭已经盛开了一朵鲜艳的花蕾，结出了一颗爱情的硕果。花的绽放，果的飘香，让我们看到：为人父合不拢嘴，做人子无比欢欣。作为新生儿的父母，他们一定会有很多饱含欣喜、饱含深情的话要说，下面掌声有请喜添贵子的××夫妇讲话！

……

这样的一席话，道出了喜悦，道出了欢欣，道出了幸福，同样也道出了真情。在座的各位朋友，让我们再一次以热烈的掌声真心地祝福这对夫妇！同时，也让我再次代表这个幸福的家庭向各位嘉宾表示感谢。

庆典仪式即将进入尾声，最后，我提议大家把杯畅饮，敲响酒宴的钟声，尽情分享此刻的喜悦吧！

庆典仪式到此结束，谢谢大家！

双胞胎满月宴主持

女士们、先生们，在座的亲朋好友们：

大家好！

我是主持人×××，很高兴能够在这样一个特殊而又无比美好的日子里和大家欢聚一堂，共同祝福两个可爱宝宝的平安降生及健康成长，一起分享两个宝宝带给我们的欢乐。

一个月前的今天，我们这对可爱的宝宝在亲人焦急的等待中于××医院顺利诞生，时光飞逝，一转眼，从两个宝宝平安着地到现在，已经足足一个月，他们在各位亲朋好友的关怀和呵护下健康地长大着。我们为他们欢呼，为他们祝福。我们共同祝愿两个小宝宝平安、幸福、健康、快乐！

下面我们隆重地请出今天的主角：快乐的爸爸，幸福的妈妈以及可爱的双胞胎宝宝。

请问我们美丽的妈妈，你感到幸福吗？

“我幸福吗？从我躺在冰凉的产房手术台上到今天站在这个酒宴的主持台上，我一直都在思考这个问题。成为一个母亲，我一直在准备着，可是当我真正地拥有他们后，我又有些措手不及，惊慌失措。每一天，喂奶、换尿片、洗澡……特别是还要轮流地做两遍。有时候我觉得自己就像个机器被这两个孩子从早到晚使唤着，这些琐碎而又简单的劳动占据了我的全部，他们两个瞬间也霸占了我的生命，我越来越和我之前的生活脱节，外面的世界同我似乎一下子有了屏障，我完完全全只属于他们两个了。但是，看着这两个上天送给我的小天使，我却总感觉我拥有了整个世界，我常常想着他们俩长大的样子，想着他们会说话的样子，想着他们轻轻地搂着我说“妈妈我爱你”……我会情不自禁地笑，我想这是发自内心的幸福吧！”

说得真好啊！幸福其实就是笑声，就是快乐，就是付出，就是没人的时候偷着乐。

我们再问问这位幸福的爸爸吧！

“我有一个体贴我、关心我的好老婆；有健在的双亲；有一对聪明健康的双胞胎的孩子；有一套能装下4个人的住房；有一辆自己的车；有一笔能花的银行存款。我想这就足够了！”

看来你的意思是说，你现在最幸福了。

“是的，老婆幸福我就幸福，孩子们幸福我就幸福。”

说得真好。那么，在宝宝们满月的日子里，你们又有什么话想对他们说呢？

“我想对我的宝贝们说：孩子们，妈妈很快乐，很幸福！你们想象不到我有多么的幸福，尽管为此妈妈失去了许多难以挽回的东西，可是因为你们的存在，我已经足够了。妈妈只是希望你们能够快快乐乐、健健康康地长大！我爱你们，希望你们比妈妈更幸福，比妈妈更快乐！”

多么伟大，多么善良的母亲啊。这位爸爸，你真是好福气呀！我相信你此刻除了幸福还是幸福吧！

爸爸妈妈说完了，爷爷奶奶、姥姥姥爷也还得说点什么，下面就有请宝宝们的爷爷代表四位老人为双宝宝致满月词。

“各位来宾，感谢大家在百忙中前来参加我孙子们的满月宴。我代表我们全家向大家表示诚挚的谢意。

整整一个月，我可爱的孙子来到我们这个家庭已经整整一个月了，在这段时间里家里的每一个成员都被这两个精灵所带动着，日子在他们的哭喊，嬉闹中忙乱着，我们全家人的生活也因他们的降临而彻彻底底地被改变。虽然很累，很乱，很忙，但是我们却无比的幸福和欢乐，再苦再累我们都没有怨言，我只是希望这两个娃娃能够健康的成长，以后成为国家的栋梁，我们也十分有信心能够抚养好这对宝宝。

我再次感谢大家的关心和爱护。谢谢诸位！”

养育两个孩子，这其中的辛苦和劳累是肯定的，但是我们的长辈们却是如此幸福而又乐观地述说着，我的心中也涌起了一股暖流，是啊！幸福有时候就是那么简单，不需要太多的金钱，也不需要那么的安逸，有爱就足够了！

今天参加宴会嘉宾中，还有一位特殊的客人，她就是给双胞胎宝宝接生的××医生，掌声有请××上台讲话。

……

朋友们，前面的路还很长，但是希望永远都在，不是吗？那我们就再次举起双手，用掌声祝福这个家庭，祝福这对可爱的宝宝！

今天的满月宴仪式到此结束了，接下来请用餐。

城镇满月宴主持

各位亲朋好友，各位亲爱的已经做了爸爸、妈妈的，即将做爸爸、妈妈的朋友们：

你们好！欢迎各位在百忙之中，参加××家的宝贝——××的满月宴会。小宝贝××的成长，首先感谢各位在过去的日子里对××夫妇的支持和帮助，正是各位的帮助，让他们在初为父母时，能够更好地照顾他们的孩子，让小宝宝茁壮成长。在他们心中，在座的各位都是他们非常尊敬的好朋友。在此，我受他们夫妇的委托，代替他们向大家说一声：“谢谢！”也请各位举起您的双手，向他们及宝宝表示真诚的祝贺！

接下来让我们共同祝愿×××能够茁壮、健康成长为国家栋梁。成为能够顶天立地的小男子汉。值此大喜之际，我谨祝小宝宝健康好养，易带成人，聪明伶俐，他日长大成才。为此，我提议：为了小宝宝的健康成长，让我们举杯同贺！

下面让宝宝的妈妈抱着本次宴会的主人公，小宝宝×××登台，让我们好好看看这个未来的科学家、学者。

瞧，这小家伙多可爱。浑身透着灵气，长大了一定是个小帅哥（美女）。看着他小小的手，小小的脚，小小的身子，怎能不让人感叹生命的奇妙。母亲的十月怀胎孕育这样一个神奇的生命，生命就这样延续下来。看着这么可爱伶俐的小宝宝，大家都给他准备了不少好礼。

接下来有请小宝宝的祖母上台，给宝宝献礼物。礼物虽轻，但是是奶奶的一番心意，不求价值千金，但求寓意小宝宝一生富贵。

下面有请宝宝的爸爸致词：

……

以上均为肺腑之言。希望他们全家合家幸福，快乐，希望小宝宝健康成长早日成才，希望在座的来宾也万事顺利，一切顺意！希望在场的诸位度过一个美好的夜晚。

乡村满月宴主持

各位乡亲们，亲友们：

大家好！在这个喜庆的日子里，感谢各位来到这里一起祝贺我们可爱的宝宝×××的满月宴。现在正是一年的农忙时，十分感谢乡亲们能在农忙之中特意前来赴宴。我谨代表×××一家，感谢乡亲们的到来。

今天我们迎来了一件大喜事儿。大家都高兴儿，但更高兴的是她的爹、她的娘，你看看，笑得都合不拢嘴了，笑得上颏离下颏足有八寸，下颏离地只有一分了。还有更高兴的，那就是×××的爷爷奶奶、外公外婆。外公外婆在哪儿？请站起来我们看看，你看，外婆那脸上不就是一朵盛开的花儿吗？好吧，有请这位带给我们喜悦的宝贝上台来！请爸爸妈妈抱上来。

大家看看这个刚满月的小娃娃，这小模样多么的可爱喜人，一看这孩子以后一定有出息，是个人才。下面请××的爸爸致词。

……

虽然×××爸爸的话并不多，但是能够听出来说的都是肺腑之言。让我们共同举杯祝贺×××健康成长，希望他能够长大成才。

再让我们举杯，希望他们一家的日子是芝麻开花节节高，希望小宝宝健康聪明。也祝愿来访的各位来宾今年有个好收成！

满月宴父母致词

各位来宾，亲朋好友：

大家好！

在我家女儿/儿子（名字）满月之际，万分感谢各位能前来祝贺，我谨代表全家向各位的到来表示热烈的欢迎和衷心的感谢！

此时此刻，我的内心是无比激动和兴奋，唯有行动才能表达我此时的情感。我仅用自己的行动来表达我的感激之情，所有的话都在酒中。

这第一杯酒是感谢大家能亲自到家和我们分享这份喜悦和快乐。

这第二杯酒，还是感谢。因为在大家的关注下，我和妻子有了宝宝，升级做了父母，这是我们家一件具有里程碑意义的大事。对于我来说也是生命中重要的一刻。虽然做父母只有一个月的时间，可我俩对“不养儿不知父母恩”有了更深的理解，也让我们怀有一颗感恩的心。除了要感谢生我们养我们的父母，还要感谢我们的亲朋好友，单位的领导同事。正是有了各位的支持、关心、帮助，才让我们感到生活更加甜蜜，工作更加顺利。也衷心希望大家能一如既往地支持我们、帮助我们、关注我们。

这第三杯酒，是送去我们对大家最最衷心地良好祝愿。祝大家永远快乐、幸福、健康。

今天在此略备薄宴，若有招待不周之处，请多多包涵、多多见谅！

最后希望大家吃好喝好玩好，再次感谢大家一直以来的关心和照顾！

春天宝宝百日宴主持

到场的女士们、先生们：

大家好！

啼声报喜生英物；

春色入门贺栋材。

在这春日融融、百花盛开、春意盎然的大好时光，我们迎来了×××的满月盛典。最近的日子真的是春日好风光，到处都桃红柳绿，张灯结彩。

××家的公子（千金）和春姑娘手挽着手、肩并着肩来到我们人间，降临在××的家。

桃红柳绿草色青，

山村处处美景新。

雪映窗花春光笑，

梅闹枝头喜事多。

让我们为××家新的继承人欢呼，让我们为××家的未来祈祷。

佳气充闾倍添春色，

英声载路喜得宁馨。

这孩子诞生的消息，犹如一声春雷给这个幸福的大家庭增添了一缕春色，增添了无数欢笑。下面掌声有请今天春风得意的幸福爸爸××讲几句话，让他说说当爸爸的喜悦。

××先生讲得太好了，字字吐真言，句句含深情，养育孩子不仅是爸爸一个人的辛劳。更离不开十月怀胎的大功臣，孩子的妈妈。下面掌声有请孩子的妈妈讲几句话。

世上只有妈妈好，有妈的孩子像块宝。孩子是妈妈的心头肉，孩子是妈妈的一块宝。谢谢孩子妈妈的真情发言。

日暖兰阶花吐秀，

雷惊竹院笋抽芽。

在这春色迷人、春光无限的大好日子里，此时此刻，更是洋溢着春天的气息，到处充满了欢乐和幸福。让我们共同祝愿，祝宝宝能平平安安、健健康康、顺顺利利、茁壮成长。祝××全家美满幸福、喜事连连。祝朋友们沾点今天的喜气，万事如意。

庆典到此结束，谢谢大家！

××全家为了答谢各位的光临，准备了丰盛的午宴，请大家入席品尝。

夏天宝宝百日宴主持

尊敬的各位来宾、先生们、女士们：

夏日韶光，酒店内灯红酒绿；今日好景，喜迎贵客宾朋。天浩浩，日融融；金翡翠，玉麒麟。男女来宾开口笑，高朋满座客如云；诗情生细浪，花径起香尘。

夏日的骄阳似火，热情似火。在这个酷暑，感谢各位来宾发挥不怕晒的精神，百忙之中来到这里，共同庆贺××宝宝百日之喜。我谨代表×××感谢各位的莅临。

一百天前的今天，伴随着一声响亮的啼哭，××的父母怀着喜悦的心情迎来了他们爱情的结晶。时光飞逝，岁月如梭，而今，××已经从当初襁褓中的婴儿也已经渐渐长大！这期间，他的父母付出了许多心血。此时此刻，我想他们一定有好多话要对大家说！下面，就请××的母亲×××女士、父亲×××先生讲话，大家欢迎！

简单的言辞说出了父母对孩子的祝福和希冀。让我们共同举杯，祝愿宝宝像夏天的骄阳一样，天天开心，健康茁壮地成长！

秋天宝宝百日宴主持

各位来宾们、亲友们：

一轮秋影转金波，飞镜又重磨。在这中秋佳节来临之际，我们大家在这里欢聚一堂，共同庆贺×××的百日之喜。真是一家喜事千人喜，无限欣慰在心里。今天从百忙之中前来参加宴会有可敬的领导，可亲的亲戚，可信的新老朋友，是你们的到来令这里蓬荜生辉，使这里增光添彩。在此，我恭祝大家天天有个好心情，笑口常开；月月有个好收入，四季发财；年年有个好身体，青春常在；终生有个好家庭，夫妻恩爱。

一百天前，一个可爱的宝宝在亲人焦急的等待中呱呱落地，时光飞逝，一转眼，从宝宝平安着陆到现在，已经足足一百天了，他们在各位亲朋好友的关怀和呵护下健康地成长。我们为他欢呼，为他祝福。我们共同祝愿小宝宝平安、幸福、健康、快乐！

下面我们隆重地请出今天的主角：快乐的爸爸，幸福的妈妈以及可爱的宝宝。看宝宝多像他的爸爸妈妈。希望这一家一直像今天这样吉祥快乐。日子也是芝麻开花节节高，越来越好。

看着孩子一天天的长大，宝宝的爸爸妈妈一定有很多话要对宝宝说，下面有请宝宝的爸爸讲话。

……

朋友们，只要前面还有路，那么希望就永远都在！所以让我们再次举起双手，用掌声祝福这个家庭，祝福这位可爱的宝宝！

今天的满月宴仪式到此结束了，接下来请用餐。

冬天宝宝百日宴主持

各位亲朋、各位好友：

窗外白雪皑皑，寒风刺骨，屋内春意盎然，彩灯高挂。今天我们迎来了宝宝×××百天之喜。感谢来临的各位亲友，我谨代表×××的家人，感谢你们能在百忙之中前来和他们一起庆祝这件喜事儿。

人家都说没有一番寒彻骨，哪来梅花扑鼻香，小宝宝历经严寒的考验，健康地成长。怪不得大家都说冬是强者的挚友，它磨砺人的意志，锤炼人的胆略。希望他从冬雪中学到端庄，从冬寒中吸得刚毅！

宝宝百日宴答谢词

各位亲人：

现在，由我，宝宝的妈妈代表我们家的小宝宝发表答谢词：

亲爱的爷爷奶奶，姥姥姥爷，爸爸妈妈，还有我不认识的叔叔阿姨哥哥姐姐们，我是×××。谢谢今天有这么多人来看我，我实在太高兴、太激动了。

虽然现在我只有100天，还不到一岁，但是我很乖的。大家都说我吸取了爸爸妈妈的优点，长得很迷人，有着如同莲藕一般的好身材，为此我感到很自豪。要是有人说我有点儿偏胖，那绝对是他眼花。经过我的研究发现，我真的是太有魅力了，哪怕随便笑一笑或是抛个媚眼，就能让大家手舞足蹈、激动不已。现在，我过着皇帝也享受不到的幸福生活，不愁吃、不愁穿。不过我也有很多苦恼和不开心，当一个乖宝宝难，要当一个被人喜爱的宝宝更难，要当个人人喜爱的乖宝宝更难上加难。

今天是我出生100天纪念日，所有的亲人都来祝贺。知道这个消息后，我呀，兴奋得昨天一宿没睡，把爸爸妈妈折腾得够呛。说到这儿，我真有点儿对不起爸爸妈妈。我发誓从今以后，我就要开始我的新的幸福生活啦，不管以后发生什么事，不管以后的日子有多长，我会永远记住你们对我的爱，谢谢大家！

我向所有关爱我的人保证：我会努力地吃、努力地拉、努力地锻炼身体，从基础做起，练好基本功，一有机会我就练习哭和笑，有空的时候我会晒晒太阳，增加身体抵抗力。你们放心，我会继续做一个人见人爱的好宝宝的。

自古“商人重利轻别离”，爸爸迫不及待地盼着我过百日宴，是急着要出差，但愿我以后不要“老大嫁作商人妇”。

我的话讲完了。希望今天大家都能吃好、喝好，和我一样快乐。

老年人寿辰主持

60岁花甲大寿主持

各位嘉宾，各位亲朋好友，女士们，先生们：

大家好！

今夜的星空，无比灿烂；今夜的晚风，吹拂笑脸。今天是公元××××年×月×日，农历×月××。在这美好的日子里，我们欢聚在贵宾楼大酒店，共同庆祝×××老人60岁华诞。

首先，让我们所有的来宾朋友们以热烈的掌声祝福×××老人生日快乐，天天快乐，祝老人家寿比南山不老松，福如东海长流水。

接下来，让我们以热烈的掌声有请×××女士及其老伴×××先生隆重登场。

在这里，我首先代表×××女士和老伴×××先生，以及他们的子女，向各位嘉宾、各位亲朋好友的到来表示热烈的欢迎和诚挚的问候。

朋友们，60年前的今天，在××一户普通的工人家庭里，诞生了一个平凡而又伟大的生命，这就是我们今天的寿星×××老人。说她平凡，是因为×××老人一生没有做过什么惊天动地的大事，她和所有勤劳、朴实的中国妇女一样，勤勤恳恳地工作，用一双柔弱的肩膀支持着自己的丈夫×××先生，并精心哺育着×个孩子，不仅把他们养大成人，而且如今，儿女们都成为各自岗位上优秀的青年。但不管他们从事什么样的职业，不管他们在什么岗位工作，他们都牢记母亲的谆谆教诲，勤奋工作，诚实做人。说她伟大，是因为老人××××年参加林业工作，到今年才退休，在林业战线默默耕耘了××年，为祖国的林业建设作出了重要贡献。数不清的荒山荒坡上，流下了老人的汗水，长起了一片又一片绿色的希望。让我们以热烈的掌声对×××老人将毕生的心血奉献给祖国的林业事业，并培养了如此优秀的儿女表示由衷的敬意。

下面有请老人的×个子女、×个家庭逐一向老人拜寿。

（拜寿程序略）

下面有请老人的子女为老人点燃生命的蜡烛！齐唱《祝您生日快乐》！

请老人在心里许下一个心愿，然后共同吹灭生日蜡烛。

有请嘉宾代表朋友们，今天是×××老人的60岁华诞庆典之日，今天，老人的子女在这里摆下了花甲盛宴，一来是感谢父母多年的养育之恩，二来也是答谢各位多年来对他们的支持和帮助。

下面，有请嘉宾××先生代表所有的来宾为老人献上深深的祝福。

今天也是×××老人和老伴×××先生结婚××年，请×××先生讲几句。

月亮还在甜蜜地微笑，星星还在调皮地眨眼，夜深了，人醉了，让我们记住这个温馨难忘的夜晚，让我们把欢笑永远留给尊敬的老寿星×××女士，祝各位心想事成，笑口常开！

×××老人花甲庆典仪式到此结束，谢谢大家！

66岁大寿晚会主持

尊敬的各位嘉宾、亲爱的各位朋友，女士们，先生们：

大家好！

今天是××××年×月×日，农历×月×日。在这喜气洋洋的时刻，我们迎来了×××先生66岁寿诞庆典。××酒店高朋满座，宾客满堂，福气满满，万事圆圆。

在这里，我首先代表所有老同学、所有亲朋好友向老寿星×××先生送上最真诚、最温馨的祝福，祝他福如东海，寿比南山，健康如意，福乐绵绵，笑口常开，益寿延年！

风风雨雨66年，阅尽人间沧桑，他一生中积累的最大财富是他那勤劳善良的朴素品格，他那宽厚待人的处世之道，他那严爱有加的朴实家风。这一切，伴随他经历了坎坷的岁月，更伴随他迎来了今天晚年生活的幸福。

下面，请儿孙上前来向老寿星祝寿。（具体程序略）

点燃生日蜡烛，老寿星许愿。（略）

亲朋好友，喝寿酒，吃寿糕。（略）

女士们，先生们，夕阳无限好，黄昏情更浓。六六大顺，圆满人生。嘉宾旨酒，笑指青山来献寿。百岁平安，人共梅花老岁寒。今天，这里高朋满座，让寒冷的冬天有了春天般的温暖。最后还是让我们献上最衷心的祝愿，祝福老人家寿诞快乐，春晖永绽！祝福在座的所有来宾身体健康、工作顺利、合家欢乐、万事如意！

请大家开怀畅饮，一醉方休。

70岁古稀寿宴主持

各位来宾、各位亲朋好友：

大家好！

在这春回大地、欣欣向荣的季节，在这春光明媚、百花争艳的日子里，我们相约在××酒店，共同为×××先生隆重庆贺70大寿。

屋内张灯结彩，窗外鞭炮齐鸣，在这喜庆的时刻，让我们用最热烈的掌声祝贺×××老人家寿比南山、福如东海，下面我宣布：

祝寿仪式现在开始！

×××老先生是一位和蔼善良的老人，有一个幸福美满的家庭，今天我们将在这里和他老人家一起度过一段幸福美好的时光，下面有请我们的老寿星（人家掌声欢迎）。

喜庆的音乐奏起来，热烈的掌声响起来。

朋友们，今天是老寿星的70大寿，我们的×××先生身体非常健康，他面色红润、精神矍铄，真是70岁的年纪，30岁的心脏。老寿星如此健康的体魄，与他身边这位相亲相爱了几十年的妻子——我们的×××女士是分不开的。×××女士是一位典型的贤妻良母，来，我们把热情的掌声献给默默奉献的×××女士。

好，谢谢朋友们。今天是×××先生70大寿的好日子，下面，我们请老人家的孙辈把最真诚最美好的祝福融入鲜花中，献给我们的老寿星，愿老寿星以后的生活如鲜花一般绚烂。

（孙子上前给老寿星祝寿）

感谢两位孝顺的孙辈，谢谢！

两位老人养育儿女不容易，一辈子含辛茹苦，呕心沥血，今天，女儿事业有成，最高兴的莫过于两位老人，他们笑在脸上，乐在心里。此时此刻，在父亲的70大寿庆典上，儿女们是心潮澎湃，心中有千言万语想表达。接下来，有请老人的长子×××先生代表所有的兄弟姐妹讲两句心里话。大家掌声欢迎。

（长子为父亲祝寿）

×××先生古稀之年，儿孙满堂，洪福齐天，富贵满堂。

下面请在座的所有晚辈的朋友，请大家全体起立，祝老人家晚年幸福，万寿无疆，集体拜寿，一鞠躬，二鞠躬，三鞠躬，谢谢大家，请坐。

现在，让我们用最热烈的掌声有请老寿星起驾入宴，同大家共进寿宴。寿宴结束后，由××市文化艺术团为大家表演精彩的文艺节目，请各位欣赏。

80岁寿诞宴会主持

男：慈母手中线，游子身上衣。临行密密缝，意恐迟迟归。谁言寸草心，报得三春晖。

女：妈妈，今天是您80岁的生日，谢谢您给予我生命，谢谢您把我养大成人。今天各位亲朋好友从四面八方欢聚在这里——×××大酒店，共同为您庆祝生日，祝您生日快乐，健康长寿。

男：各位亲朋好友、各位来宾：

女：大家晚上好。

男：火红的五月，花的海洋，一簇康乃馨缓缓地绽放。

女：初夏的阳光，暖暖地照在身上，心田上开满紫丁香。

男：所有的话语和音乐从所有的山川和河流中穿行而过，在这样的一个季节，为母亲送上最真挚的祝福。

女：母爱绵长而悠远，无私付出中诉说着岁月的故事，这是心灵的梵音与自然的合奏。

男：亲情永恒，让我们放飞心灵，用最深的祝福和感恩的心为母亲唱起深情的歌。

女：下面我宣布，母亲80大寿庆典仪式正式开始。

首先，请大家以热烈的掌声欢迎在百忙之中前来参加庆典的来宾，他们是：

（对来宾进行一一介绍）

男：有一种爱，比大海更深沉；有一种爱，比天空更宽广。

女：有一种爱，比森林更苍翠；有一种爱，比草原更辽阔。

男：为了这次生日庆典，许多亲朋好友准备了精彩的节目。

女：母亲的絮叨，陪同我走过多少岁月的时光；母亲的絮叨，送给儿女多少人生的哲理。让我们静下心来，再次感受母亲的絮叨声声，陪伴在母亲的身旁，静静地聆听妈妈讲那过去的故事。请欣赏由×××先生带来的朗诵诗……

男：人的嘴唇能发出的最甜美的字眼，就是“母亲”，最美好的呼喊，就是“妈妈”。接下来，有请×××小姐献上的唱给妈妈的歌……

女：谁言寸草心，报得三春晖。一篇篇的心语文字，一曲曲悠扬的歌曲，传递着最深的祝福心愿。

男：从呱呱落地到长大成人，妈妈教我学会了很多，现在妈妈又以她的言传身教，让我懂得了什么叫孝顺。请欣赏《××××》，演唱者×××。

女：妈妈的吻，吻干了女儿脸上的泪花；妈妈的吻，甜蜜的吻，难忘的吻。接下来，请欣赏《××××》，演唱者×××。

男：岁月无痕，母爱无声。妈妈就是那黑夜中的一颗启明星，是那航行中的一道港湾，让我们随着×××的深情朗诵，去感受对母亲恩情的深深感激之情。

女：天下的妈妈都是一样的，天下的妈妈都是用自己的双手无私地为儿女奉献着自己的一切，请听×××送上的一曲……

男：多少话语，想对妈妈倾诉，多少心头的歌谣，要唱给妈妈听，请欣赏由×××送上的……

（节目视具体情况而定，以下节目略）

女：感谢妈妈，是她为我们带来阳光、空气、花香、鸟语，感谢妈妈，是她为我们带来草的芬芳、水的碧绿。

男：窗外，一轮新月冉冉升起。妈妈，让我为你写一首诗，让我为你唱一支心底的歌。

（全体合唱《生日快乐》歌）

女：母亲，是那个不管你走到天涯还是海角，是阳光灿烂还是风雨飘摇，都给予你深情的凝视和默默的关心的人。

男：母亲，从十月怀胎到你蹒跚学步，从你咿呀学语到长大成才，这其中倾注了多少母亲的心血和扶持。

女：母亲，是你用勤劳和智慧的双手，为儿女搭建了一个温暖幸福的家。

男：亲爱的妈妈，儿女们已经长大，可你的根根青丝已被染上了白霜，你曾经光洁的面庞刻下深深的岁月的痕迹。

女：母亲，在这个阳光下的五月，我们以真情为曲，以祝福为词，请您接受我们为您送上的这份特别的礼物。

男：在母爱面前，世间所有的言语都那么苍白。

女：对母爱的感恩，对母亲的牵挂，那份浓浓的情意，这样一个短短的夜晚怎够倾诉。那是贯穿我们每个人一生的情感。

男：让我们在今后的每个日子里，续写这份美丽。

女：晚会到此结束，感谢今晚的所有嘉宾和亲朋好友，你们的到来和参与让今夜的星空更加灿烂。

合：教子以德更教孙，泽及三代仰慈云，蟠桃果熟三千岁，紫竹寿添九百春。

亲爱的妈妈，我们祝福您生日快乐，身体健康，永远年轻，幸福一生。

同时，也把最美好的祝福送给在座的各位，一帆风顺，二龙腾飞，三阳开泰，四季平安，五福临门，六六大顺，七星高照，八方来财，九九同心，十全十美。

祝贺母亲80大寿庆典仪式现在结束，请朋友们入席。

（《祝酒歌》响起，来宾在欢乐的气氛中入席）

90岁寿诞庆典主持

尊敬的老寿星 ××× 先生，尊敬的各位来宾、亲朋好友们：

大家好！

人生七十古来稀，九十高寿是福气；与人为善心胸宽，知足常乐顺自然！

今天是××××年×月×日，农历×月初×。在这个喜庆祥和的日子里，我们迎来了×××老人家90岁寿辰。

值此举家欢庆之际，各位亲朋好友也前来祝寿，使老寿星的90大寿倍增光彩。在此，我代表老寿星及其子孙对各位的光临，表示最热烈的欢迎，最衷心的感谢！

首先，请允许我介绍在座的各位亲朋好友和嘉宾。他们是：

（依次一一予以介绍）。

此刻，福星高照满庭庆，寿诞生辉合家欢。能够担任今天寿诞庆典仪式的主持人，我感到非常荣幸。谨借此欢聚的美好时刻，请允许我代表所有来宾祝×××老人家生日快乐，福与天地同在，寿与日月同辉。

老寿星把“清白做人，与世无争”作为人生的座右铭。他当过××、×××、×××等，但不管干哪一行，他待人总是亲亲热热，说话和和气气，靠信誉生财，凭良心致富！

老先生还经常扶贫济困，友好四邻；他尊老爱幼，重亲情，讲友情，使×家的老亲故友保持来往，代代相传！老先生的美名传遍十里八乡。

×××老先生虽然仅仅读过几年书，但他一生以读书为乐，更以书中的警句名言勉励子孙耿直做人，勤奋学习，努力工作，为社会做贡献。

在这高寿庆典之际，在这温馨的时刻，让我们怀着浓浓的情意，向老人献上一份美好的祝愿。首先请×××老人的儿女致词。

接下来，请孙辈们致词。

请×××先生代表来宾为老寿星致贺寿词！

今天，在欢庆老寿星90华诞之际，他远在××以及××、×××和×××等地的儿孙后代，有的写信、有的致电，或献钱或汇款或送礼物，都用不同的方式发自内心地祝福他老人家：福如东海长流水，寿比南山不老松！

下面，进行献寿礼仪式。

寿礼敬献完毕，请儿孙为老寿星点燃生日蜡烛，共唱生日歌。

让我们共同祝愿×××老人永远幸福，永远快乐，一年更比一年好。

下面，请大家品尝生日蛋糕。感受生活的甜蜜与芬芳，无限的幸福与快乐在每个人的心头荡漾。愿我们年年有今日，岁岁有今朝。再一次祝×××老人青春永驻，福寿绵长！

美好的祝福声中，让我们大家一起吃长寿面。祝福×××老人福禄寿三星高照，健康长寿，晚年幸福。同时，祝在座的年年岁岁开心，岁岁年年幸福。

×××老人90岁寿诞庆典仪式，到此礼成，谢谢各位的光临，让我们期待明年再相聚。

百岁寿辰主持

（开场白）

尊敬的各位来宾、各位亲朋好友大家中午好！

今天×月×日，这是一个六六大顺、七星高照、八八大发、久久同心、十全十美、吉祥降临、福寿无疆的日子。我们高兴地迎来了×××老先生的90寿辰。我受寿星的儿子×××先生的委托，为×××老先生主持寿宴，我感到万分荣幸。

首先我在这里代表×氏家族的全体成员向各位的到来，表示热烈的欢迎，和衷心的感谢。真可谓一家喜事千人喜，无限欣慰在心里；高朋满座，嘉宾云集，欢声笑语，其乐融融。

接下来，让我们用热烈的掌声，有请寿星及其老伴入席。老寿星坐中央，身体康健精神爽，子孙满堂都争气，光宗耀祖成栋梁。老伴陪同身旁坐，心花怒放喜洋洋，亲朋好友来祝贺，寿星长寿乐无疆。

有请寿星的女儿和儿媳为寿星献上生日蛋糕。有请老寿星的孙子、外孙女为寿星点燃生日蜡烛。让我们全体起立，一起为这难得的百岁寿星高唱生日歌。

有请老寿星闭上眼睛、深情地在心底许个心愿——老人许下的是什么样的心愿，我不想问，但肯定是对儿女的期待，对家族的祈愿，对各位嘉宾的谢意；请老寿星切生日蛋糕，老寿星切开的是蛋糕，我们分享到的是快乐、分享到的是福气、分享到的是健康和一年胜似一年的富足！

让我们再一次把最完美的祝愿、最尊贵的祝福和至高无上的礼仪献给老人家，祝福年年有今日，岁岁有今朝，福比地厚，寿与天齐！

请寿星的晚辈们，给寿星拜寿。一拜，祝老寿星吉祥如意、富贵安康；二拜，祝老寿星日月同辉、春秋不老；三拜，祝老寿星生日快乐、后福无疆。

各位来宾，×××老先生××××年参加革命，几十年来他工作兢兢业业，为×××的建设作出了巨大的贡献，他所留下的足迹朴实而光荣，他的贡献人人称赞，他工作认真，雷厉风行，在单位是好领导，在家里是个好父亲。真是德高望重，备受尊敬。今天他的儿女们创设了这样的场面为他祝寿，可见孝顺之心非同一般。下面有请寿星的子女代表为寿星致祝寿词。

×××老先生虽然是百岁高寿，但他高兴地看到：他所奋斗过的地方，后继有人，发达兴旺。他高兴地看到，家庭和睦，子孙满堂，生活富裕，和家安康。他高兴地看到，亲友如林，情满三江，老伴康健，晚年安详。这是他最大的欣慰和希望。此时他的内心激动不已，豪情万丈，他有许多话要讲。让我们用热烈的掌声有请×××老先生讲话。

……

好，各位嘉宾，各位朋友，今天热情好客的东道主——寿星的儿女们，为大家备齐了美酒佳肴，请各位慢慢享用，不醉不归。下面，我宣布，×××老先生百岁寿宴正式开始！有请寿星的子女切蛋糕分发给各桌。

百岁寿宴祝词

时值九月，金风送爽，天朗气清，菊花飘香。

人瑞之寿，松鹤吉祥。四方亲友，欢聚一堂。

尊敬的各位嘉宾，女士们，先生们，大家好！

今天是××××年×月×日，我们在此欢聚，恭祝×××老先生百岁大寿。

喜气绕宅生，瑞霭罩华堂。祥云笼烟树，华气飘山庄。

×××老先生可谓阅尽人间世纪沧桑，饱览人间大小文章。老先生生性质朴，为人善良，居家贤孝皆称颂，处事公正共赞扬。一生勤劳务农事，精耕细作麦禾香。春耕夏耘，含辛茹苦，秋收冬藏，四季辛忙。勤俭持家，家道兴旺，邻里和睦，帮亲济友，功德无量，十里八村赞慈祥。勤俭忠信，德高望重，克己奉公，干群赞颂。耕读传家孙辈个个成才，书香门第儿女人人争光。四里八邻，人人称赞老人厚道，千家万户，各个传诵老人善良。名闻洛孟，誉满嵩邙。邙山巍巍颂功德，洛水潺潺贺韶光。和睦家庭百事顺，善良老人福寿长。

喜今日×××老先生百岁华诞，真是花甲又添四十岁月，古稀更添三十春光，南极星辉，光照寰宇，彭祖含笑，喜满华堂。自古道寿登期颐，喜称人瑞，年到百岁，松青鹤唱。

贤孙七人，各个贤孝，老人笑口常开，重孙成群，个个聪明，老人心情舒畅。吉星高照，五世同堂。真可喜蟠桃三千仙翁献果，百岁高龄，椿庭增光。

全家庆高寿喜在心间。笑上眉梢，亲友贺松龄，欢声笑语，亲情满山庄。

会当绝顶，一览众山，百岁妙淡清风正气浩。

天垂江月，万山朗雪，百岁梅花依然傲群芳。

来，大家举起这杯酒，恭祝×老长寿健康，福祉无疆。青松不老，家运兴旺。

特定人物生日主持

父母生日致词

尊敬的各位长辈、各位亲朋好友：

大家好！

春秋迭易，岁月轮回，当新春迈着轻盈的脚步向我们款款走来的时候，我们高兴地迎来了敬爱的父亲（母亲）××岁的生日。今天，我们欢聚一堂，举行父亲（母亲）××华诞庆典。这里，我代表我们兄弟姐妹和我们的子女们大小共××人，对所有光临寒舍参加我们父亲（母亲）寿礼的各位长辈和亲朋好友们，表示热烈的欢迎和衷心的感谢！

风风雨雨××年，父亲（母亲）阅尽人间沧桑，他（她）一生中积累的最大财富是他（她）那勤劳善良的朴素品格，是他（她）那宽厚待人的处世之道，是他（她）那严爱有加的朴实家风。

××年含辛茹苦、勤俭持家，我们的父亲（母亲）把我们一个个拉扯长大成人。所以，在今天这个喜庆的日子里，我们首先要说的就是，衷心感谢二老的养育之恩！

……

我们相信，在我们弟兄姐妹的共同努力下，我们的家业一定会蒸蒸日上，兴盛繁荣！我们的父母一定会健康长寿，老有所养，老有所乐！

最后，再次感谢各位领导、长辈、亲朋好友的光临！

再次祝愿父亲（母亲）晚年幸福，身体健康，长寿无疆！干杯！

恩师寿宴致词

各位领导、老同学们：

今天是尊敬的老师××华诞，我们欢聚一堂，庆贺恩师健康长寿，畅谈离情别绪，互勉事业腾飞，这一美好的时光，将永远留在我们的记忆里。

现在，我提议，首先向老师敬上三杯酒。第一杯酒，祝贺老师华诞喜庆；第二杯酒，感谢老师恩深情重；第三杯酒，祝愿老师百岁高龄！

一位作家说得好："在所有的称呼中，有两个最闪光、最动情的称呼：一个是母亲，一个是老师。老师的生命是一团火，老师的生活是一曲歌，老师的事业是一首诗。"那么，我们的恩师——尊敬的老师的生命，更是一团燃烧的火，老师的生活，更是一曲雄壮的歌，老师的事业，更是一首优美的诗。

老师在人生的旅程上，风风雨雨，历经沧桑××载，他的生命，不仅在血气方刚时喷焰闪光，而且在壮志暮年中流霞溢彩。老师的一生，视名利淡如水，看事业重如山。

……

回想——恩师当年××播春雨，喜看——桃李今朝九州竞妍丽。

最后，衷心地祝愿恩师增福增寿增富贵，添光添彩添吉祥！干杯！

领导生日致词

各位朋友、各位来宾：

大家好！

今天是×××先生的生日庆典，受邀参加这一盛会并讲话，我深感荣幸。在此，请允许我代表×××并以我个人的名义，向×××先生致以最衷心的祝福！

×××先生是我们××公司的重要领导核心之一。他对本公司的无私奉献我们已有目共睹，他那份“有了小家不忘大家”的真诚与热情，更是多次打动过我们的心弦。

……

他对事业的执着令同龄人为之感叹，他的事业有成更令同龄人为之骄傲。

在此，我们祝愿他青春常在，永远年轻！更希望看到他在步入金秋之后，仍将傲霜斗雪，流香溢彩！

人海茫茫，我们只是沧海一粟，由陌路而朋友，由相遇而相知，这难道不是缘分吗？路漫漫，岁悠悠，世上不可能还有什么比这更珍贵。我真诚地希望我们能永远守住这份珍贵。

在此，请大家举杯，让我们共同为×××先生的××华诞而干杯！

爱人生日致词

各位亲朋好友：

晚上好！

非常感谢大家来到我太太的生日Party！大家提议让我讲几句，那我就讲几句，其实没什么可讲的，你们从我一脸的灿烂足可以看出我内心的幸福。那请大家容许我对我亲爱的太太说上几句。

老婆，你“抱怨”我不懂浪漫，其实看得出来你满心欢喜。你说只要我有这份心，你就很开心。

我们曾是那样充满朝气，带着爱情和信任走入婚姻，我要感谢你，给了我现在拥有的一切——世上唯一的爱和我所依恋的温馨小家！很多人说，再热烈如火的爱情，经过几年之后也会慢慢消逝，但我们却像傻瓜一样执着地坚守着彼此的爱情，我们当初勾小指许下的约定，现在都在一一实现。

今生注定我是你的唯一，你是我的至爱，因为我们是知心爱人，让我们携手一起漫步人生路，一起慢慢变老！爱你此生永不变！

同时，也真心地祝愿各位爱情温馨甜蜜，事业如日中天！干杯！

朋友生日致词

各位来宾、亲爱的朋友：

晚上好！

踏着金色的阳光，伴着优美的旋律，我们迎来了××先生的生日，在这里我谨代表各位好友祝××先生生日快乐，幸福永远！

烛光辉映着我们的笑脸，歌声荡漾着我们的心潮。在这个世界上，人不可以没有父母，同样也不可以没有朋友。没有朋友的生活犹如一杯没有加糖的咖啡，苦涩难咽，还有一点淡淡的愁。因为寂寞，因为难耐，生命将变得没有乐趣，不复真正的风采。

朋友是我们站在窗前欣赏冬日飘零的雪花时手中捧着的一盏热茶；朋友是我们走在夏日大雨滂沱中时手里撑着的一把雨伞；朋友是春日来临时吹开我们心中冬的郁闷的那一丝春风；朋友是收获季节里我们陶醉在秋日私语中的那杯美酒……

来吧，朋友们！让我们端起芬芳醉人的美酒，为××先生祝福！祝你事业正当午，身体壮如虎，金钱不胜数，干活不辛苦，悠闲像老鼠，浪漫似乐谱，快乐非你莫属！干杯！

同学生日聚会主持

（晚上8点整，背景音乐，晚会开始）

男主持人：尊敬的老师，亲爱的同学们，大家晚上好！

今天我们欢聚在×××大饭店，共同祝贺我们的老同学×××先生××岁生日。首先，我代表寿星及其全家向远道而来的老师、同学们表示热烈欢迎和真诚的感谢。同时我也代表所有××级全体同学和朋友们向寿星表示最真挚的祝福：祝×××同学生日快乐、万事如意！

女主持人：愿我们虔诚的祝福，带给你成功的一年。在这个祥和、喜悦的生辰纪念日，让我们衷心地说一声：谢谢你给我们带来那么多快乐，谢谢你对待老师、同学、朋友的一片真心。梦境会褪色，繁花也会凋零，但你曾拥有过的，将伴你永存。花絮飘香，细雨寄情，在这花雨的季节里，绽放出无尽的希望，衷心祝福你梦想成真。

男主持人：愿你的生命里，满园生香。淡雅温馨的夜里，深深地祝福寿星——我们的老同学×××先生开心永远，平安如意。艳丽的鲜花，闪烁的烛光，敬祝你生日快乐，永远年轻。把祝福串成一首诗，串成一曲旋律，开启一片温馨的心灵绿地，让美丽的夜色，来到我们中间，让温馨的祝福，送至你的心间。

女主持人：今晚，是一个不眠的夜晚；今晚，是一个欢呼的夜晚。××大饭店的朋友们，我们一起用微笑欢度这个欢快的夜晚。同学、朋友的祝福，如朵朵小花开放在温馨的季节里，为你点缀欢乐四溢的佳节。让这温馨的气息、恬静的氛围编织你快乐的生活：愿你幸福永远，祝你生日快乐；愿人世间梦幻般的鲜花与绿叶，永远陪伴你度过这夜晚，留下你记忆深处的一份温馨的回忆。

（老师和同学代表致词、寿星答谢词）

男主持人：因为你的降临，这一天，成了一个美丽的日子，从此世界便多了一抹诱人的色彩。

女主持人：在生日到来的今天，愿所有的欢乐和喜悦，不断涌向你的窗前。

男主持人：今晚有了你，××大饭店更加精彩；今晚有了你，星空更加灿烂；今晚因为你，××大饭店更加温暖；今晚因为你，××大饭店显得更加祥和。愿清晨曙光初现，幸福在你身边；中午艳阳高照，微笑在你心间；傍晚日落西山，欢乐随你早出晚归。

也祝在座的各位一帆风顺，二龙腾飞，三阳开泰，四季平安，五福临门，六六大顺，七星高照，八方来财，九九同心，十全十美。让我们再次祝福我们的老同学×××先生生日快乐。

今天的晚会到此结束。谢谢各位的光临！

爷爷奶奶生日致词

亲爱的爷爷：

今天是您××岁的寿宴，做孙子的我有好多话想对您说。您对孙子的恩典真是深如东海、重如泰山！

妈妈常对我说：在我还不懂事儿的时候是您，在夏天帮我洗澡、打蚊子；春天里，是您抱着我，四处感受春的美丽；冬天里，也是您，生怕我受一点儿风寒，不忘记给我添衣保暖。而自从我懂事儿，由于爸爸妈妈的工作繁忙，您更是承担了教导我的责任，您教会我背第一首唐诗，您教会我数数算数，您更是教会我如何做人，如何做一个顶天立地的男子汉。从小到大，在我的印象里，无论您多么劳累，只要我轻轻地叫上您一声爷爷，您就笑得特别开心，好像一切疲惫都消失掉了一样。

遇到困难，我总习惯第一个找您帮忙；得到嘉奖，我也总第一个收到您的鼓励。你给予我太多太多的教导，才使得孙子我今日能够取得这样的成就。亲爱的爷爷，您尊敬的形象，就像一棵青松，深深的扎根在我的心中！

我衷心祝愿您健康长寿，永远像那挺拔的青松，强劲、苍翠！

第三章　节日主持

节日主持须知

如何把握不同节日的主持风格

我们知道，节日有多种分类，有流传于民间的传统节日，如：春节、元宵节、端午节、中秋节等；有国家官方性的节日，如建党节、建军节、国庆节等；有国际性的节日，如：世界环境保护日、消费者权益日等；也有各民族的节日：如朝鲜族的老人节、傣族的泼水节、壮族的三月三歌节等。因此在节日主持的过程中，首要的是应该根据节日活动对象的实际情况和活动内容的具体要求来把握主持的风格。

主持民间性的传统节日时，可以选用轻松活泼、贴近群众的主持风格，这样不仅能够增强活动主持的现场氛围，还能使得观众真正地融入节日当中去。

在主持少数民族的节日时，除了要根据具体的节日主题来确定主持的内容，还需要对此节日的风俗习惯进行详尽的了解，要尊重少数民族的信仰和禁忌。

主持国家性的官方节日时，可以选用较为严肃认真的主持风格，语言以干净利落、简洁明快为最佳。

节日纪念活动的主持程序，大概有：主持人介绍现场的来宾、主持人介绍活动主题或宗旨、主持人按照活动的程序主持具体的环节。

总之，节日主持的具体要求要根据具体的活动主题和对象来确定主持的风格。

阴历节日

春节活动主持一

各位领导，各位来宾：

大家晚上好。

一元复始，万象更新。今天，我们满怀幸福，迎来了新的一年——××××年。

在这空气里写满了祝福、吉祥和如意的时刻。每个人的脸上都洋溢着喜气、财气和运气，赶走一年的疲惫、艰辛和迷惑，收获新年的成功、希望和喜悦。

在缤纷的焰火和欢快的乐曲中，我们相约在这里，热热闹闹地迎接新年的到来。

新年的阳光洒在我们的身上，新年的春风吹拂着我们的脸，在这快乐而又难忘的时刻，在这烛光与微笑构成的舞台，在这笑声与歌声汇成的海洋，在这永恒与温馨筑就的圣地，我们欢聚在一起。共同迎接新年的曙光。

看，阳光灿烂，那是新年绚丽的色彩。

听，金钟朗朗，这是新年动人的旋律。

舞起醉人的红扇，我们从××湖畔走来；敲响震天的锣鼓，我们从×××山下走来。

回顾历史，我们信心百倍。展望未来，我们豪情万丈。

下面，就让我们一起享受缘分给我们的快乐时光。让我们用心来感受最真诚的祝福。

祝在座的各位新春快乐！

我宣布：××××年××春节联欢晚会，现在开始。

（节目略）

踏着青春的节拍，我们向春天走来，一路欢歌，一路笑语，万物在漫天风雪中欣然等待。

激扬着青春的风采，我们向春天走来，一路欢歌，一路笑语，万物在翘首期盼中安然舒怀。

走进春天，走进蓬勃的希望，每一颗青春的心都焕发出缤纷的色彩。

走进春天，走进时尚的动感地带，世界在我们眼前灿烂地舒展开来。

难忘今宵，让我们记住这样美丽迷人的夜晚，让我们一起带着希望与祝福走进春天。

祝在座的各位春节快乐，万事如意。身体健康，×年吉祥。

××××春节联欢晚会到此结束，亲爱的朋友们，再见。

春节活动主持二

男：尊敬的各位来宾、女士们、先生们，

女：亲爱的同事们、朋友们，

合：大家晚上好！

男：我宣布××公司“××××年迎新春联欢晚会”现在开始！

女：参加我们今天晚会的有公司领导×××董事长、×××总经理、××副总经理，还有公司全体员工。我们也请来了公司长期合作伙伴×总、×总和×副总。我谨代表公司领导和所有员工对他们的到来表示热烈的欢迎。

男：首先有请×总致新年贺词。

女：×总的讲话真是真诚感人，鼓舞人心。让我们以热烈的掌声对此表示感谢，同样预祝×总新春愉快，合家欢乐，事业再创高峰。

男：今天，我们晚会的节目可以说是丰富多彩，有歌曲、舞蹈、魔术小品还有模特走秀。

女：今天晚上不仅有好看的节目表演，还有好玩的游戏可以参与。

男：今天，在场的所有员工已经被分成了红、黄、蓝三队，开展竞赛，优胜队将得到本场晚会最高的团体竞赛奖奖励。今天晚会的主题是“团体合作精神”，是为了提倡大家的团结协作精神，让人人都参入到团队中来，为团队出谋划策，体会团队合作带来的乐趣，并将这种精神巧妙地运用到以后的工作中来。

女：被分好的三队成员将分别参与表演与游戏，在两轮游戏中累计积分最高的那一队，将会获得冠军。同时在比赛过程中我们穿插的还有抽奖活动。

男：本场晚会的抽奖活动也设立了奖项，分别是：一等奖一个，奖品是价值500元的微波炉；二等奖两个，奖品是价值300元的超市代金券一张；三等奖三个，奖品是价值150元的××公园门票。

男：节目马上就要开始了。为了公平起见，我们先讲一下规则。

（略）

希望各队团结一心，发挥自己最大的实力，打败对手，赢取胜利。

女：下面进入节目表演时间。第一个节目是由红队带来的模特走秀表演。

男：天使的面孔，靓丽的服饰，近乎专业的模特走秀。这就是我们红队的风采，红队真是让我们大饱眼福，看到她们我就知道了花儿为什么会这样红。让我们把热烈的掌声献给她们，感谢她们的精彩表演。

女：接下来请黄队进行流行歌曲大串烧。

男：看，我们黄队也不甘示弱，展示了美妙的歌喉，也拉起了我们青春的律动和激情。原来我们公司真是卧虎藏龙呀，有这么多能歌善舞的歌星。接下来蓝队又为我们带来什么精彩的表演呢？

女：请出蓝队的××和××先生带给我们一段双簧。

男：从大家夸张的笑态上，我们就知道这是怎样成功的一个节目了，掌声响起来！感谢蓝队带给我们欢笑。

女：到现在为止，各队可真是不相上下呀，都为我们带来了惊喜。现在让我们放松一下，来进行第一次抽奖活动。掌声有请嘉宾×××、××、××分别抽出三个三等奖。

……

男：恭喜刚刚获奖的三位同事。接下来我们先玩一个小游戏——两人三足，请红黄蓝三队各派两个代表参赛。

我们可以看出，此次游戏的获胜队是×队。

女：游戏过后，我们进入第二轮表演。

先有请红队为我们演唱黄梅戏《夫妻双双把家还》。

男：红队真是把黄梅戏唱得惟妙惟肖啊。我相信黄队也会不甘示弱的，现在就请擦亮我们的眼睛来观看×××先生为我们带来的魔术表演。

女：真是见证了奇迹的时刻啊，魔术的世界可真是奇妙。

男：下面请欣赏蓝队的歌舞表演——《歌唱祖国》。

女：各队的表演一个比一个精彩，令人赏心悦目。

男：同事们，激动人心的时刻又要来临了，现在进入第二轮抽奖。由公司××副总、×××副总抽出今天晚会的两个二等奖。

……

女：接下来，进入第二项集体游戏环节——踩气球。获胜的是×队。

第三轮表演略。

女：本场晚会最大的抽奖奖项将在第三次抽奖活动中诞生，由×总为咱们抽出本场晚会的一等奖。

……

男：第三项游戏：抢椅子游戏。

优胜队是×队。

根据前面的表演环节和游戏环节，我们经过对积分的统计，最后得出获得本场冠军的队伍是×团队，请出×××给他们发奖品。让我们以热烈的掌声对他们表示祝贺。

女：各位领导、各位来宾。

男：亲爱的朋友们。

女：今夜星光灿烂，今夜欢乐无限。伴着经典歌曲《欢乐今宵》×××有限公司××××年迎新春联欢晚会到此就圆满结束了。祝大家在新的一年里心想事成、万事如意，生活幸福美满，事业再取佳绩!

男：祝大家新春愉快，美梦成真，身体健康，一生平安。

元宵节晚会主持

男：尊敬的各位领导、各位来宾。

女：亲爱的同志们、朋友们。

男：圆圆的圆圆的月亮的脸，甜甜的甜甜的鲜美的汤圆，又到了万家团圆闹元宵的时刻，××山下××河畔，到处洋溢着节日的喜悦，飘洒着浓浓的乡情。

女：冰雪消融，万物复苏，与时俱进的列车送走了硕果累累的××××，驶进了如诗如画的××××年春天!

男：春天是太阳的微笑，远航的风帆，生命的象征。

女：在这美好的春天里，让我们与鲜花相伴，与希望同行。

男：东风夜放花千树，更吹落星如雨。宝马雕车香满路，凤箫声动，玉壶光转，一夜鱼龙舞。

女：蛾儿雪柳黄金缕，笑语盈盈幽香去。众里寻他千百度，蓦然回首，那人却在，灯火阑珊处。

男：古往今来，元宵之夜一派火树银花、踏月追歌的欢乐景象。辛弃疾的这首元夕词将它真实地再现。

女：放游一盏盏五彩荷灯，拽动你心湖快乐的涟漪；敲一声声佳节的晚钟，让你感受到我真挚的祝福。元宵快乐！

男：数万盏彩灯如星河飘落，使夜色中的××××仿佛人间仙境；千姿百态的冰雕冰景似冬去春来，把宽广的大街装点得宛若五彩缤纷的世界，这便是天上人间！

女：飞红落霞之时，便是万众空巷之际。今晚，群山沸腾，湖水沸腾，××沸腾！

合：××××年元宵大型焰火晚会现在开始！

男：整个晚会现场灯火辉煌，气氛热烈，欢声笑语，春意盎然！

女：应邀出席今天晚会的领导有……

今晚，他们将和××人民一道观赏礼花月景，共度美好良宵。

男：此时此刻，让我们代表×万××人民，对各级领导、各位来宾和各界朋友的光临——

合：表示热烈的欢迎并致以节日的祝愿！

男：历史的航船穿越了新的千年，时代的巨笔画出了绚丽的春天。

女：“日照香炉生紫烟，遥看瀑布挂前川。飞流直下三千尺，疑是银河落九天。”朋友们，此时此刻，两道瀑布急流而下，汹涌澎湃，气势壮观，宛若高天流水，把我们的思绪带进黄河驿道，让我们为黄河母亲骄傲，为那息息不灭的生命喝彩！

男：啊！××春潮，你编织起我们心头的夙愿与梦想，你点燃了××人民内创一流、外争排头的信念！

女：今天的××大地，人心思上，人心思进，到处莺歌燕舞，到处布满着勃勃生气！

男：礼花怒放着深情，焰火映红了夜空。照亮了群山，沉醉了心扉。

女：××河畔春光明媚，热闹非凡，夜幕高天呈现出了火树银花的不夜城。

男："明月几时有？把酒问青天。不知天上宫阙，今夕是何年。我欲乘风归去，唯恐琼楼玉宇，高处不胜寒。起舞弄清影，何似在人间。"

女：一首流传千古的《水调歌头》，意境深远，情趣盎然，用它来形容今宵的鼎盛繁荣美景最恰当不过。

（中间节目略）

男："银烛影中明月下，相逢俱是踏灯人。"今天，在这难忘迷人的元宵节之夜，我的爱就这样流向了宽广的长街和每一条小路。

女：年年岁岁花相似，岁岁焰火惹人醉。

男：用我们如火的热情煮一碗汤圆，温暖正月的心情；把我们的思念串成串挂在心空，点缀元宵夜的美梦！

女：你的祝福，我的祝福，我们大家的祝福，就这样在节日的夜晚编织成了一条多姿多彩的星河！

男：燃烧吧，一代××人心中腾起的礼花焰火！

女：努力吧，×万××人民心中盛放的希望！

男：在这响彻云霄的闪光鞭炮声，就是万马奔腾的催征战鼓，就是我们向美好明天发出的进军宣言！

女：在这震撼心扉的闪光鞭炮声，就是走向辉煌的嘹亮号角，就是我们对××××年春的礼赞！

合：今天的××人民，将永远无愧于伟大的时代！

今天××人民，将以崭新的风貌，乘风破浪，勇往直前！

××××年元宵节焰火晚会到此结束，祝大家的生活像今晚的焰火一样灿烂，日子红红火火，幸福久久长长。亲爱的各位朋友们，再见！

端午节活动主持

尊敬的各位领导、各位来宾、同志们、朋友们：

大家好！

盛夏六月，××大地流光溢彩，万象呈辉。在这惠风和畅、湖色旖旎的日子里，我们欢聚在这里，隆重地庆祝端午节的到来，我谨代表县委、县人大、县政府、县政协及××万××人民对前来参加这次活动的各位领导、各位来宾表示最热烈的欢迎和衷心的感谢！

××是一个历史久远，文化璀璨，美丽富饶的地方。

……

这次端午节的庆祝活动是我县一次集旅游推介、文化交流、体育比赛为一体的盛会。办好这次活动对于加快三大战略实施，促进××开放开发，加强和推动××与外界的文化交流与经济技术合作，全方位展示××丰富的历史文化资源优势、灿烂的文化旅游优势和特色经济发展优势，提升××知名度，扩大对外吸引力，进一步加快经济社会各项事业全面发展有着十分重要的意义。

希望通过这次活动的举办让更多的人认识××，热爱××，走进××，投资××，让更多的信息、文化在活动中得以传播、交流，通过沟通增进友谊，通过沟通激发感知，真正把庆祝端午节的各种活动办成××展示风貌的窗口、对外交流的平台、加速发展的里程，真正为全县旅游产业的兴起壮大注入新的生机和活力，以带动和促进全县经济社会的快速、健康发展。

最后，祝大家端午节快乐，身体健康，心想事成！

中秋节主持

各位来宾，同志们、朋友们：

大家晚上好！

“人逢喜事精神爽，每逢佳节倍思亲”，又到了中国人传统的中秋佳节，我们在这里齐聚一堂，共叙友情，共庆佳节，心中充满了欢欣和喜悦。感谢大家多年来对××的付出与奉献，在此，我谨代表公司董事会向各位致以最真挚的问候和最诚挚的祝福！

虽然我们来自五湖四海，但××把我们聚集到了一起。回首昨天，大家都曾为××的强大和发展付出过汗水和心血，您的奉献，将永远在我们心中铭刻！

××年的锻造，使我们的团队更加精诚团结，使我们的员工更加尽职尽责。这些年来，在激烈的市场竞争中，我们的实力不断增强，我们的规模不断扩大……这一切无不昭示着一个强大集团的蓬勃朝气和生生不息的动力。

月是期盼，月是挂牵；月是幻想，月是浪漫；月是思念，月是圆满。

今夜，月圆如盘，看不见残缺的遗憾；

今夜，月光如水，清澈着我们彼此的友谊；

今夜，月华如歌，唱响我们心中的激昂。

举杯望明月，天涯共此时。

有你，我们高歌唱响希望，有你，我们将快乐分享，有你，所有的梦都在生长。

期待每一天的月圆，期待每一时的相聚，期待每一刻的欢畅，期待美好幸福的明天。

在这里，我再一次跟各位道一声祝福，说一声平安，并向你们的亲人致以亲切的问候，祝大家中秋节快乐！

请大家举杯，为了我们的幸福生活，为了我们日渐深厚的情谊，为了朋友们的健康快乐，也为了××公司辉煌灿烂的明天，干杯！

重阳节活动主持

尊敬的各位老领导，同志们：

岁岁重阳，今又重阳。重阳节被定为老人节，是尊老、敬老、爱老、助老的老年人的节日。今天，我们与各位老领导、老同志欢聚一堂，共庆我国传统节日重阳佳节，感到由衷的高兴。在此，我代表区委办公室全体职工向你们表示节日的慰问，并致以崇高的敬意！

……

尊重老同志就是尊重党的历史，爱护老同志就是爱护党的财富。在老同志面前，我们永远是晚辈，永远是学生。

尊重和孝顺老人，是中华民族的传统美德，更是做人做事最起码的要求。我们区委办公室历来就有尊老爱老的优良传统，我们一定会团结全体干部职工，更加重视老干部工作，继续按照“再苦不能苦老同志，再难也要从优照顾好老同志”的要求，喜老同志之所喜，忧老同志之所忧，更富有成效地做好老同志工作，在政治上关心老同志，在生活上照顾好老同志，确保老同志待遇，真心诚意解决好各种实际困难，努力把为老同志服务的工作做得更细、更实、更好。

在此，衷心祝愿各位老领导、老同志晚年幸福，老有所乐，继续为建设富裕文明、和谐安康的新××发挥余热，献计献策，作出新的贡献。

最后，受××副书记委托，我代表区委办公室全体干部职工，向各位老领导、老同志敬上一杯薄酒。

为各位老领导、老同志生活幸福、健康长寿，干杯！

阳历节日

元旦活动主持

尊敬的各位领导、各位来宾：

大家好!

新春新气象，新年新心情。

告别成绩斐然的××××，迎来了充满希望的××××。值此新春到来之际，我谨代表集团董事局，向全体职员的努力进取和勤奋工作，投资者给予公司的真诚信赖、中外客户的热情支持致以深深的谢意！祝大家在新的一年里身体健康、万事如意!

今天，我们相约在这里，享受缘分带给我们的欢乐，享受这段美好时光。

今天，我们相聚在这里，一起专心来感受真情，用爱来融化冰雪。

今天，我们相聚在这里，敞开你的心扉，释放你的激情。

今天，我们相聚在这里，这里将成为欢乐的海洋，让快乐响彻云霄!

在过去的一年里，通过全体员工的共同努力，我们××集团先后在合资、夺得开发权、进军新产业等方面取得了重大突破，在过去的一年里，集团各项指标比往年都有较大幅度的增长，员工的收入水平和去年相比也上了一个新台阶，几乎翻了两番……

这些成绩表明，我们公司的决策是正确的，战略是准确而清晰的。同时，对此作出最大贡献的就是全体员工的不懈努力。

……

在新的一年里，我们有许多事情要去做，有许多任务要完成，对我们来讲，是机遇和挑战并存的一年。

听！春敲起了战鼓，年吹响了号角！我们把愿望写在今天，听事业的口哨响起，和祖国一起在明天的跑道上冲刺!

走过的是岁月，敲响的是钟声，留下的是故事，带来的是希望。

这是分享快乐的时刻，也是祝福和关怀的时刻，是希望与梦想成真的时刻，祝大家元旦快乐!

让我们把祝福和希望，放在将融的雪被下。让它们，沿着春天的秧苗生长，一节节，浸满馨香，送给在座的每一位，满年的丰硕与芬芳!

××××年元旦晚会到此结束，祝大家节日快乐，心想事成！

情人节主持

男主持人：尊敬的女士们先生们，大家晚上好！欢迎各位朋友来到《窃窃私语》，我是主持人××。

女主持人：尊敬的女士们先生们，大家晚上好！欢迎朋友们来到《窃窃私语》“情人节晚会”现场，我是今天晚上的在线主持××。

男主持人：二月的阳光轻奏着舒卷的乐章，掀起了冬青树叶的微笑，花的倩影在春风温柔的眼神里逐渐清晰。夜莺轻吟着，唱醉了那红酒的遐想，生命随着波流前行着，年华的花瓣铺满了整个的河面，但爱终究是这旅程的主唱。

女主持人：春姑娘手摇着铃铛，从远处轻便地走来，敲开了一片雪水融化的芳香。春柔软的裙裾随风拂动着，梦的羽翅亦开始轻盈翩翔。那爱痛留下的情伤啊，都沉淀成隐遁的诗篇，再次触摸心弦上的音符，不渝的情怀，像蓝天上的白云一样绵长。

男主持人：蒹葭苍苍，白露为霜。所谓伊人，在水一方。雪花渐渐的融化，露出了一个令人陶醉的面孔，你载着希冀与幻想，迈着轻柔的步伐从远方向我走来，我如此地渴望着你的到来，渴望着你带给我的又一次心动的瞬间。

女主持人：将琴代语兮，聊写衷肠。愿言配德兮，携手相将。相逢既是缘，烛光闪烁地跳动着，沁人心脾的玫瑰花香，晕红了你的脸庞。在这里，我们渴望琴瑟共吟的和谐，渴望觥筹交错间的会心一笑。

男主持人：很高兴与大家相聚一起，在此我代表《窃窃私语》的创建人和全体工作人员欢迎你们的到来！首先在这里向大家说一声“情人节快乐”！

女主持人：温馨的烛光把我们的房间装点得绚丽多彩，浪漫的情怀张开了我们的双臂拥抱着这美好时光，在这欢歌笑语的夜晚，我们相聚在《窃窃私语》。

男主持人：今夜，人们在烛光中你侬我侬，在伊甸园里饮酒作诗，在星星的夜幕下赏景做梦，伴着微微的醉意期盼着，期盼着——

女主持人：今夜，皎洁的月光如水般泻下，我们彼此的爱恋这般清澈。没有遗憾，没有残缺，没有瑕疵，朋友，你感觉到了吗？在这明月的洗礼下，人性的至善至美如此得淋漓尽致。让我们共同唱响希望的歌吧，因为有你，生命从此将绚烂无比……

男主持人：伊甸园里幸福的云游，亚当和夏娃被逐后，那一片乐园并未因此而荒芜，艳丽的花朵随着往昔的身影摇曳着芬芳，晶莹的果实伴着婉转的幽思凝结出心露。在今晚，我将为你抚琴，将春天唱成心上人儿脸上的红霞。下面请听经典情歌《××××》，演唱者：×××。

女主持人：清脆的凝冰解冻声，明艳的新绿绽放声，还有你那温温的眼波，荡醒了我心头沉睡的春草。美酒芳樽，春有几朝，送你一枝玫瑰花，心上人儿，与你一起慢慢变老。请听经典情歌演唱《×××××》，演唱者：×××。

男主持人：下面进入对歌环节，在线的朋友们自觉地分成两组，进行情歌对唱。

（略）

男主持人：下面进入情诗朗诵环节。

“不要这样盈盈的相看，伤感已经轻染幽静的雨巷，昔日的香泪存放在心页的某章，那把紫色的油纸伞，伴随丁香的娇丽，撑出的韵律绵远悠长。”

“伴窗的月影伴枕的书香，数着清夜中零落的花瓣，梦被酝酿成流光溢彩的霞岚，让我轻轻读给你听吧。”

……

女主持人：多么美妙的诗歌，多么动听的声音，多么感人的情丝。在诗词的浸染下我们将进入下一个环节，飙歌大赛。

（略）

男主持人：宛如幽思的蝴蝶，万年后小花的呢喃，透过无梦无醒的云雾，震撼我斑斓的彩翼，我心即琴，那些古旧的阳春白雪，吴丝蜀桐，即使是天籁的烘托，也奏不完年华如梦的感叹。请听×××为我们带来的经典情歌《×××××》。

女主持人：曼陀铃在春天迷幻的夜晚响起，陌生的路人，泪水被思念串成了珠。每一个这样烟水袅袅的夜晚，那首情歌都碎落成踯躅花间的跫音，百转柔肠。请听经典情歌《×××××》，演唱者：××。

男主持人：今夜，我们泛舟歌吟，今夜我们漫醉在一片芳香中，今夜我们的生命是一卷绚丽的画布。

女主持人：不必感叹短暂的相聚，轻易的离别，阔别城市的喧嚣，挥散扬起的尘埃，让那快乐代替空白侵占心灵的一隅，带着曾经那份悸动走向希望的未来！

男主持人：轻轻的相拥，温柔的缠绵胜过千言万语。挥不去的是无尽的思念，正如盛满了的酒杯，握在手心的是彼此的欣赏与爱恋，我感受到了你的情、你的美！

女主持人：叶儿在恋爱时变成花，花儿在崇拜时变成果。忘不掉藏于心中的那份深深的眷恋！爱情是绚烂的字眼，是情人之间朦胧的面纱。

男主持人：爱是流动于灵魂之间的海洋，让我们斟满彼此的酒杯，献出你的心，咏出你的爱，心心相印同饮一杯；爱是情侣们的呢喃低语，爱是朋友们的放声高歌！让我们举起手中的美酒，祝愿人生的明天更美好！

女主持人：相见时难别亦难，东风无力百花残，春蚕到死丝方尽，蜡炬成灰泪始干。再见了！朋友们，晚会到这里将要落下帷幕了，谢谢朋友们对《窃窃私语》的关注，这里是您展露才华的天地，是您温馨的家园！

男主持人：朋友，请记住今晚这个温馨浪漫的时刻，让每次相逢的笑脸都彼此铭刻。带上我们的祈祷再远航，收下我们的笑声装在胸膛。让心与心在爱之间舞蹈。

女主持人：朋友们，让我们记住今天，记住《窃窃私语》，记住那份情，那份爱！衷心祝愿朋友们情人节快乐！

男主持人：也许花终究要凋谢，也许夜莺终究要远行，也许影子终究要朦胧，但是只要有梦，生命将会继续。今夜的晚会就要结束了，愿朋友们爱情美满，幸福永远。

女主持人：即使尾声已经奏响，即使春天更替了寒冬。爱却是永恒的，朋友们，珍惜爱，感恩爱，让生命中的每一天都充满爱。今天的晚会到此结束，谢谢朋友们的光临和参与。

男主持人：祝天下有情人终成眷属！幸福岁岁年年！情满人间！《窃窃私语》“情人节晚会”到此结束！晚安！

妇女节活动主持

同志们：

大家好！

春回大地、万象更新。今天我们在此隆重集会，共同纪念“三八”国际劳动妇女节××周年。借此机会，我代表县领导班子向与会的全体同志致以节日的问候，并向支持你们工作的家人表示衷心的感谢！今天，还有几位同志没能来到我们现场，此时她们坚守在自己的工作岗位上，让我们共同向她们表示诚挚的祝福！

××××年，在市委的正确领导和家属的大力支持下，我们用科学发展观统领中心工作，不断强化行业管理，取得了骄人的成绩。

……

回首一年来我们所走过的不平凡路程，所有女士在各自的工作岗位上兢兢业业、无私奉献，在××建设进程中涌现出了许多先进集体和先进个人，“十大巾帼女性”“巾帼示范岗”等多项荣誉称号，巾帼不让须眉，在平凡的岗位上作出了不平凡的业绩。此时此刻，面对一年来取得的成绩，面对在座的同志，我最想说的是：感谢你们，你们辛苦了！

站在21世纪的门槛上，许多专家预言，新女性将成为世界舞台的主角。所以，你们要敢于竞争、善于竞争，认真地工作、创造性地工作，相信一定会比男性干得更漂亮、更出色！愿我们公司的每一位女性都成为“巾帼不让须眉”的杰出代表！

回顾过去，我们倍感欣慰；展望未来，我们任重道远。

××××年，我希望在座的各位一定要精诚团结、奋发进取，认真学习专业知识，不断提高自身素质，面向社会充分展示我们良好的精神风貌，塑造我们良好的服务品牌，为全面完成××××年度各项工作，作出新的贡献。

最后提议：让我们斟满杯中的美酒，共同举杯，祝愿我们所有的女性工作顺利，笑口常开，万事如意，青春永驻！

清明节活动主持

男：今天是清明节，我们站在庄严肃穆的烈士纪念碑前。

女：天空垂泪，松涛呜咽。

男：历史永远记得他们，共和国永远记得他们，人民永远记得他们。

女：那些为了祖国的解放事业和人民幸福生活长眠于地下的革命先烈们。

男：近百年黑暗与屈辱的历史，使人民陷入水深火热的深渊。

男：为了改变这一切，多少仁人志士在苦苦探索与奋斗中含恨而去。

男：今天，我们在这里以革命的名义追忆过去。

女：以祖国各项事业日新月异的建设的现实来告慰英魂。

男：下面，请奏哀乐，全体默哀三分钟。

男：松涛阵阵，那仿佛是先烈们发出了欣慰的微笑。先烈们，如果你们在天有灵，就请你们看一看你们的鲜血浇灌出的美丽的鲜花吧！

（学生代表向烈士纪念碑敬献花束。）

男：有形的纪念碑可能会垮掉，但人们心里的纪念碑却永远屹立。

女：历史刻在石头上的记录可以随时间的流逝而渐渐消失，但刻在人们头脑中的记忆却永远清晰。

（同学讲述烈士的英雄事迹。）

男：前辈流血牺牲，仅仅是为了让我们拥有一片晴空，呼吸自由的空气，欣赏这美丽的鲜花吗?

女：不，他们希望的是受过深重灾难的祖国在我们的继续努力中变得更加强盛兴旺。

男：如果说昨天我们还是不懂事的孩子，但今天我们要意识到我们肩上也担负了沉重的担子，因为，我们已18岁了。

（学生演讲）

女：18岁，像鲜花一般美好，像黄金一般珍贵。

男：18岁不单单是人生旅途的一个站点，更是一个转折点。

女：18岁我们的肩上将挑起：

男：建设祖国，保卫祖国的重担。

女：18岁我们的双手将托起：

男：21世纪希望的太阳。

女：历史将革命的接力棒传给了我们这一代人，

男：今天，我们以革命事业接班人的名义承诺……

合：全体宣誓：

我以一个中华人民共和国公民的名义，面对国旗，庄严宣誓：捍卫神圣宪法，维护法律尊严。履行公民义务，承担社会道义。国家昌盛为先，人民利益至上。热心公益，奉献社会，无愧祖国培育。勤勉自励，奋发有为，不负长辈厚望。以我壮志激励，创造崭新未来，以我火红青春，建设锦绣中华。为共产主义事业而奋斗！

女：虽然我们已经成人，但我们的肩膀还是有些稚嫩。

男：我们还应像蜜蜂一样，在知识中汲取力量。

女：我们能有今天的成长，离不开老师和家长精心的培养。

男：下面请校长讲话。

（校长讲话）

女：孩子是祖国的希望，民族的希望，未来的希望，当然，也是家长的希望。下面我们请家长委员会代表讲话。

（家长代表谈对孩子健康成长的希望。）

男：前辈们，你们祈盼的幼鸟翼已日渐丰满，

女：我们将把重担挑上逐渐成熟的肩，

男：未来的社会需要我们建设，

女：21世纪在向我们召唤，

合：我们将用勤劳和智慧去开创明天，

男：我们要努力学习科学文化知识，去摘取科学王冠上的明珠。

女：我们要加强自己的公民意识，努力成为老一辈革命家所期望的“四有”新人。

合：我们要让先烈的鲜血染红的旗帜永远飘扬在祖国的蓝天！

全体同学：以我热血青春，创造祖国美好明天。

女：请听共青团之歌——《光荣啊，中国共青团》。

男：清明节纪念革命先烈活动到此结束。列队回校。

劳动节活动主持

各位员工、各位来宾：

大家好！

今晚，我们欢聚在这里，热烈庆祝“五一”国际劳动节。首先，我代表××集团公司董事会向全体员工和青年朋友，致以节日的问候和诚挚的谢意！

我想大家现在的心情一定十分激动，××集团从小到大、由弱到强的发展历程，离不开每一位员工的辛勤劳动；集团的每一个进步、每一次成长，都凝结着全体员工的智慧、心血和汗水。

今天，我很欣慰，因为我们拥有一支优良的团队，为了本次晚会，各部门、各企业在百忙中积极组织，广大员工踊跃参加，热情很高。我们公司的党、工、团、女工委组织举办这次文艺晚会，丰富了广大员工的文化生活，提升了××企业文化内涵，展示了员工们的个性特长。今后，类似这样的文体活动，我们还要经常开展，这也是落实科学发展观的具体体现，以此推动企业可持续、和谐、健康地发展。

当然，成功只能代表过去，面对未来我们要信心百倍。

同志们，让我们继续发扬“五一”自强不息的精神和团结拼搏的斗志，携手并肩，同舟共济，鼓足干劲，向着更高更远的目标奋进！××的明天一定会更加美好！

最后，让我们共同举杯，预祝晚会圆满成功！也祝在场的各位身体健康，万事如意！谢谢大家！

五四青年节活动主持

青年朋友们、同志们：

今天，我们在这里隆重召开××省纪念五四运动××周年表彰宴会，这对青年们继承和发扬“五四”精神，进一步把爱国主义精神转化为投身改革开放和现代化建设的自觉行动，具有重要的现实意义。

在此，我谨代表省委、省人大、省政府、省政协、省纪委向全省的青年朋友们致以亲切的问候，同时向今天受表彰的先进集体和个人以及党建带团建先进集体和个人表示最热烈的祝贺！

在过去的一年里，全省广大团员青年在各级团组织的带领下，充分发挥生力军和突击队作用，积极投身改革开放和现代化建设的伟大实践，在推进我省经济建设和社会发展上取得了卓著的成绩，作出了重要的贡献。

今年是21世纪的第×个年头。广大团员青年作为全省两个文明建设的生力军和突击队，更要认清自身使命之光荣、责任之重大、任务之艰巨，进一步发扬五四运动的光荣传统，在振兴××的伟大实践中成长进步，建功立业。

借此机会，我向广大团员青年提几点希望：

希望你们……

同志们、青年朋友们，“五四”精神光耀千秋，哺育了一代又一代青年。希望广大青年继承和发扬“五四”光荣传统，统一思想，坚定信心，开拓进取，扎实工作，为推动全省跨越式发展作出新的更大的贡献，在闪光的年华里创造无愧于伟大时代的骄人业绩！

朋友们，让我们一起举杯，为“五四”精神的发扬，为祖国的强盛，干杯！

母亲节活动主持

尊敬的各位来宾，各位朋友：

晚上好！

今天是我们每个人心目中神圣的节日——母亲节！在此，我们向各位母亲表示最诚挚的祝福！

世界上最美丽的声音，不是古典音乐，不是流行歌曲，而是母亲的呼唤。世界上只有一位最好的女性，她便是我们慈爱的母亲；

××公司的事业，既是××人的事业，也是所有××人的母亲的事业，没有她们的大力相助，就没有××公司今天的事业。

在此，我感谢您对××长期的奉献，并借此机会，向您尊贵的母亲献上我的敬意和谢忱，感谢她们过去、今天和将来对您及××事业的支持与期待。

让我们用美酒邀请岁月，祝母亲永远年轻美丽，永远幸福安康！干杯！

护士节活动主持

各位领导，各位嘉宾，各位护士朋友们：

大家下午好！

在这生机盎然的5月，我们迎来了自己的节日——护士节。首先在这里祝大家护士节快乐！

很多人都说，护士是人间的天使，她用一颗温柔的心来守护着生命，但我觉得护士有时候更像一株平凡的小草。在医院这个大集体里面，如果说医生是绽放的花朵，那么护士则是无处不在的小草，她用其鲜亮的颜色映绿了整个春天，使鲜花显得更加美丽。

作为一名护士，每一天必须拥有一份阳光的心态，一个亲切的笑容，因为我们每一天都在各个病床间忙碌，可能这个病床出演着欢送病人出院的欣喜，那个病床却报告着病人死亡的悲讯；道谢声、埋怨声、呻吟声……夹杂在每天的繁忙中；各种压力，各种不解充斥在工作当中。所以我们要学会关爱自己，让我们自己的内心充满阳光，才能将阳光播撒在每一张病床上，才能给病人更多的关爱，更好地配合医生的工作。

今天，我们护士节活动的主题是——关爱护士。让我们把关爱献给自己，献给每一位病人，献给每一个医生，让我们用温柔中的刚强来营造一个健康的工作氛围，把关爱撒遍医院每一个角落。

首先有请我们的院长×××同志上台跟大家说上几句，大家欢迎！

（院长讲话略）

院长的这番讲话是我们此次活动的重要部分，十分感谢院长的精彩发言，院长对我们护士的工作评价非常得高，当然，要求也是相当得高，相信，大家听后肯定会有诸多的启发。同时也感谢以院长为代表的医院领导为我们营造的这样一种宽松民主的工作气氛，我想，这是对我们护士关爱的最好表示。

我们知道，一个优秀的团队总是由很多优秀的成员组成，并且，这个优秀的团队将不断培养出优秀的成员。我们的医院能有今天的成就，少不了我们护士们的努力，而这其中更是有很多的优秀护士奋斗在前线，为我们作出了好的榜样。下面，让我们一睹今年的优秀护士风采。有请各位优秀护士上场，有请×××、×××、×××等领导上台颁奖。

（音乐响起）

（略）

下面请护士长××做护士节讲话，掌声欢迎。

（略）

随着日子每一天的过去，总会听到老护士感叹，当初参加工作时的那份激情，那种兴奋似乎随着岁月渐渐淡去。可是这样的激情，这样的兴奋在我们的工作当中却是尤为重要，因为那会是我们工作的动力，是我们生活的颜色。下面让我们请出刚参加工作的新护士×××上台讲话，让我们再回顾当年激情满怀的日子，让我们来听听她们的声音吧！

新护士×××讲话（略）

谢谢×××，看到她，仿佛看到了我们的当年，可是我们为什么不能将那一份激情存留，给自己和身边的同事多一点关爱，给自己的工作增加一些动力呢？

护士，无论是这个名字还是这个职业，对很多人来说都是一个美丽而又纯洁的梦。也许当初，我们并不曾真正地理解护士的真正含义，我们并不知道当一个护士这背后的种种酸甜苦辣，我们也并不完完全全地明白这"天使"背后的含义，当我们真正踏上工作的岗位后，发现一切并非想象中这么浪漫，这当中的付出与收获要有怎样的坚定？下面，让我们来采访一下本年度的优秀护士之一——×××，看看她这一路是怎样走过来的？

（略）

听完×××的讲话，我为我们中间有这样的优秀的同事而骄傲，也为工作在这样的优秀的团队而自豪。是的，努力用心的工作，就会有成长的收获。

护士的工作处处面临着压力、无序、忙碌和愤怒。可能很多人会疑问，在我们每天都要面对这样的场景时，又怎样继续保持自己的微笑，保持那一份阳光的心态呢？这是我们需要思考、讨论与学习的。下面让我们来欣赏小品：《发生在急诊室》。

（略）

看，这就是我们每天工作场景的一个原生态展现。是啊，当面临这样的场景时，我们有时候真的是无可奈何，就像是一个受了伤的天使，怎样都无法优雅地飞翔。看罢急诊室里忙乱，让我们进入夜间的护士生活中来吧，下面请欣赏情景剧——《夜班》。

（略）

非常感谢同事们为我们带来的逼真的演出，欢乐的笑声。这一幕幕真是太熟悉了，多少个夜晚，我们的护士就像这样的工作着，付出着，忙碌着。上完夜班后，我进入另一个病房，看看这里又在出演怎样的故事：

（略）

这并不是故事，这是每天发生在我们周遭的事情，过去，现在，将来……护士是一个高压力的工作，她们总是在不断地付出，不断给予病人关爱。每一天，我们背负着分外的沉重与庄严在同每一个生命打交道。压力，困境……在我们的节目中体现得淋漓尽致，我们究竟该怎样来面对这一切，我相信大家也都有了某些的感触和思考。

下面，请在座各位来谈谈想法。

（略）

是啊，工作压力是每个护士真真切切面临的问题，繁忙、夜班、意外情况的发生，这是我们要面对，并且要积极面对的。护士需要关爱，当内心收获了关爱，我们才有足够的关爱去给我们的病人，我们的同事，否则，我们的爱就会变成枯竭的沙漠，无本之木，无源之水。营造一个相互理解、相互帮助的工作团队，这将很大程度地改善我们的工作环境，缓解我们的工作压力。当然这样的工作环境，是需要我们每个人来努力，每个人来营造的。

活动即将进入尾声了，在此我要感谢所有的同事，感谢我们的院长、医生，护士们，还有医院其他工作人员们，因为大家的关爱才有和谐的世界。因此，今天我们做的，我们说的，无不是两个字，关爱，关爱护士自己，让护士将这些爱折射出来，共同营造我们整个团队美好的明天。

谢谢大家！

儿童节活动主持

男主持人：弹去五月的风尘，迎接六月的阳光。

女主持人：花儿沐浴着明媚的阳光，绽开笑脸，吐露芬芳。

男主持人：小鸟在广阔的天空自由飞翔，它们的歌声清脆欢畅。

女主持人：鲜红的队旗迎风飘扬，嘹亮的鼓号响彻××广场。

男主持人：六月，是童年的摇篮；六月，是童年的梦乡；六月，是童年的太阳；

女主持人：今天，我们在这里欢庆自己的节日——六一国际儿童节。

男主持人：在这特殊的日子里，我们的心中充满感激。

女主持人：感谢园丁们的辛勤培育，感谢在座的爷爷奶奶、叔叔阿姨。

男主持人：感谢我们的爸爸妈妈，是你们赋予我们搏击长空、战胜困难的勇气。

女主持人：我们代表全省×××××少年儿童来向你们汇报。

男主持人：我们正在奋发，我们每天都在努力。

女主持人：振兴××，我们的肩膀时刻准备着把重担挑起。

男主持人：下面我宣布：××省××市庆祝“六一”国际儿童节文体演出

合主持人：现在开始！

女主持人：下面请欣赏由××少年文艺团带来的精彩节目。

男主持人：快乐和甜蜜与我们相伴，阳光洒满幸福的童年，请欣赏××幼儿园的小朋友们表演的……

女主持人：作为跨世纪的接班人，我们始终牢记——

练就强健体魄，建设强大祖国，请欣赏……

男主持人：在这属于我们自己的日子里，我们要为祖国的昌盛将管乐奏响，高高举起星星火炬的旗帜，昂首阔步创造21世纪的辉煌。

下面请××管弦乐队为大家作精彩演出。

女主持人：今天我们在知识的海洋中徜徉，明天要像勇敢的海燕一样去搏击风浪，用我们的双手把祖国建设得更加繁荣、更加富强。

请欣赏舞蹈……

（以下节目略）

男主持人：妈妈把我比作清晨晶莹的露珠，

女主持人：在太阳的照耀下，露珠才会发出璀璨的光芒；

男主持人：爸爸把我比作精致的小船，

女主持人：在宽阔的海洋中，小船才能扬帆破浪。

男主持人：我们深知自己是祖国的未来，民族的希望！

女主持人：让我们为21世纪的××实现一个又一个光荣与梦想而努力拼搏。

女主持人：××省××市庆祝“六一”国际儿童节文体演出到此结束，祝全体小朋友节日快乐，在快乐的阳光下幸福地成长。

男主持人：同时也把最美好的祝福送给在座的各位领导、老师和家长，祝大家身体健康，万事如意！

父亲节活动主持

尊敬的爸爸妈妈、各位兄弟姐妹、各位来宾：

大家好！

今天是一年一度的父亲节！是个值得纪念的日子。我们在这里聚会，为我们的父亲、母亲祝福，祝爸爸妈妈幸福安康，福寿无边！

俗话说：“母爱深似海，父爱重如山”。据说，选定6月过父亲节是因为6月的阳光是一年之中最炽热的，象征了父亲给予子女的那火热的爱。父爱如山，高大而巍峨；父爱如天，粗犷而深远；父爱是深邃的、伟大的、纯洁而不可回报的。父亲像是一棵树，总是不言不语，却让他枝叶繁茂的坚实臂膀为树下的我们遮风挡雨、制造荫凉。不知不觉间我们已长大，而树却渐渐老去，甚至新发的树叶都不再充满生机。每年6月的第三个星期日是父亲的节日，让我们由衷地说一声：爸爸，我爱您！

每一个父亲节，我都想祝您永远保留着年轻时的激情，年轻时的斗志！那么，即使您白发日渐满额，步履日渐蹒跚，我也会拥有一个永远年轻的父亲！

让我们共同举杯，为父亲、母亲健康长寿，干杯！

建党节主持

尊敬的各位领导、各位来宾，女士们，先生们：

大家好！

今天是××××年7月1日，我们欢聚在此，共同庆祝中国共产党第××个生日。这是一个神圣的日子，这是一个光辉的时刻。

××年前的一个黎明，从南湖上的一艘红船驶来了最早的马克思主义。他们的出现让中国革命放射出第一缕绚丽的曙光，中国革命从此有了正确的航向。今天，共和国走过半个多世纪的风风雨雨，从失败走向胜利，从贫困走向富强。这说明一个伟大的道理，只有共产党才能救中国，才能使中国走向繁荣。

下面，请大家欣赏由×××文工团带来的精彩节目。

（节目1略）

是谁拨散了乌云，驱走了黑暗。是谁染绿了草原，照亮了大地。是伟大、光荣、正确的党。

（节目2略）

这是一个令人激动的夜晚，这是一个令人难忘的时刻。每一位中国人都不会忘记，××年前天安门城楼上的宣言，一代伟人毛泽东主席率领中国人民，走出了中华民族黎明的地平线。

（节目3略）

五十六个民族，五十六朵花，五十六个兄弟姐妹是一家，各少数民族的兄弟姐妹在党的领导下，用自己聪明的才智和勤劳的双手绘制着祖国秀美的蓝图。

（节目4略）

无论是在战乱年代还是在和平建设时期，爱国主义永远都是一支最鲜艳的旗帜，它是一个民族奋发图强、勇于探索的核心动力。

（节目5略）

此时，我们相聚在这里，光华闪烁，群心激荡，此刻，我们相会在这里，展望未来，豪情满怀，愿我们饱满的感情之河注入你365个日子，愿我们纯真的祝福为你带来美丽的心情，建国××年来，中国人民在党的领导下，艰苦奋斗，奋发图强，终于开辟出有中国特色的发展道路。

（节目6略）

世界在发展，中国也在发展。在中国共产党的领导下，我们伟大的祖国必将更加繁荣昌盛，亲爱的朋友们，“庆祝中国共产党第××个生日晚会”到此结束，祝在座的各位身体健康，笑口常开，工作顺利，万事如意！谢谢大家，再见！

建军节活动主持

各位领导、同志们：

今天，我们欢聚一堂，热烈庆祝中国人民解放军建军××周年。首先，我代表××县委、县人大、县政府、县政协，向人民解放军驻洪部队全体指战员、武警官兵、预备役军人和广大民兵，致以节日的祝贺！向离退休军人、革命伤残军人、转业复退军人以及烈军属，表示诚挚的慰问！

几年来，全县上下紧紧围绕××××这一主题，以科学发展观为指导，经济社会发展呈现出逐渐加快的良好势头，各方面工作全面进步，社会安定，军政军民团结更加巩固，拥军优属、拥政爱民工作再上新台阶。这些成绩和进步都包含着你们的辛勤汗水和无私奉献。在此，我代表全县百万人民向你们表示衷心的感谢！

目前，全县经济社会保持了持续、快速、健康、协调发展的良好势头。

但是也面临着实现经济社会发展新跨越的艰巨任务。面对前进道路上的各种困难，特别是在危、难、险、急关头，广大军民风雨同舟，患难与共，遇危难而不惧，临险阻而共勉，为保护人民群众生命财产安全作出了重要贡献。实践证明，坚如磐石的军政军民团结是我们顶住压力、抗御风险，战胜困难、不断前进，并最终实现我县发展目标的主要法宝。

军民团结如一人，试看天下谁能敌。让我们同呼吸、共命运、心连心，继续为建设强大的人民军队和富裕、文明、开放的新××而努力奋斗！

现在，我提议：为了××的美好明天，为了各位的身体健康、万事如意，干杯！

教师节活动主持

各位离退休的老领导、老前辈，老师们、同志们：

大家好！

在这硕果丰收的金秋时节，我们迎来了第××个教师节。今晚，我们欢聚一堂，共同庆祝大家的节日。在此，我谨代表学校领导，向辛勤耕耘在教育第一线上的老师们致以节日的问候和诚挚的祝福！

在过去的一年里，新时代的××在各位的共同努力下，继续高歌猛进、阔步向前。历时×年的老校改造，以先进的设计理念，把学校丰富的人文内涵和独特的艺术魅力表现得淋漓尽致，堪称老校改造的典范，为××未来的发展奠定了坚实的物质基础和深刻的文化内核。

百年大计，教育为本。振兴民族的希望在教育，职业教育是教育的一个组成部分，肩负着培养高素质劳动者的重任。发展职业教育的号角已吹响，融入××建设，创办特色学校，构建和谐校园的目标已经明确，我们面对的是新的高度，新的目标，新的任务，我们要把过去的成绩当作新的起点，发扬××职校执着、进取的精神，用我们的聪明才智共同把职校的办学水平推向一个新的高度！

几十年的春华秋实，散发出永久的芬芳。在大家的辛勤耕耘下，在老领导、老教师们的言传身教和率先垂范下，我们的教学取得了优异的成绩，有了显著的发展。

“乘风破浪会有时，直挂云帆济沧海”，让我们以敢立潮头的豪迈气概以及在一切艰难险阻面前勇敢执着、坚不可摧的刚毅品格，向新的更高的目标阔步迈进。

值此第××个教师节来临之际，向所有同人道一声珍重，说一声祝福！祝各位工作顺利、身体健康！

最后，让我们共同举杯，为××的发展，为老师们桃李满天下，干杯！

国庆节活动主持

尊敬的女士们、先生们，亲爱的同志们、朋友们：

大家好！

金秋送爽，万里河山披锦绣；

丹桂飘香，一轮明月寄深情。

锣鼓喧天欢庆季节的旋律，鞭炮齐鸣燃放岁月的激情。秋风送爽，五谷飘香，大地流金，丰收在望。

我亲爱的祖国，十月，是你神圣而庄严的生日。走进这个日子，细数从我们手中流过的时光，在心底油然而生出一种深刻的情怀。

××年激情岁月，××载春华秋实，伟大的中华人民共和国迎来了又一个华诞。今夜，××万群众欢庆，××中心胜友如云。在此，我谨代表××市人民政府，向全市人民和在我市工作的朋友，致以最亲切的问候！向所有关心和支持我们发展的同志、朋友们，表示最诚挚的谢意！

中华人民共和国成立××年来，特别是改革开放以来，中国发生了历史性的巨变。在这21世纪的起步之年，中华民族迈开了实现伟大复兴的雄健步伐，神州大地充满生机。

我市处处呈现出欣欣向荣的景象，经济建设保持了良好的发展势头，人民生活进一步改善，科技、教育、文化、卫生等各项事业蓬勃发展。

沧桑巨变今胜昔，明珠熠熠耀前程。中央要求我们率先全面建成小康社会，这是我们的光荣使命。我市人民要紧密团结在以习近平同志为总书记的党中央周围，高举邓小平理论和“三个代表”重要思想伟大旗帜，全面贯彻党的十八大精神，求真务实，艰苦奋斗，开拓创新，服务全国，向着社会主义现代化国际大都市和国际经济、金融、贸易、航运中心之一的宏伟目标迈进！

我们为祖国骄傲，我们为祖国自豪！请大家举杯：为庆祝中华人民共和国成立××周年，为祖国母亲的繁荣昌盛，为各位来宾和朋友的身体健康，生活幸福，干杯！

第四章　丧祭主持

丧祭主持须知

丧葬仪程

每个人都会经历生老病死，因此，丧事如结婚生子般亦是人生的大事。在丧事的操办过程中常常会涉及社会、家庭等诸多方面，于是人们便形成了一定的形式与规矩，以此来保证丧事的顺利进行。

1.发讣告

在确定亲人去世后，需要立刻把消息告知亲戚朋友及死者生前所在的单位组织。讣告正是报丧时使用的文书、文告，其内容大致包括死者的死亡时间、葬礼举行的时间、地点等。一般采用亲自送达的形式，要通知较远的亲朋好友，也可采取邮寄、上报等方式发布。

2.沐浴、穿戴

唐代时规定：“五品以上沐用稷，四人浴；六品以下沐用梁，二人浴。”可见，人死后进行沐浴的礼俗在我国流传已久。丧礼中的沐浴即是清洗死者的尸体，一般是先清洗死者的头再洗身子，然后再修剪胡须、指甲等。

在民间，死者陪葬的衣物一般都是在其临终前便已准备好。对于死者所穿的殓服没有特殊的规定，可以是从寿衣店购买的寿服，可以是死者生前最喜欢的衣服，也可以是死者生前在正式场合才穿的衣服。

3.吊丧

吊丧是在获悉亲朋去世后到丧家进行的吊唁慰问活动，哀悼死者称吊，安慰死者家属称唁。在中国自古便十分注重吊丧，认为可以用来衡量亲朋好友和自身的关系。现在越来越多的吊丧仪式开始在殡仪馆里举行，参加吊丧的人一般送上花圈来表示哀悼。

4.追悼会和遗体告别仪式

开追悼会是人死后人们用以缅怀和寄托哀思的一种较为普遍的丧祭仪式，名人、学者、明星等在社会上有一定影响力的人物常常采用这种方式。追悼会的会场通常要求肃静、庄严，以黑、白两种色调来装扮。

其仪程大体如下：

（1）主持人宣布追悼会开始，全体肃立，奏哀乐。

（2）介绍到场嘉宾和敬献花圈的个人及单位的名称。

（3）××领导致悼词。

（4）××代表发言。

（5）主持人宣读唁函。

（6）家属代表讲话。

（7）追悼会结束，奏哀乐。

遗体告别仪式也是人们用以表达哀思的一种形式，普通的老百姓常采取这种同追悼会相比较为简便的方式。仪程大体如下：

（1）主持人宣布遗体告别仪式开始，奏哀乐。

（2）向××同志遗体致敬、默哀。

（3）献花圈。

（4）亲友致悼词。

（5）向××同志的遗体告别。

（6）告别仪式结束，奏哀乐。

5.出殡送葬

通常情况下，死者的亲属都应该参加送葬。采取火葬的，一般由死者的儿女把火化后的骨灰盒放于墓穴，然后封盖，亲属再献上鲜花或花圈对死者致哀礼；采取土葬的，其儿女手捧遗像走在送葬队伍的前面，随后敲锣打鼓将棺材放入墓穴内，亲友号啕大哭以示告别，然后用土封穴，放鞭炮，点纸香，插孝杖和魂幡向死者行哀礼，结束安葬仪式。

丧礼主持的用语规范

在主持丧礼的过程中除了要避免丧祭本身的禁忌之外，其用语也有些大概的要求：

首先，丧礼主持需要严肃，不仅在主持的态度上要求严肃，主持人的行为举止也要稳重，在主持用语的过程中也需要控制情绪，保持沉稳，不可冲动，特别当死者是亲人和挚友时。

其次，主持人的用语一定要简洁，主持稿的内容不宜过长，主持时间也不宜太久。

在主持丧礼的过程中，主持人应抱以一颗同情的心来进行，因为丧礼主持的目的很大一部分是给予死者的家属一定的安慰和鼓励，千万不能以教诲的姿态出现，在遵循真实的原则下对死者进行适当的推崇与褒奖，不仅能够使死者在亲友间留下好的印象，也会使得到场的朋友和亲属深感安慰。

还有就是主持人在丧礼主持的过程中，言语中要向家属传播着一个充满希冀的信息。让亲友们明白死并非是永远的别离，即使肉体死去了，其精神或是某些物件依然停留在人世间，陪伴在左右。

总言之，主持丧礼，除了对死者表达深切的哀悼之外，还要起到对家属的安慰，使其对生命充满希望的效果，这样才称得上成功地主持了一个丧礼。

哀悼会

母亲追悼会主持

各位亲朋好友、各位来宾：

感谢大家来这里参加我母亲的追悼会，送我母亲最后一程，这是对我母亲一生最好的肯定。同时，也使失去至亲、内心承受巨大悲痛的我们倍感慰藉。在此，我代表我们全家向所有关爱我们家庭的人表示深深的谢意！

两天前的上午×时×分，我母亲因患×癌晚期，经救治无效而永远地离开了我们，离开了她念念不舍的这个世界。一时间，我们难以接受这个悲痛的事实。

母亲是个平凡的人，一生没有做过什么惊天动地的大事。但母亲是伟大的，她一生勤劳善良，乐于助人。含辛茹苦地把我们养大，却未来得及享受我们的孝心，就匆匆离去，不仅给我们留下无尽的思念，也是我一生最深的痛。

母亲出身于贫苦人家，自幼丧父，却自立坚强地完成学业，及至成年，又为工作、为家庭、为子女操劳多年。待退休之时，本应安享晚年之际，无奈父亲中风偏瘫。为了不影响子女的工作生活，母亲独自承担了家务和侍候父亲的一切，十多年无怨无悔，直至离去。

母亲的一生是奉献的一生！她承担的每一个角色都是那么成功，她是单位的好员工，是爸爸的好妻子，是我们的好妈妈，是爷爷奶奶的好儿媳，是……

我为自己有这样一位伟大的母亲而骄傲。

妈妈，您这一走，一定是去了天堂，一定是去了那极乐世界！那里再没有重病的人需要您去侍候，也没有繁重的家务让您心力交瘁……

那里是一个万物光丽、六时花雨、宝莲充满、微妙庄严的清净世界！

妈妈，您不要牵挂爸爸，请您相信您的儿女，我们一定让爸爸享有一个安详的晚年，不再给我们的人生留下遗憾！

妈妈，您不要再牵挂儿女，我们一定会遵照您的教导，兢兢业业工作，踏踏实实做人，绝不会给您脸上抹黑！

妈妈，也不要再牵挂孙儿！他们正长大、懂事，他们会好好学习，诚实做人！他们一定会成为您的骄傲！

妈妈，您放心地去吧，我亲爱的妈妈，您一路走好！

父亲追悼会主持

各位长辈、亲朋好友：

×个月前，我父亲不幸患上了不治之症，后虽经多方求医问药，然而结果均无效，于××××年×月×日与世长辞，永远地离开了我们，离开了这片生他养他的土地。享年××岁。在这里，我代表家父说一些在他去世之际想说却未能来得及说的话。

“天有不测风云，人有旦夕祸福”，从去年的×月份去××检查出此病，一直到生命的最后一刻，特别是在××治疗期间，父亲的同学、朋友无一不伸出援助之手，并多次前来探望，给父亲以巨大的力量和安慰，使父亲在最后的日子里享受到了最真挚的友情、最珍贵的亲情，也让我真正懂得了什么是患难见真情。父亲因为有了你们而从未感到过孤独，他的生命也因有了你们而精彩和丰富。在此，请允许我代表我的父亲、母亲以及我的家庭对你们表示最诚挚的感谢！

人间有爱，岁月无情，父亲最终离我们而去。在治丧期间，我和我的家人要感谢街坊邻居们的帮助和那些发自内心深处最真诚的话语，是你们在百忙之中伸出的一把手让我可以坚强地站在这里与我最亲爱的父亲作最后的告别。在这里，我再次向街坊邻居道一声：谢谢你们！

生如夏花之绚烂，逝如秋叶之静美。敬爱的父亲，请您安息吧！我们知道你与病魔搏斗的这些日子，已经很累了，现在您可以休息了！我和弟弟一定铭记您生前的教诲，老老实实做人，堂堂正正做事，照顾好母亲。

我向您保证：今后的日子，我会奋发图强、不断努力，以实际行动来报答您和母亲的养育之恩，来告慰您的在天之灵！

愿您一路走好！

最后，我代表我们全家人向百忙之中前来参加父亲追悼会的各位领导、亲朋好友们表示最诚挚的谢意：谢谢大家！

老师追悼会主持

江水低沉呜咽，高山肃然垂首。今天，我们怀着万分悲痛的心情，在此举行告别仪式，深切悼念教书育人的楷模，××学校××老师。

×××老师生于××××年×月×日，农历×月初×，因×病医治无效，于××××年×月×日××时××分，在××医院不幸去世，享年××岁。

×××先生出生于普通劳动者家庭，从小受到良好的家庭教育，自幼勤奋上进，品学兼优。

他于××××年×月×日在××县××××中学参加工作，成为一名优秀的人民教师，××××年调入××学校，先后历任×××、××、××××、××××等职务。

×××先生在他××年的工作生涯中，始终站在教育的第一线，在人民教师这一神圣岗位上刻苦钻研业务，踏踏实实工作，以他渊博的学识和高尚的师德，启迪了无数个幼小的心灵，培育了无数品学兼优的学生，为共和国大厦输送了千千万万的英才。

他努力培养年轻教师，教学成果突出。几十年来，他为渴望知识的学生送去了甘霖。真是"一片丹心为学子，勤勤恳恳育英才"。现在他的学生遍及全国各地，可谓桃李满天下。不愧为一名辛勤的园丁，不愧是人类灵魂的工程师。×××就像蜡烛一样，燃烧自己，照亮别人，他就像蜜蜂一样，对人无所求，给人的却是美好的东西。

×××先生永远地离开了我们。他的辞世使我们失去了一位好同志好朋友好伙伴，儿女们也失去了一位可亲可敬的慈父。是×氏家族的重大损失，他的优秀品德和高贵的情操，奋发向上的敬业精神是我们永远学习的典范。

×××为人正直，心胸宽阔，热爱生活，艰苦朴素，他始终以“与人为善，以德为首”的行为准则，对家庭，他是一位真正负责任的人。作为儿子，他忠孝双全，为父母养老送终；作为女婿，他对岳父岳母关心备至，尽心尽孝；作为丈夫，他对妻子体贴入微；作为父亲，他教子有方，宽严适度，使一双儿女成为国家的栋梁之材。

××年前，×××先生出生在×××，今天他魂归故里，在家乡的黑土地上长眠安息，我们相信，他会把生命的每一粒飞尘都融化在泥土当中，去报答给葱茏的绿色，去回报栖身的黑土地！

今天前来参加×××先生遗体告别仪式及悼念活动的领导和同志们有：

（按名单一一介绍）

我受×氏家族的委托向各位的到来表示衷心的感谢。

想见仪容空有影，欲闻教诲杳无声。下面我们请各位领导、各位亲友向×××同志遗体告别。

××书记追悼会主持

同志们、亲友们：

今天，我们怀着十分沉痛的心情，在这里为我们尊敬的老书记×××同志送行，深切悼念××人民的好儿子。

×××同志××××年×月×日出生于××省××县××乡。生前系×××厂原党委副书记兼纪委书记。

几十年来，他认真学习马克思主义、毛泽东思想、邓小平理论，并注重运用理论指导工作实践。他坚持党性原则，在重大政治是非面前，旗帜鲜明地站在党中央一边，用实际行动维护党的威信。

××年代，他担任××部长期间，带领广大民兵积极投身××建设和

××××建设，出色完成了区××部和厂部部署的各项工作，单位和个人多次荣获区先进××部和先进个人称号。

担任厂××车间党总支书记后，他紧密围绕生产经营实际、深入生产一线广泛开展思想政治工作，关心职工疾苦，走访困难职工家庭，并切实帮助他们解决困难。他以厂为家，配合行政领导进行工艺改革，不断提高生产效率，为高质量完成生产任务作出了重大贡献。所在党总支连续四年被局、厂党委评为先进党总支，个人也连年被局、厂党委评为优秀党务工作者和优秀共产党员。

××××年×××同志接任××厂党委副书记、同时兼任纪委书记。工作中，他严谨而富有魄力，敢说敢做，言出必行。所分管的纪委、思想政治工作等方面均成绩显著。在新形势下，积极探索思想政治工作新路子，在方式方法上注重以人为本，融入人情化管理。对待生活困难职工他极尽同情和关爱，常常带领工会等部门深入职工家庭扶贫济困，还经常拿出自己的衣物资金等接济特殊困难的工人。××厂工人×××患有××疾病，他经常与其谈心，交流思想，还经常书信往来，并送衣送物送钱给他。不仅帮助他理顺情绪，还把他当成自己的朋友对待，使他非常感动。去年××岁的×××因病去世，老书记得知后亲自为这位普通的职工送行。

正是率先垂范的思想政治工作楷模作用，得到了广大职工的尊敬、爱戴和上级领导的肯定，××××年被××省××厅评为优秀党务工作者。

××××年×月×日×时，优秀共产党员×××同志永远地离开了我们！我们失去了一位为党的事业忠诚奋斗一生的好党员，失去了一位为企业生存发展作出毕生贡献的好书记、好同志。他的一生是公正廉洁、无私奉献乃至接近完美的一生。此刻，我们的心情非常沉重和悲痛。

老书记走了，您的匆匆离去给我们以深深的悲痛和遗憾。但他的精神是永垂不朽的。我们要化悲痛为力量，以老书记为榜样，勤勉做事，宽厚为人。用“三个代表”重要思想激励自己，做好工作，为××的发展而继续奋斗。

尊敬的老书记×××同志，您一路走好！请安息吧！

因公逝世追悼会主持

同志们：

今天，我们怀着十分悲痛的心情，代表××集团×千多位同人，向因公殉职在工作第一线的××同人表示沉重的哀悼，向××同人的亲人家属表示诚挚的慰问！

生于××××年×月×日的××同人，来自于××市××区。××××年×月××日上午×时，积极响应公司号召支持××建设的××同人，在生产设备面临倒塌损失的情况下，奋不顾身欲以一己之躯护住机器，最终因公壮烈殉职，享年××岁。他是××历史上第一个因公殉职的同人，噩耗传来，全体同人不敢相信这一残酷的事实，感到万分悲痛。

××同人自××××年×月加入××以来，工作上一直身先士卒，严于律己，兢兢业业，他从××一个普通的×××员工，一路成长为副组长，组长，乃至今日独当一面支持××建设的骨干。

在××的×年来，××同人一直从事最平凡的工作岗位，不事张扬，认真学习，勤恳务实，积极向上，与××共同成长，是××最优秀的中坚干部。去年，在公司领导的倡议下，他主动请缨，支持××建设。

××同人的离去，使××失去一个优秀的好儿女；他的不幸，也使××失去一个时刻为公奉献的好干部！××同人是我们最优秀的干部和同事，我们要学习他无私奉献克己奉公的精神，学习他任劳任怨热心待人的品质，学习他鞠躬尽瘁贡献了毕生精力的高尚品德。

在这里，我们还要代表××集团×××董事长对××同人的夫人、儿子及其父母再次表示诚挚的问候！

××同人安息吧！你永远活在××集团×千同人的心里。

退休职工追悼会悼词

各位亲友，各位来宾：

今天，我们怀着十分沉痛的心情深切悼念退休职工×××同志。

×××同志因患×××医治无效，于××××年×月××日×时××分在市人民医院与世长辞，享年××岁。

×××同志××××年×月生于×××县一个普通的农民家庭，××××年×月参加革命工作。××年×月因患病退休。

少年时代的×××和许许多多同龄人一样，饱经了旧社会苦难生活的煎熬和考验。他××岁时受生存和生活所迫，弃书投工。在××地工厂当童工，受尽了工厂资本家的剥削和欺凌，亲眼目睹和亲身体会了旧社会的黑暗，这使他幼小的心灵充满了对旧世界的无比痛恨和对新生活的无限向往。在此期间，他受进步思想影响，参加××工人罢工等革命活动；中华人民共和国成立前夕，他投身全国解放运动；中华人民共和国成立后，参加乡农协会，积极投身土地改革。他表现出色，在党的培养教育下迅速成长起来。在以后的革命工作生涯中，他热爱共产党，热爱新中国，热爱社会主义。

×××同志一生勤勤恳恳，任劳任怨。无论在哪个岗位上，他总是一心扑在工作上，干一行，爱一行，精一行，敬业爱岗，默默奉献。

×××同志为人忠厚、襟怀坦荡；谦虚谨慎、平易近人；生活节俭、艰苦朴素；家庭和睦、邻里团结，他对子女从严管教，严格要求，子女个个遵纪守法，好学上进。

×××同志的逝世，使我们失去了一位好同志。他虽离我们而去，但他那种勤勤恳恳、忘我工作的奉献精神；那种艰苦朴素、勤俭节约的优良作风；那种为人正派、忠厚老实的高尚品德，是我们学习的榜样。但人死不能复生，我们只有化悲痛为力量，以更加高昂的热情投身到工作当中。以慰×××同志在天之灵。

×××同志——安息吧！

离休老干部追悼会悼词

各位亲友、各位来宾：

今天，我们怀着十分沉痛的心情深切悼念离休老干部×××同志。

×××是我镇×××村人，××××年×月出生，中共党员，××××年×月××日上午，因病医治无效，在我市人民医院与世长辞。享年××岁。

×××同志幼年聪慧，表现出了与众不同的志向和抱负，深得师生的喜爱。长大后立志报效国家，于××××年参加中国人民解放军，作战勇敢，不怕牺牲，表现突出，不久任班长、排长。在××战役和××作战中，英勇无畏，身先士卒，冲锋陷阵，屡立战功，深受广大官兵的尊敬和爱戴，为解放战争作出了应有的贡献。

××××年，中华人民共和国成立后，×××也迎来了人生新转折点，组织上为照顾他，安排他转业到临近家乡的×××乡工作，并担任武装营长。生活上，他艰苦朴素，克勤克俭，从不铺张浪费。工作中，他踏踏实实，兢兢业业。

××××年，根据工作的需要，组织上调他到家乡×××镇工作，任××××。虽然工作离家很近，但×××同志对自己的要求丝毫没有放松，反而更加严格了。思想上，他起到了共产党员的模范先锋作用，时刻与党组织保持高度一致。在领导和同事面前，不居功，不自傲。在子女的教育上，他严格要求自己的子女，从不搞特殊化，体现出了一个革命军人和人民公仆的高风亮节。

自××××年参加人民解放军到××××年，在为革命和人民默默无闻地奋斗和工作了××年之后，×××同志光荣离休了。

离休后，本可以无忧无虑地安度晚年，但×××却仍时刻心系他为之献出宝贵青春、付出辛勤汗水的工作和事业，继续发挥余热。他时常走访群众，探视百姓疾苦；开展调查研究，反映社情民意；他成了党和政府与人民群众沟通的窗口和纽带，充分表现出了一个共产党员的本色，他是全镇党员干部的楷模，是全镇人民的先进代表。

×××同志的一生，是艰苦奋斗的一生，是光明磊落的一生，他一生勤劳俭朴，把自己的全部都无私地奉献给了人民。

青山永在，英名长留，让我们永远记住这样一位平凡而又伟大的人。

×××同志永远活在我们全镇人民的心中！

优秀企业家追悼会悼词

尊敬的 ××× 总经理：

疾风劲吹，山水含悲。

这是一个让人伤心的日子。今天我们全体员工怀着悲痛的心情来与您作最后的告别。

在您领导×××公司的×年来，一贯勤勤恳恳，兢兢业业，任劳任怨，以超前的意识和锐意改革的精神，带领全体员工，为公司走向新的增长，发起一次又一次冲击，克服了一个个困难，取得了巨大的胜利，得到了全体员工的尊重和爱戴。

×××总经理，您在改革开放的大潮中，发挥了自己的智慧，根据市场经济的理论规律，利用新技术，开发新产品，倡导“××××”精神，在市场竞争中，使×××公司步入了全市利税千万元效益企业的行列，受到了政府的表彰和奖励，为同行业树立了光辉榜样。

您的一生虽然短暂，但却是非常成功的一生，在事业上，您是企业界的骄子，在生活中，您是一位孝顺的儿子，是一个体贴的丈夫，更是孩子的好父亲。

但是，正在公司走向一个崭新顶点的时刻，在家庭不能没有您的时刻，敬爱的×××总经理，您先我们而去，与世长辞了。我们失去了一位好领导，经济战线上失去了一名好先锋，企业界失去了一位好朋友。

在这悲痛的日子里，惜别了，您的精神永远鼓舞着×××公司奋发腾飞。

敬爱的×××总经理，安息吧！

您的精神永垂不朽！

在×××同志追悼会上的悼词

今天，我们怀着沉重的心情，深切悼念×××同志。

×××同志出生于××××年×月×日，××省××县人。××××年×月参加革命工作，××××年×月加入中国共产党。历任××长、××长、×××书记等职。

×××同志长期在××工作，一贯忠实于党的事业。他认真学习马列主义、毛泽东思想，坚决拥护党的十一届三中全会以来的路线、方针、政策。×××同志是×××县××××建设上的组织者和领导者。为了改变××××落后面貌，他带领群众深入××，改变了我县×××的局面。他工作认真负责，锐意进取，表现了一个好党员、好干部的思想风貌。

×××同志热爱祖国、热爱人民、热爱科学，在工作中能团结同志，帮助同志，严于律己、宽以待人，从不以权谋私，自觉遵守党的纪律，在端正党风当中，为我们作出了表率。

×××同志于×月×日×时与世长辞。他的一生，是革命的一生，是为人民服务的一生。今天，全县×××名干部和×××同志生前友好，在这里开追悼会，悼念×××同志。我们要化悲痛为力量，学习他的革命精神和优秀品质，学习他脚踏实地、克己奉公的工作态度，贯彻执行党的方针政策，奋力拼搏，开拓进取，把我县尽快建成富裕县，以告慰×××同志的在天之灵。

×××同志安息吧！

追悼会答谢词

尊敬的各位领导、各位长辈、各位来宾，亲朋好友们：

×月×日上午×时×分，父亲因病医治无效，永远地离开了我们。今天，我们怀着万分悲痛的心情，在这里为他老人家举行追悼会，以此寄托我们无限的哀思。

首先，我谨代表我们全家，向今天参加追悼会的各位领导、各位长辈、各位来宾、各位亲朋好友表示诚挚的谢意！感谢你们在百忙之中来到这里，和我们一起，向我的父亲作最后的告别。

父亲生病住院期间，承蒙各位领导和亲朋好友的关怀，多次探望、慰问，给了父亲莫大的安慰，给了母亲莫大的支持，作为家属，我们也心存感激。在这里，我们还要感谢××××单位，近年来，我们又忙于工作，是×××单位，给了父亲和我们全家悉心的帮助。在此，我代表母亲及全家再次向各位表示深深的感谢！

父亲的离世，带给我们深深的怀念。作为儿子，我无法用简单的言语去总结父亲的一生，因为他不仅是我慈爱的父亲，他有着太多的角色，在我母亲面前，他是一个顾家的丈夫，在孙辈眼里，他是一个和蔼的爷爷……，他用自己辛勤的耕耘，改变了许多人的命运。

父亲的人生准则简单得只有十二个字——“清清白白做人、勤勤恳恳做事”，而这恰恰是他一生的写照。在他长达××年的教师生涯中，为国家培育了一批又一批的优秀学子，可谓桃李满天下！

父亲的一生，是勤恳踏实、严谨治学的一生；父亲的一生，是稳健坦诚、无私奉献的一生；父亲的一生，更是光彩四射的一生。我为有这样一位父亲而感到骄傲，同时为失去这样一位父亲而感到万分悲痛。

敬爱的父亲永远地走了，我们再也无法亲耳聆听他的谆谆教诲，再也无法亲眼面对他的音容笑貌，只能在心中深深地缅怀敬爱的父亲。

父亲，您就放心地走吧，我们一定化悲痛为力量，竭尽全力孝顺母亲，让她老人家的晚年更加幸福、身体更加安康；我们一定牢记您的遗训，清清白白做人、勤勤恳恳做事，扎扎实实工作。我们一定继承您留下的良好家风和优良品德，一定会教育好自己的子女，把他们培养成出色的人才，一定不让您失望。因为，我们知道，这是对您在天之灵的最大告慰！并以此来回报父亲的养育之恩，回报社会，回报各位领导、各位尊长和各位亲朋的关怀和勉励。

亲爱的父亲，今天，深爱着您的人们都来送您了，让我们用泰戈尔的一句诗为您送行：生如春花之绚烂，逝如秋叶之静美。您安息吧！

最后，我代表我的母亲及家人，再次向出席告别仪式的各位领导、长辈以及所有的亲朋好友表示衷心的感谢！

谢谢大家！

祭扫

祭奠父亲

公元××××年×月×日，天气炎热，而儿此刻却心悲如寒。

谨以此文祭奠我的父亲。

××××年×月×日晚××时××分，家父因大面积脑梗，抢救无效，驾鹤西去。魂归缈缈，唯余桑梓，儿女撕心裂肺，痛心疾首，一腔悲情，两行酸泪，一时多少言语，竟不知如何诉说……

家父生于××××年×月×日，虽然他一生没有做过什么惊天动地的大事情，但是许多人都记得他，此刻，我们只能在心里默默地怀念。

家父一生育有我们一儿一女，小时候家中不裕，母亲又多病，父亲总是饥饿于自己，饱暖于儿女。那时候家父在××工作，干的都是农活。在那个艰苦年代，微薄的工资不足以养家，为了我们的温饱，勤劳的父亲就上山砍柴，下地务农，为家庭想尽办法竭尽全力。

追忆往昔痛在心头，父亲这辈子从来就没有睡过一次天明觉。父亲也绝少给自己添过新衣，总是穿着缝了又缝补了又补的衣服，可对我们总是想办法尽量吃好穿好。

父亲没有文化，自幼饱尝苦寒，面对世间的纷繁喧嚣他无力应对！父亲一生与人为善，与世无争，忍辱退让，真的做到了独善其身。

父亲的勤劳与俭朴在乡邻里更是有口皆碑。父亲是闲不住的人，勤劳的品德已深入骨髓，即便是后来我们的生活渐渐好了，不需要年迈的父亲干活养家时，他还总是不听劝，坚持干活，直到积劳成疾。

长年累月的重体力活使得父亲的心脏有很多疾病，数次病危，但每次父亲都奇迹般地挺了过来，他在对抗病魔中展现出顽强的生命力及对疼痛超常的耐受力为医护人员惊叹。唯儿深知父亲不忍别离红尘是撂不下我们这些儿女子孙！

暮年的父亲很少说话，经常沉默寡言。大言稀声，父亲无为之行不言之教现在想来常常让我震撼。他用无言告诫我们一定要堂堂正正，戒骄戒躁……

羊有跪乳，鸦有反哺，儿不孝，未能在床侧朝夕伺候，空留孝心，痛心疾首！如今纸灰摇曳，父亲何在？悔，为虚而争。痛，未能朝夕陪伴。奠，不见父亲。此时儿哽咽难耐，眼泪奔涌而出，数次失声，大声疾呼父亲安在？

纸短情长，笔拙意远，十分才思，不尽家父滴水之恩，万千泪水，难报家父养育之情。胸闷难耐，思情难排，寥寥数语，权泄相思之苦，且遣追念之郁。

逝者托体山阿，生者寄语薄纸，想必家父在天之灵，能体谅不孝子之思念之苦，天人分离的无限悲伤……

父亲，请您安心地走好！儿一定孝顺母亲，携妻教子，关照弟弟一家，不辜负您的期望。秉承父亲对人感恩，对己克制之人格光辉……

我敬爱的父亲，愿您在九泉之下安息！

祭奠丈夫

老公，我们分开已经有一年多时间了吧，在这个深秋的日子里，我终于为你选定了一块墓地。位于××的××山，背面是满山红枫，四周是苍松翠柏；绛紫和墨绿色把气氛点染得凝重而清远。跟我同去的朋友们都说这是一块风水宝地，但是我知道这不符合你的心愿。

生前，你曾表示希望安葬在一棵国槐下，朴素而安详，低垂着树冠，春天开着一串串不登大雅之堂的白色小花。如果我的居室在一座四合院，我一定会种上一棵国槐，把你安葬在树下，浇水、剪枝，一年年地看着它长得高大粗壮起来，直到有一天我也老去，然后就可以去树下陪伴你……然而，这样一个简单的愿望在如今已成为死者的奢华。我在心里说："×××，对不起……"

年轻人和中年人总是难以相信死亡，总是觉得活着，就一定会有明天，有下次，有弥补的机会和方式，一旦死了，给活着的人留下的只有遗憾——无可挽回的遗憾。

让我和儿子真正地跨越生死，开始习惯没有你的生活，这或许是一个男人能够留给一个女人的全部财富，一个父亲能够留给一个儿子的真正遗产。

很多朋友怀念你，是因为想起你便想起那个年代，想起那个年代自己的幼稚与单纯、真诚与梦想。

现在，我们上哪里去寻找当年的××园、××滩、××渡，又怎样才能促成当年那种背着瓶啤酒，带着干面包，在野外玩儿童时游戏的郊游呢？

我现在相信缘分，尽管你已经离我而去，但是，请你记得我，来生我们还做夫妻。一个男人和一个女人，能走到一起结婚生子，肯定有必然的理由，不管那理由在别人看来是多么微不足道不值一提，但是对于他和她肯定是第一的、唯一的理由。

亲爱的老公，安息吧。

清明公祭仪式主持致词

时届清明，日暖风熏，翠柏凝春，郁郁葱葱。悼念先人，缅怀故旧，是我们中华民族的传统美德。今天我们怀着无比崇敬的心情，深切缅怀革命先烈们，表达我们的思念之情，告慰他们的在天之灵。

忆往昔，在血雨腥风的战争岁月里，××大地上无数优秀儿女为了民族的解放事业，为了国家的和平统一，为了实现最广大人民群众的利益，不惜抛头颅，洒热血，赴汤蹈火，舍生取义，矢志不渝，用他们宝贵的青春和热血，谱写了可歌可泣的壮丽诗篇，为我们创造了美好的生活和发展环境。

看今朝，我们继承他们的遗志，在“三个代表”重要思想指导下，认真贯彻落实国家省市新时期的工作方针，大力弘扬“拼搏进取，奋力赶超”新时代的××县精神，坚持一手抓改革，一手抓发展，千方百计克服困难、启动投资、开拓市场。

在广大干部群众的齐心协力和共同努力下，全县经济发展的形势出现了长足的发展。实现了……各项事业呈现出良好的发展态势。

（省略处为业绩总结）

站在新时代的起点上，展望未来，建设富裕型小康社会任重而道远，我们要向革命先烈学习，学习他们不畏艰难、勇于献身的革命精神，鼓舞斗志；学习他们为了民族的独立解放前仆后继、不怕牺牲的进取精神，坚定信心；学习他们为了实现广大人民的根本利益不求索取、一心为民的奉献精神，勤政为民。我们要时刻铭记自己肩负的历史使命，勇于接过社会主义革命和现代化建设的接力棒，继承革命先烈的光辉遗志，发扬光大革命传统，精诚团结，开拓创新，为我县的现代化建设作出积极贡献。青山埋忠骨，史册载功勋。革命先烈，浩气长存，永垂不朽！

祭扫烈士陵园主持

合：各位领导、老师，同学们，大家好！

男：源远流长的××河，千百年来，流淌出多少动人的故事；

女：苍茫青翠的××山，记载着××年来××市的历史变迁。

男：我是×××小学××班的×××。

女：我是×××小学××班的×××。

男：在清明节来临之际，我校全体师生徒步到××市烈士陵园，缅怀先烈，寄托哀思。

女：现在，我宣布：祭扫烈士陵园仪式开始。

男：首先请允许我介绍今天来参加活动的领导和来宾。

女：他们是……

（男女主持人按名单轮流介绍领导和来宾，略）

男：今天我们站在这里缅怀先烈。

女：明天我们将更加努力地学习。

男：出旗，敬礼。

女：请青年代表敬献花圈，全体默哀3分钟。

男：今天，又将有××位优秀的大哥哥、大姐姐在这里举行成人宣誓，成为我们少先队学习的榜样。

女：请教育局的领导宣布宣誓人员名单（略）。

男：现在，请×中××同学作为青年代表讲话。

女：请×中团委副书记××带领宣誓。

团委副书记：请同学们面向国旗，举起右拳，跟我宣誓：

在此正式成人之际，我以一个中华人民共和国公民的名义，面对国旗，庄严宣誓：捍卫神圣宪法，维护法律尊严。履行公民义务，承担社会道义。国家昌盛为先，人民利益至上。热心公益，奉献社会，无愧祖国培育。勤勉自励，奋发有为，不负长辈厚望。以我壮志激励，创造崭新未来。以我火红青春，建设锦绣中华。为共产主义事业而奋斗！

领誓人：×××

宣誓人：×××

时间：××××年×月×日

（主持人上场）

男：请各校的优秀党员为他们佩戴成人纪念章。

女：请教育局领导×××讲话。

合：同学们，今天的祭扫烈士陵园仪式就要结束了，请全体团员、队员献花，瞻仰烈士墓，并清扫烈士陵园。

祭扫烈士陵园仪式结束，退旗，敬礼。

××年公祭伏羲大典主持

各位领导、各位来宾、同志们：

伏羲氏是伟大的人文始祖，居三皇之首，百王之先。其功德在华夏儿女中影响深远。伏羲文化是中华民族的本源文化。××作为羲皇故里，是中华民族的重要发祥地之一，已成为国内外华人寻根问祖的圣地。

为了表达对始祖的敬仰之情，弘扬伏羲的伟大创新精神，弘扬中华文明，值此××××年中国××××次年会举行之际，今天，我们怀着对先祖的崇敬之情，在始祖故里隆重举行××××（××）年公祭伏羲大典。

出席今天公祭伏羲大典的党和国家领导人有：

（依次介绍各位领导，略）

参加今天公祭伏羲大典的还有……港澳同胞、台湾同胞、海外侨胞代表，××市各界代表，新闻单位记者共××××余人。

在此，我代表中共××市委、市人大、市政府、市政协和××市×××万人民向参加今天公祭大典的各位领导、各位来宾以及长期以来关心和支持××经济、社会事业发展的各界人士表示热烈的欢迎和诚挚的谢意!

现在，我宣布，××××（××）年公祭伏羲大典开始。

第一项：全体肃立，奏乐。

第二项：鸣放礼炮（13响）。

第三项：击鼓鸣钟（9次）。

第四项：恭读祭文，请××市市长×××恭读。

第五项：乐舞告祭。

以下两项在伏羲庙内进行。

第六项：敬献花篮。

第七项：向伏羲圣像行三鞠躬礼。

（请主祭人按照工作人员的引导步入伏羲庙内，实施第六项、第七项议程）

请全国政协副主席、农工民主党中央常务副主席×××敬献花篮；

请×××代表中央各部委敬献花篮；

请中共××省委代表省委敬献花篮；

请××省人大常委会代表省人大敬献花篮；

请××省政府代表××省政府敬献花篮；

请××省政协代表省政协敬献花篮；

请×××代表港澳同胞敬献花篮；

请×××代表台湾同胞敬献花篮；

请×××代表海外侨胞敬献花篮；

请中共××市委书记×××、副书记×××代表中共××市委敬献花篮；

请××市人大常委会主任×××、副主任×××代表市人大常委会敬献花篮；

请××市市长××、副市长×××代表市政府敬献花篮；

请××市政协副主席×××代表市政协敬献花篮；

请××军分区司令员×××、×××部队副师长×××代表驻军敬献花篮；

下面，请其他参祭人依次单列步入伏羲庙内，向伏羲圣像行三鞠躬礼。

××年公祭伏羲大典现在结束，请参祭人员进入伏羲庙瞻仰伏羲圣像，××时××分出伏羲庙在××路乘车，到主展馆参加××展览活动。

××年公祭伏羲文

维公元二〇××年×月××日，岁在××，×月初×日。时值中国××

伏羲文化旅游节暨中国××××次年会开幕之际，人祖宗庙维修之时，中华儿女，羲皇子孙，会聚始祖故里，谨以鲜花雅乐之仪，聊表至诚之心，恭祭我人文始祖太昊伏羲氏曰：

羲皇故里，龙祖之乡；盛典祭祖，颂我中华。

三皇之首，百王之先；大哉羲皇，文明之源。

一画开天，混沌初辟；以龙纪官，分部治理。

初作网罟，佃渔大起；服牛乘马，牧业开启。

间推历度，创立节气；刀耕火种，农业起始。

建屋化布，寒冷有避；钻木取火，冶金成器。

首演八卦，奠基哲理；发明书契，符号记忆。

始制嫁娶，俪皮为礼；琴瑟九针，万民之喜。

东进中原，广拓南岭；道贯九州，德泽万里。

域外俯仰，异国鉴取；伏羲文化，万代承袭。

巍巍吾国，龙脉永承；世纪更新，华夏呈祥。

改革开放，国富民强；羲皇儿女，开来继往。

煌煌中华，自立自强；民族复兴，神人共襄。

今日公祭，告慰羲皇；大礼告成，伏惟尚飨。

第五章　会议主持

会议主持须知

会前准备

在会议召开之前，有一个最基本的要求，即事先做好准备和演练。只有这样，你才能：完全了解会议中将要讨论的问题；清楚自己应该说什么，如何去说，为什么要这样说；果断地得出可靠的结论。

美国加利福尼亚州的国际交流训练中心在训练那些专业人员如何组织、准备一个会议时，向他们强调指出：讲话者有责任为会议作出充分准备，只有这样，在讲话中他才会使听众有这样的感觉："我有许多值得一试的经验和技巧要告诉你们，作为交换，我也希望你们能抽出时间集中精力来听，我保证你们的时间和精力不会白费。"

比如有35个人参加一个2个小时的非常实用的会议。虽然会议占用了70个小时，但每个人都会从中得到许多教益。相反，如果因为会议上的拙劣演说而浪费了70个小时，那么，这个会议的组织者就是一种失职。在会议召开以前，组织者应当作好如下准备：

1.事先考虑你将会遇到的问题以及问题的答案

在会议讲话中，不要让听众的提问牵着你的鼻子，这样你会狼狈不堪。要想避免这种情况，你要尽可能地预料会上可能出现的难题，并找出每一难题的对策。

无论如何，在会议上你都会遇到各种各样的意见。因此，你应该为这些情况做好准备，事先准备好一些有用的事实及数据。你最好能预料到他们可能要提出的任何难题，列出几个最难以解决的问题。务必在开会以前，这些问题的答案已经了然在胸。

有时，你并不能判断出自己将要遇到的困难，如果只有你一个人筹划会议，你最好向不参加会议的同事或上级请教。通过他们提出的问题来了解自己可能会遇到的障碍或反对意见。假如你只是筹备委员会中的一员，那么其中的每一个人都可以针对自己的领域可能遇到的困难做些准备。只要你准备充分，任何问题都不能使你陷入尴尬境地。

2.起草发言大纲

当你努力尝试新的、富有创意的方法来进行会议演说时，切记慎重考虑你要说的内容。在纸上事先写下你要演说内容的提纲，确定自己应该讲些什么内容，每一部分应该安排多长时间。这样，你就会对自己的发言做到心中有数。

撰写大纲的关键是简洁。在演说之前，写下几个能够概括你演说内容的词语，用这些词语在会议中提醒你把握自己将要讨论的话题。

当你确定好纲要中的关键词语之后，再根据关键问题准备论据。并且在这些关键问题之中，分出一定主次，以便在必要时，找出一些可以删减的部分。在实际开会时，常常会有意料外的事情发生，以致耽误了时间。这样，有一些可以删去的内容能够在你缺少时间时帮你摆脱困境。准备论据时，先用表记下所需的时间。

如果使用索引卡片，切记要给它们编号。这样当你丢失某张卡片而不得不重新准备时，就可以只准备丢失的那部分。而且也不至于在讲话中因不知道说到何处而乱找卡片。当然，使用索引卡片时，最好能用计算机把关键词语打下来，然后贴到卡片上。电脑所打出的整洁漂亮的印刷体通常比手写体更容易辨认。

3.了解他们真正感兴趣的问题是什么

弄清楚会议参与者是来自总公司还是来自分公司，或是来自公司以外的客户。根据不同情况认真准备材料，以便于听众能够接受你在会议上的讲话。

对人们参加会议的目的以及使他们聚到一起的原因越发了解，你的会议就会越有效，越成功。在做会议开场白的时候，你可以这么说："我们终于在这里会面了，这就是我们为什么称之为'会议'的原因。"这样可以引起会议参与者的注意和兴趣。

4.弄清会议的目的和任务

会议召开之前，你必须对会议的主题完全了解，并明确每个参与者的任务和角色。会议的目的是为了传达信息还是为了得到信息？是为了讨论公司目前的困难，还是为了通过某项计划？

不同部门对同一会议所做的准备工作应该有所不同。例如，人事经理应当提出一个对本公司的历史、组织机构和产品的总的观点，以便于新的雇员能够了解公司的目的和宗旨，体会到他们所应承担的责任，以便能迅速进入角色；制造工厂的经理应当提出某个特殊任务的分工计划，即每个部门所应负的责任；工业技师应当向技术人员作出简要说明，排除他们对产量减少和质量下降的忧虑；房地产代理商或保险公司销售经理应当简要阐述，在某种对公司的销售额会产生影响的特定经济发展趋势下，本部门的销售要点，以便为新的销售战略拟定基本的原则。

会议主持过程中对主持人的总体要求

主持者，是会议的“总工程师”。他在会议上要做的主要是落实议程、控制时间、掌握会场等三项工作。处理这三项工作是否得力，是检验一名会议主持人是否称职的最佳标准。

（一）落实议程

议程，是会议议程的简称。它所指的是，会议具体进行时所应遵循的既定的先后顺序。凡属较为正式的集会，其议程大都在事先进行过认真的讨论和拟定。

作为会议的现场指挥者和掌握者，主持人要使既定的会议议程得以落实，重点是要做好以下两件事情。

1. 熟悉议程

要使议程得以落实，主持人首先必须熟悉议程。只有熟悉了会议议程，才能在会议进行时熟练地驾驭会议，并且沉着妥善地应付一切难以想象的突发性问题。

一般较为正式的会议，其议程大都包括下列各项：首先，主持人宣布正式开会。必要时，须全体起立，奏国歌、会歌。其次，由专人作主旨报告。再次，对主旨报告进行分组讨论，或者进行大会发言、讨论。最后，进行总结，达成共识，或者通过相应的会议决议，宣布散会。

在以上主要议程之中，基本框架一般不会变动，但在具体环节上，却是可以随机调整的。要做好这一点，就要看主持人的经验和应变能力了。

2．执行议程

在一般情况下，主持人作为会议的工作人员，是无权变更会议议程的，尤其是其中的主要议程。不论遇到什么情况，主持者都必须想方设法履行自己的职责，确保会议按照既定方针进行，兑现各项议程，完成预期的任务。

未经会议主席团授权，主持人无权对会议的议程进行全面的调整，或是对其进行增减。倘若遇到了特殊的情况，比如，发言人缺席，发言时间不够用，听众意见较大，等等，而主持人认为确有必要对议程进行临时调整时，最好及时征求会议主席团或主要负责人的意见，不到万不得已，不要搞“先斩后奏”，自作主张。

（二）控制时间

一次会议的成功与否，往往与它何时举行、举行多久关系甚大。这些问题需要会议的组织者认真考虑。对主持者而言，在控制会议时间方面要做的主要工作，一是要把握起止时间，二是要限制发言时间，三是要留有休息时间。对于这三点稍有疏忽，都会使会议的进行受到不良的影响。

1．把握起止时间

任何一次会议，都有自己公开宣布的起止时间。这一时间一经确定，便应得到全部与会者，特别是会议工作人员的遵守。任何人，不论他是什么身份，若是不遵守会议时间，就等于不重视这次会议，而且不尊重其他的与会者。

因此，主持人在主持会议时，应该什么时候开会，就要在什么时候宣布开会；应该什么时候散会，就要在什么时候宣布散会。没有非常重要的特殊情况，主持人是不宜随便拖延开会与散会时间的。严守会议的起止时间，是主持人必须做到的。

2．限制发言时间

不仅会议的起止时间要认真遵守，发言的具体时间也要有明确的限制。

从一定意义上讲，限制发言时间是防止会议拖延时间的良方之一。

一般情况下，在拟定会议议程时，即应对每位发言人的发言时间有所限定，并通知其本人。在主持会议时，主持人在这方面要做的工作，一是在发言人发言之前最好再次强调一下其限定的时间长度；二是可用技术性手段，例如时间一到，铃响提示，在现场限制时间。

要强调的是，限制发言时间，不可手法粗暴，态度恶劣，不要当众口头打断他人的发言，令其难以下台。

3．留有休息时间

倘若会议举行时间较长，一般应当在其间安排一定长度的休息时间，以供与会者略微休息，活动手脚，处理私事。大体上，一次会议最好控制在3小时之内，并以2小时左右为佳。凡举行会议的时间长于1.5小时，即应在期间安排一次长约1刻钟的休息。

如果事先未定会议要开多长时间；而在举行过程中已经超过了1个小时，并且尚未告终，则主持人应主动建议进行一次必要的会间休息。

在进行会间休息前，须明确休息时间的具体长度，以便与会者能够准时返回会场。

（三）掌握会场

在会议进行期间，主持人掌握会场的能力的大小，往往会影响到会议的成败。在掌握会场时，主持者最重要的是要注意少讲多看和调节气氛。

1．少讲多看

主持人的主要任务是主持会议，而不是主要的报告人或发言人，因此一定要注意恪守本分，不抢风头，尤其是不要在主持会议的过程中信口开河，离题万里。

在主持会议时，主持人所要做的基本上是“照本宣科”，使既定的会议议程得以贯彻。此外，还要多看多听，认真观察会议的进行情况和现场的情绪与反应，以防微杜渐，尽可能地不出问题，少出问题，并且及时地发现问题，解决问题。

2. 调节气氛

当然，主持人在集会举行时仅仅多听多看还是不够的，必须变被动为主动，采取必要的措施，以调节现场的气氛，保持良好状态。

当贵宾出席集会时，主持人可在开会之初或对方演讲之前，对其进行适当的介绍。在发言人发言前与结束时，主持人应领头鼓掌，以带动全场听众响应。万一会场上出现局部骚动混乱时，主持人则应以适当的方式及时加以阻止。

代表会议

×××公司党代表大会选举主持

各位代表：

大家好！××市×××公司中国共产党第×次代表大会在此召开全体会议。

本次大会应到代表×××名，因事请假××名、因病请假××名，实到人数×××名，符合此次会议召开的法定人数，在此，我宣布党代会正式开始。

首先让我介绍一下参与本次大会的上级领导：他们是……

对他们的光临指导，让我们以掌声表示最热烈的欢迎和最衷心的感谢！

本次大会的任务是：选举××市×××公司第×届党委委员和纪委委员。本次大会共有五项议程：

接下来进行第一项，通过大会《选举办法》草案。

有请××通知宣读《选举办法》（草案）。

（略）

请代表们对《选举办法》审议并发表意见。

发表意见。（略）

现在进行表决，同意的请举手（清点人数），请放下；不同意的请举手（清点人数），请放下。

根据少数服从多数的原则，《选举办法》得以通过。

大会进行第二项：推选大会监票人和计票人。

大会共设总监票人×名、监票人×名、计票人×名，在大会主席团领导下，对选举全过程进行监督和计票。人员由各代表团（组）进行推选，经过大会主席团的研究，提出下列监票人、计票人名单，总监票人：×××、监票人：××、××、××……计票人：×××、×××……请大会审议通过。

现在进行表决：同意的请举手（清点人数），请放下。不同意的请举手（清点人数），请放下。

人员名单得到全体通过。

大会进行第三项，介绍党委和纪委委员候选人。

经过公司党委、党组织上上下下的反复研究、讨论，并经市×××党委批准，×××、×××等××位同志为×××市×××公司第×届党委委员候选人；×××、×××等××位同志为×××市×××公司纪委委员候选人。

大会进行第四项，请××党委×××同志宣读中共××市××委员会关于××市×××公司召开第×次党代会及党委、纪委候选人的批复，大家掌声欢迎。

（略）

大会进行第五项，进行投票选举。

请总监票人、监票人和计票人就位。

请监票人检查票箱并开启票箱，清点选票数量。

本次选举选票，经现场开封清点，总选票共××张，与本次大会应到代表数一致。

下面请计票人向各位代表分发选票。并简要介绍选票的填写要求。

下面请同志们领到选票后，快速填写，不要东张西望，交头接耳，写好选票后，将其对折，投入票箱，任何人不准代投。

请工作人员引导代表按指定的路线投票。

（略）

大会进行第六项，收回并清点选票，确认选举是否有效。请监票人和计票人开箱清点选票。

各位代表，经过清点，本次大会实到会代表×××人，发出党委委员选票和纪委委员选票各×××张，收回党委委员选票×××张，纪委委员选票×××张，收回的选票数量等于发出的选票数量，根据大会选举办法规定，本次选举有效。

大会进行第七项，宣布选票结果。

各位代表，现在我宣布本次投票选举的计票结果：×××同志得票×张、×××同志得票×张……

大会进行最后一项，宣布选举结果。

当选为××市×××公司第×届党委委员的有：×××同志……

当选为××市×××公司第×届纪委委员的有：×××同志……

让我们用热烈的掌声对当选的委员表示祝贺！

今天的选举大会到此结束，散会。

公司职工代表大会主持

各位代表，各位同事：

大家好！按照公司会议的日程安排，今天特在此召开第×届职工代表会。

本次会议获得了总公司领导的高度正视，集团总公司董事长×××同志在百忙之中抽出时间来到了会场参加本次会议，让我们以热烈的掌声对×××董事长的光临，表示最热烈的欢迎和由衷的感谢。

现在我宣布：××公司第××届职工代表大会现在开始。

请全体起立，奏《国歌》。

下面请工会主席×××同志做工作陈述；

（略）

请财务经理×××同志作工会财政工作报告；

（略）

此次大会将审议通过《选举法案》，请副总经理×××同志宣读《选举法案》的草案文件；

（略）

请各位代表发表意见。

下面进行举手表决。

（略）

《选举法案》顺利通过。

下面请×××同志宣读候选人的批复。

经公司董事会和大会筹备小组推选决定此次大会选举××同志为总监票人、××同志为监票人、×××同志为计票人。

如有分歧，请发表，没有意见的话就请总监票人、监票人、计票人上台来准备选举事宜！

下面请监票人、计票人检查选票箱。

下面请监票人、计票人现场开封并清点选票。

下面请监票人、计票人分发选票并简要介绍填选票应注意事项。

开始投票！请计票人开始计票。

下面宣布当选人名单。当选为工会主席的是（名单），当选为工会委员的是（名单）。

让我们以热烈的掌声对他们恭贺！

下面有请新当选的工会主席和工会委员，明确工会委员和经费审查委员的分工。

现在，公布“两委”分工具体情况，请双方代表上台宣读。

请列位代表举手表决对两委的分工安排。

（略）

请新当选的工会主席×××同志作重要讲话。

大会进行最后一项议程，请×董事长致总结词。

各位代表，今天的职工代表大会在上级领导尤其是×董事长的关心和支持下圆满完成。全体起立，散会。

××厂职工代表大会主持

同志们：

大家好！值此××××年到来之际，我厂胜利完成全年的目标计划，遵照《××厂职工代表大会暂行条例实施方法》“厂职代会每四年换届选举”的规定，现举行厂第×届职工代表大会！

今天会议应到正式代表××名，因病因事请假的××名，实到代表××名。实到代表超过应到代表的2/3，符合会议的法定人数，会议有效，可以开始。

此次大会分为两个阶段，第一阶段是预备会，第二阶段是正式会议。时间少，内容多，任务重，希望各位代表关注起来，共同完成此次会议的任务。

首先召开预备会。

进行第一项，请党委书记××同志作《第×届一次职代会代表资格审查情况通报》，掌声欢迎。

进行第二项，审议通过大会主席团名单。

为保证大会顺利召开，特设立主席团组织大会工作。大会主席团由××××等同志组成。

请代表们认真权衡，举手表决主席团人员名单。

（略）

预备会进行第三项，通过第×届一次职代会议程；

本届一次职代会议程如下：

一、厂长××同志作《××××年行政工作报告》。

二、副厂长××同志作《年度财务工作报告》。

三、企划科科长×××同志作《××××年经济承包责任制考核结果和××××年经济责任制规定》的说明。

四、通过有关决议。

以上主要议程请代表们进行简短的酝酿，对本次大会议程如有意见请举手发言。

没有，鼓掌通过，并以此来庆祝预备会的圆满结束。

散会，请各位代表佩戴好代表证。下午×点在这里继续召开正式会议。

（自由活动，下午×点，正式会议）

下面我宣布，××厂第×届职工代表大会正式开始，按照上午通过的大会议程，现在大会进行第一项议程，请全体起立，奏国歌。

大会进行第二项，请厂长××同志作《××××年行政工作报告》。

大会进行第三项，请副厂长××同志作《年度财务工作报告》。

大会进行第四项，请企划科科长×××同志作《××××年经济承包责任制考核结果和××××年经济责任制规定》的说明。

大会进行第五项，请××同志宣读会议的有关决议，并由各代表审议通过。

现在我宣布××厂职工代表大会所有议程到这里就全部结束了。

接下来按照会议安排，各小组根据会议内容讨论交流，总结经验，分组情况如下：

第一组：一车间、三车间，劳保支部和后勤服务公司，组长是×××，参加领导是××，在大会议室讨论。

第二组：二车间、四车间，财务科支部和保卫科支部，组长是×××，参加领导是××，在财务科会议室讨论。

第三组：五车间、八车间，组长是××，参加领导是××，在四楼会议室讨论。

第四组：六车间、七车间、武装部支部，组长是×××，参加领导是××，在小会议室讨论。

散会！

××学校第×届教职工代表大会主持

尊敬的各位领导、各位代表：

大家下午好！

随着××区省示范学校高标准、严要求的新政策和学校教育管理的进一步发展，为落实学校科学的管理和民主的决策，加强教职工主人翁地位和民主监督，根据××区教育局、区教育工会的指示精神，经过学校党支部、校长室研究讨论决定，我校于今天召开第×届教职工代表大会。

今天的大会分两个部分：第一个部分召开预备会，第二部分举行正式会议。

预备会第一项由××主任向大家作《大会筹备工作情况报告和代表资格审查工作情况报告》。

预备会第二项，宣读大会议程，本次大会共有两项议程：

1.选举××学校第×届教职工委员会成员。

2.审议××学校《五年发展规划》。

预备会第三项，选举产生大会主席团，现在由我宣读主席团名单。

下面举手表决大会主席团名单。同意的请举手，请放下。不同意的请举手，请放下。没有不同意的，全部通过。大家掌声祝贺！

预备会到这里就结束了，接下来×点召开正式会议。散会。

（自由活动。下午×点，正式会议）

下面我宣布××学校第×届教职工代表大会现在开始！

全体起立，奏国歌，请坐下。

首先请××校长致开幕词。

接下来请×××主任宣读《××省××区××学校工会选举办法》。

经过大会工作筹备小组讨论，并上报学校领导和上级工委会批准，大会提名×名监票人员和×名计票人员，他们是：……（名单）

大会第一项，进行××学校第×届教职工工会委员会的选举，请监票人员分发选票并强调填选票注意事项。

请工作人员和监票人员当场统计选票，请各位代表在原地稍作休息。

下面根据计票结果我宣布当选委员名单。

接下来请×校长和上级党委、工会领导主持召开第一届工会委员会第一次会议。

下面请×校长向大会宣布第×届工会委员会成员分工。

下面进行大会第二项——分组审议××学校《五年发展规划》。

（略）

下面请全体教职工代表正式表决《五年发展规划》。

（略）

最后，请×××副校长作总结词。

下面我宣布××学校第×届教职工大会圆满结束。

全体起立，散会。

共青团第×次代表大会主持

各位代表：

大家上午好！

共青团第×次代表大会预备会议现在开始！

本次大会应到会正式代表×名，因事因病请假×名，实到会正式代表×名，与会代表超过应到代表的4/5，符合本次大会法定人数，可以开会。

下面大会进行第一项议程：请×××同志作《共青团第×次代表大会筹备工作报告》。

大会进行第二项议程：通过秘书长名单及大会主席团。

经党委及上级团委共同提名，推选建议大会秘书长由××同志担任。大会主席团成员由以下几位同志，他们是×××，×××……（名单）；

各位代表，如对以上人员名单有分歧，请发表意见；

如果没有，请举手表决通过。同意以上同志为秘书长和主席团成员的请举手（清点人数），请放下。不同意的，请放下。弃权的请举手（清点人数），请放下。

根据表决结果，大会秘书长和大会主席团成员顺利通过。

大会进行第三项：通过团费审查小组成员名单。

由上级团委提名，推选团费审查小组由×人组成，其中组长1人，副组长1人，他们是：×××，×××……（名单）。

各位代表，请对此进行表决！

现在请大会主席团成员到××会议室召开主席团第一次会议，请团费审查小组成员开始审查筹备工作，请各位代表原地休息，半小时后继续在这里开会。

各位代表，会议继续举行，请各位有序就座。

大会进行第四项：请资格审查小组组长×××同志作《关于共青团第×次代表大会代表资格审查报告》，请各位代表对此报告进行审查。

会议进行第五项：请团费审查小组组长同志作《关于团费收缴、使用及管理情况的审查报告》。请各位代表审查报告。

会议进行第六项：通过共青团第×次代表大会正式会议的大会议程！纸板草案已发至各位桌上，请进行审议。

共青团第×次代表大会预备会议的全部议程已经结束，将于×点钟在此会议室举行正式会议。

散会！

研讨座谈会

××教育局座谈会主持

尊敬的各位领导、各位来宾：

下午好！今天我们在这里隆重召开××教育局座谈会。

下面我很荣幸地介绍出席今天座谈会的各位嘉宾，他们有：市委常委、教育局长××同志，市政府副市长×××同志、市纪委副书记××同志、市人大主任×××同志、市政协副主席×××同志。会议还邀请了×××等×名政风行风监督员、×名人大代表、×名政协委员、××名教育局班子成员，市主要学校领导，以及教育局监察审计室同志，共计××余人。我谨代表××教育局全体干部职工，对各位领导、各位来宾在百忙之中抽出时间出席我们这次座谈会，表示热烈的欢迎和衷心的感谢！

今天座谈会主要议程共有八项：

第一项，请教育局局长××同志宣读《××市教育局关于聘请教育系统政风行风监督员的通知》；

第二项，请工作人员颁发教育系统新一届政风行风监督员聘书；

第三项，请教育局副局长××同志宣读《××市教育系统政风行风监督员工作职责》；

第四项，请教育局副局长×××同志汇报教育系统政风行风建设开展情况；

第五项，下面进行民主测评；

第六项，下面开座谈会。

请各位监督员、各位领导评议教育系统政风行风建设，并提出政风行风建设整改的意见和建议；

第七项，请市领导讲话：首先请市纪委×书记讲话、下面请市政府×市长讲话、下面请市政协×主席讲话、下面请市人大主任×主任作重要讲话；

第八项，请教育局副局长×××同志代表教育局对需要整改的问题表态；

同志们，今天的座谈会开得非常成功，从头至尾会议气氛严谨活泼。各位政风行风监督员为教育系统整改进行评议，并提出了珍贵的意见。希望我们在这次座谈会的连接下，架起一座友谊的桥梁，加强我们彼此之间的沟通，增进我们彼此之间的了解，希望各位继续信任与支持我们，为推动我局政风行风建设，进一步促进教育和谐发展，作出更大的贡献。

最后，让我们再次以热烈的掌声对各位领导、各位来宾的光临表示感谢，感谢大家一直以来对我局政风行风建设的关心和指导。

谢谢大家！

在党政军迎春座谈会上的讲话

各位领导、各位同志：

大家上午好！在刚刚过去的××××年里，全区人民在市委、市政府和区委的统一领导下，认真学习贯彻党的十六大和十六届四中全会精神，努力实施“农业稳区、工业强区、商业富区、科教兴区”发展战略，牢固树立和发展科学发展观，真抓实干，求真务实，较好地完成了年初下达的经济社会发展目标。

本区今年总投入××××多万元的高速公路已经完成主体工程；多方筹资完成了××街办事处办公楼建设，并开工建设了××路、××路办事处的办公楼；投资近×××万元的第一实验小学教学楼已建成并投入使用，筹集资金×××余万元改造了农村小学危房××××平方米；投入××××余万元解决了××个社区的办公用房。同时，卫生、医疗、科技、体育、计划生育等各项社会事业都取得了长足的进步。

另外，全区今年财政预算收入创造了新的纪录，一共完成××××万元，较上年增收××××多万元，同比增长××%，保证了广大干部教师工资按时足额发放，满足了重点项目支出的需要，并使我们有足够的经济实力加大了对各项社会事业的投入，加固经济社会发展中的薄弱环节，统筹城乡经济全面协调健康发展。

今天，在新春佳节即将来临之际，我们欢聚一堂，畅谈发展，共叙军民鱼水之情，同庆中华民族的传统节日——春节。首先，我代表××区委、区政府，向军分区和驻地部队全体指战员致以节日的慰问和崇高的敬意！

人民子弟兵把××当成自己的第二故乡，积极支持和参与地方建设，为促进我区各项事业的发展作出了不可磨灭的贡献。在前不久的大雪灾之际，驻军官兵挺身而出，支援我们清理主干道积雪，保障了人民群众的顺利出行。可以说每当遇到重、难、急、险任务时，总能够看到驻地部队官兵的身影。子弟兵对××区无私的援助，为全区建设作出的辛苦努力和顽强拼搏，大家都看在眼里，铭记在心里，永远不会忘记。

为感谢人民子弟兵的无私付出，在过去的××××年，我们发扬拥军优属的光荣传统，以“精选入伍、服务在伍、安顿退伍”为基本原则，以增强军民凝聚力为根本任务，扎扎实实地开展了拥军优属活动。一是进一步完善优抚对象抚恤补助标准自然增长机制，对优抚对象实行户户优待。二是开展政策拥军和制度拥军，认真贯彻落实各项优抚政策，为军人解除后顾之忧。三是深入开展“爱心献军人志愿者行动”活动。区相关部门以及青年志愿服务小组与重点优抚对象结成小组，逢年过节进行物质和精神上慰问，还把党和政府的关心送到了军人家属家中。同时，区政府加大财政投入力度，切实为人民子弟兵解决实际困难，进一步密切了军民的关系。

即将到来的××××年是全面实现“十五”计划目标的最为关键的一年，也是全面推进我区小康社会建设进程的重要一年。在这一年里，我们要认真贯彻实施十六大和十六届四中全会精神，围绕建设“发展旅游特色，充满经济活力，居住环境优良，社会秩序稳定”的新型城区的奋斗目标，认真落实科学的发展观，牢牢把握发展这个第一要务，大力发展第三产业，积极发展高效农业，重点振兴工业，激活商业发展，积极引进新科技，协调发展政治文明和精神文明建设，努力构建和谐社会。

相信在全区上下人民的共同努力和驻地部队一如既往地关怀和支持下，我们一定会实现新一年的目标。

最后，祝大家新年快乐，吉祥如意，健康平安，幸福美满！

调研座谈会主持

各位领导、同志们：

在这秋高气爽的时节，我们在此举行国有资产法（草案）调研（部门）座谈会。今天，我们十分荣幸地迎来了全国以及省人大常委会法制工作委员会调研组莅临我市进行国有资产法（草案）调研工作。

首先，我向大家隆重介绍全国人大常委会法制工作委员会调研组×××同志一行，他们是全国人大常委会法制工作委员会副主任兼任调研组组长的×××同志，全国人大常委会法制工作委员会经济法室副处长×××同志，全国人大常委会法制工作委员会经济法室副主任×××同志，省人大常委会法制工作委员会副主任兼任调研副组长的×××同志，省人大常委会法制工作委员会经济法室副主任×××同志。

我建议，让我们用最热烈的掌声对全国以及省人大常委会法制工作委员会调研组×××同志一行的到来表示热烈的欢迎和最真诚的感谢！

其次，我市参加今天上午调研座谈会的有：市委副常委、市长×××同志，以及市人大法委的领导和市委组织部、市政府司法局、市交通局、市规划和市城管局、建设局、市××管委会、市国资委、市工商局等×个市级相关部门的负责人。掌声欢迎！

今天上午的调研座谈会议程一共有三项：

下面进行调研座谈会的第一项议程，请全国人大常委会法制工作委员会调研组领导作重要指示……

下面进行调研座谈会的第二项议程，请市委常委、副市长×××同志向全国以及省人大常委会法制工作委员会调研组领导汇报我市国有资产调研改革的主要情况……

下面进行调研座谈会的第三项议程，请市级相关部门负责人按照全国人大常委会法制工作委员会调研组提供的调研参考提纲发言，并认真回答全国人大常委会法制工作委员会调研组领导的提问……

各位领导、同志们，今天上午的国有资产法（草案）调研（部门）座谈会召开得十分成功，会议自始至终都在团结和谐的热烈气氛下进行。通过这次调研，对促成《国有资产法》早日出台具有重大的作用。通过建立和不断完善有效的法律制度，保障国有资产安全，维护好国有资产权益，促进国有经济的巩固和发展，防止国有资产流失，对于促进我市国有经济制度改革，加快我市经济发展，促进我市经济科学、健康、快速发展将起到非常重要的指导作用。

最后，我提议我们再次以热烈的掌声对全国以及省人大常委会法制工作委员会调研组×××同志一行的光临，以及市委副常委、市长×××同志的精彩报告，还要感谢各位同志的积极参与，谢谢大家，散会！

组织工作座谈会主持

尊敬的各位领导、各位来宾，同志们：

大家好！

座谈会现在正式开始。

参加今天会议的有：各市（县）党委副书记××同志、组织部长×××同志、党员先进性教育办公室主任×××同志和市委的主要领导。

这次市委在全市组织的工作座谈会，主旨是传达全省深化干部人事制度改革工作会议精神；听取各市（县）区委上半年党建和组织工作的汇报，根据汇报，结合当前全市党建和组织工作面临的新形势和新问题。按照中央、省委的相关要求和今年初市委关于党建和组织工作的总体安排，研究部署下一个时期全市党建和组织工作的主要任务和对策措施。

今天会议的流程，首先是传达全省深化干部人事制度改革工作会议精神，其次由各市（县）区委副书记做专题发言，最后是市委副书记××同志作重要讲话。另外，会上还将书面交流农村特色党建“四个工作模式”和干部制度改革6个方面的典型经验。

下面，请市委组织部部长×××同志传达全省深化干部人事制度改革工作会议精神。

下面，由各市（县）区委副书记进行座谈发言。发言要简明扼要，重点突出，限时20分钟。

下面请市委副书记××同志作重要讲话，大家欢迎！

×书记刚刚的重要讲话，站在全局和战略的宏观高度，全面总结和回顾了年初以来全市党建和组织工作所取得的好方法和新成效，深刻剖析了工作中存在的漏洞和问题，对如何进一步做好党建和组织工作，作出了具体部署，提出了明确要求。希望大家回去以后，要深入学习，认真领会。

关于这次座谈会精神贯彻落实，我提三点要求：

第一，采取有力措施，真正落实会议精神。会后，各地要马上将这次座谈会的主要精神，特别是××书记对党建和组织工作的安排部署，向上级领导进行汇报，传达给每一个人。在此基础上，要围绕贯彻这次会议精神，进行认真研究，将会议精华运用到具体行动中。

第二，紧密结合实际，具体推进工作。这次座谈会明确了当前和今后一个时期党建和组织工作的重点内容，具体推进下一步的工作，关键在于能否把握住这些重点，拿出具体、科学、管用的推进措施。因此，各部门要结合自身实际，制定出完善有效的措施。

第三，增强责任意识，加大督导力度。各县（市）区委要进一步增强做好党建和组织工作的责任感和主动性，创造性地抓好督察指导工作。党员领导干部特别是主要领导要深入基层中去，帮助他们解决工作中遇到的实际问题，通过树立典型，指导面上工作。表彰先进，批评落后，严惩违规。不断加大工作推进力度，使党建和组织工作完成一个新的跨越阶段。

全市组织工作座谈会到此结束。散会！

政府工作座谈会开幕词

尊敬的各位领导、各位来宾：

大家晚上好！

在这瓜果飘香的金秋时节，我们迎来了全国无线电管理工作座谈会的召开。在此，我谨代表××市党委、市政府对出席宴会的各位领导和各位嘉宾表示热烈的欢迎和衷心的感谢。××是祖国大西南一个典型的内陆山区省份，素有“天然公园”之美誉。境内自然风光神奇秀美，山水景色千姿百态，溶洞景观绚丽多彩，文化和革命遗迹闻名遐迩；以闻名世界的黄果树大瀑布和世界自然遗产地、地球腰带上的绿宝石荔波为代表的风景名胜，迎来了众多的中外游客。

“一年好景君须记，最是橙黄橘绿时”。在这美好的时节里，让我们通过会议增进交流、共同提高；让我们通过了解，促进友谊、携手共进。借此机会，真诚地祝愿各位领导和与会代表身体健康、旅途愉快！

军民座谈会上的讲话

尊敬的各位领导、部队首长、同志们：

今天，各位领导不辞辛劳，不远万里到我县检查和指导双拥共建工作，这是我县经济建设和社会发展中的一件大事。在此，我谨代表县委、县政府以及××万××人民向各位领导的到来表示热烈的欢迎和衷心的感谢！

军民鱼水情。拥军优属一直是我们中华民族的优良传统。多年来，勤劳淳朴的××人民，与驻地部队心心相依，携手齐奏了一曲曲动人的双拥乐章。广大官兵视驻地为自己的第二故乡，爱××人民如自己的亲人，积极关心和支持我县改革开放和现代化建设，与全县人民同呼吸、共命运、心连心，为××的经济发展和社会稳定作出了突出的贡献。

各位领导此次到我县检查验收并指导双拥工作，是对我县的信任和支持，我们备受鼓舞。在今后的工作中，我们仍会一如既往地围绕发展抓双拥、抓好双拥促发展的理念，积极支持部队的改革和建设，在新的起点和更高层面上，更深入扎实有效地开展双拥工作，努力谱写新时代拥军优属、拥政爱民的新篇章。同时，我们也恳请各位领导对我县的经济社会发展一如既往地给予关心、支持和帮助。

最后，祝愿经济与社会进步发展，各位领导和同志们身体健康、工作顺利、家庭幸福！

春节部队座谈会主持

尊敬的各位领导、部队首长、同志们、嘉宾们：

大家晚上好！

金×送春，辞旧迎新，在今天这个喜庆的日子里，我们有幸请来了××地委、行署领导及各位嘉宾，欢聚一堂，共同欢度佳春节。在此，我谨代表××旅党委、机关和全体官兵，对各位领导的莅临表示最热烈的欢迎，并致以崇高的敬意！

××××年，经过我旅全体官兵的努力，部队全面建设取得长足进步，取得了丰硕的成果。仅去年一年，就获得了大小奖项×个，其中×月被×总部评为“军事训练一级单位”，×月被××军区评为“基层建设先进单位”，×月被××军区评为“安全稳定工作先进单位”，旅长×××同志也被××军区表彰为“优秀旅团主官”等。这些成绩的取得，离不开××军区党委正确领导，也离不开××地委、行署和友邻部队关怀和帮助。

目前，××地区的政局稳定、社会进步、经济繁荣、人民安居乐业，正处于民族团结、边防巩固的局面，但我旅全体×××位官兵丝毫不懈怠责任，仍会一如既往地站在党和国家长治久安的高度，紧紧团结在党中央周围，深入贯彻党的十×大精神，认真实践“三个代表”重要思想，遵循××军区党委的正确领导，用部队的高度稳定和集中统一，来促进社会稳定和边防稳定。我们一定不辜负各位领导的期望，将××地委、行署和人民群众的关怀和信任，兄弟部队的鼓励，化为我们前进的动力，给××地区父老乡亲，给各位领导交一份满意的答卷，以优异成绩回报社会各界，报效祖国。

最后，我祝愿××地区明天更美好、在座的各位身体健康、家庭幸福！

食品发展研讨会领导致词

尊敬的各位领导、各位来宾、各位朋友：

大家晚上好！在这阳光灿烂、热情似火的美好季节里，我们××区迎来了参加中国××绿色食品发展研讨会的国家、省、市以及国外尊贵的客人和朋友。在此，我代表××区委、××区人民政府及全区人民向中国××绿色食品发展研讨会的胜利召开致以衷心的祝贺！向来到我们××区做客的各位领导、各位来宾、各位朋友表示热烈的欢迎！

"仲夏七月天，相聚在××"。中国××绿色食品发展研讨会在我们××市召开，尤其是由我们××区的民营企业××企业集团公司承办。这是我们××区千载难逢的喜事盛事，也是我们××区的光荣和骄傲。它充分表明了在座的各位领导、各位来宾、各位朋友对我们××区的信任、关怀和厚爱。我们将以这次会议为契机，进一步把我区绿色食品产业做大做强，加速推进我们××区与时俱进、实现跨越式发展。

时间短暂，情义无限。过去，各位领导、各位来宾和各位朋友对××的发展给予了关心和支持。今天，绿色食品发展研讨会又为我们架起了友谊的桥梁。今后，我们更真诚地希望各位领导、各位来宾、各位朋友来××就像走亲戚一样常来常往，常往常新；更欢迎大家来××、来××投资发展，共图大业。好客的××区，纯朴的××人，随时欢迎各位的到来。

最后，祝愿中国的绿色食品产业发展得越来越好，祝愿我们的友谊越来越深厚，也祝愿在座的各位领导、各位来宾、各位朋友身体健康，万事如意！

文化研讨会迎宾词

尊敬的各位来宾，各界朋友，各位师生：

大家好。

今天阳光灿烂，天朗气清，在这样一个美好的日子里，文化界名流×××先生、×××女士、×××女士来到我县，与我们相聚，我感到十分荣幸。首先，我代表中共××县委、县人大、县政府、县政协和××万××人民，对各界朋友的到来，表示热烈的欢迎和真诚的感谢！

××文化，涉及的不仅是一种单纯的感情，历史和时代赋予了它更深层的含义，它包含着对家乡、对祖国的热爱之情，是对一种道德观和价值观的认同。今天，文化名流齐聚××，来谈“他乡”和“故乡”这个主题，一定会使我们受益匪浅。

从严格的意义上讲，××对我来说也是“他乡”，因为我出生和成长都在××。我的家乡××和××一样，有秀美的山水，有良好的社会人文、生态环境。××自古就是文化礼仪之邦。这些年来，我们弘扬××文化，不仅受到了海内外各界朋友的关注，也使××营造了一种“故乡”的氛围。

在××生活的这几年，我也把××当作自己的故乡了。××不仅山水秀美，而且民风淳朴，这里的人民非常勤劳、也非常好客。××不仅吸引着像我一样在这里工作的人，也吸引着更多的海内外朋友前来投资建厂、观光旅游。

最后，真诚地欢迎各界朋友把××当成自己的故乡，来××投资、创业、发展。大家共同努力，使××的明天更加辉煌，使我们的生活更美好，在此，真诚地祝福各界朋友，身体健康，心想事成。

谢谢。

表彰庆功会

工作表彰大会主持

各位领导、各位代表、同志们：

过去的一年，我们用激情和汗水铸造了仓储管理崭新的业绩；

新的一年里，我们将用勤奋与智慧谱写改革发展的新篇章；

今天，我们欢聚一堂，召开工作总结表彰大会，主要任务是总结去年的工作，并安排部署今年的任务，表彰先进班组和先进个人，进一步动员广大干部职工团结奋斗，扎实工作，在新的一年里再创辉煌。

参加今天会议的有：全体干部职工，领导班子全体成员。

对于今天的会议，处党委给予了高度重视，处主管领导在百忙之中也亲临会场对我们的工作进行指导，让我们用热烈的掌声对处领导的亲切关怀和大力支持表示感谢！

今天的会议既是一次总结会、表彰会，更是一次动员会、鼓劲会，希望大家自觉遵守会场纪律，关闭所有通讯工具，集中精力把会议开好。

下面会议正式开始：

大会进行第一项：鸣炮奏乐。（略）

大会进行第二项：请主任作工作报告。大家欢迎！（略）

大会进行第三项：请副主任宣读年度先进班组和个人表彰决定。（略）

大会进行第四项：进行颁奖。（略）

让我们再次用热烈的掌声向他们表示祝贺！

大会进行第五项，请领导讲话，大家欢迎。（略）

走过××××年，我们创新创效，勤奋奉献、无怨无悔，有力地推进了物资仓储工作持续有效发展。展望××××年，机遇与挑战同在，困难与希望共存。让我们在处党委的坚强领导下，振奋精神、持续创新，再接再厉、勇攀高峰，为圆满完成今年的各项目标任务而努力奋斗！

××××年工作表彰大会到此结束，散会！

集团总结大会主持

同志们：

现在开会！

全体起立，奏《中华人民共和国国歌》。

（奏国歌）

请坐下！

在刚刚过去的××××年里，我们集团经受住了巨大的考验，经过广大干部职工的共同努力，集团各项工作都取得了优良业绩，特别是实现了营业收入的历史性突破。经集团领导班子研究决定，今天隆重召开××××年总结表彰和××××年工作动员大会。

参加今天大会的有集团领导、集团监事会×××主席及其他专职监事、集团副科以上领导干部、集团本部全体人员、部分职工代表、先进单位、先进集体代表和优秀党员、先进个人，共×××多人。

今天的会议议程有三项，一是宣读集团表彰决定，二是为先进单位和先进个人颁奖，三是×××董事长作工作报告。

下面，进行大会第一项，请集团副总裁×××同志宣读集团《关于表彰××××年度先进集体和先进个人的决定》。（略）

请集团党委常委、纪委书记×××同志宣读集团《关于表彰××××年先进党支部、优秀党员的决定》。（略）

进行大会第二项，为先进集体、先进个人颁奖。（奏音乐）

（颁奖，略）

在去年工作中，这些单位和个人付出了很大的艰辛和努力，创造了优异的成绩，是我们学习的榜样。让我们再次以热烈的掌声，对他们表示祝贺！

进行大会第三项，请集团董事长、党委书记×××作总结报告，报告的题目是《××××，××××××××》。

大家欢迎！

（×××董事长讲话，略）

刚才，×××董事长作了十分重要的讲话，这是集团领导班子的一致意见。×××董事长对去年工作的总结是实事求是的，分析评价也是科学、客观的；对今年工作的部署，是我们在综合分析多种因素之后作出的决策，需要大家认真贯彻落实。下面，我就学习贯彻好这次会议精神讲几点意见：

1.各单位要认真组织好学习贯彻会议精神。

2.统一思想，提高认识，顾全大局。

3.统筹兼顾，保持稳定，过一个祥和的春节。

同志们，我们一定要在党的××大精神指引下，唱响“树正气、讲团结、求发展”这个主旋律，解放思想、实事求是，同心同德、埋头苦干，与时俱进、开拓创新，为落实会议确定的各项目标、任务而不懈奋斗！

同志们，××××年春节就要到了，在这里，我代表集团领导班子向你们并通过你们向全体职工拜年，祝大家新春快乐、身体健康、阖家团圆！

××集团××××年总结大会到此结束，散会。

公司年度工作总结表彰大会主持

尊敬的各位领导、各位来宾，同事们、朋友们：

大家好！

×××公司20××~20××年度工作总结大会正式开始。

一个工作年度又过去了，经过一年的辛苦努力，终于迎来了收获的时刻。在这个重要的时刻，让我们一起回顾这一年的工作，进行反思总结，为下一年度的工作提供参考。

首先向大家介绍今天光临我们这次会议的领导和来宾：集团公司董事长×××先生、集团公司财务总监×××先生、×××分公司总经理×××先生、××分公司总经理×××先生、××分公司副总经理×××

先生……

出席本次会议的还有各兄弟分公司的部门负责人。让我们以热烈的掌声对各位领导和来宾的光临，表示热烈的欢迎和衷心的感谢。

今天的会议主要有四项议程：

下面进行会议第一项：请×××公司总经理×××作20××—20××年年工作总结及20××年工作规划……谢谢×××总经理的报告。

下面进行会议第二项：请×××公司销售经理×××讲话……谢谢×××经理的讲话。

请×××公司销售代表、公司客户主管×××讲话……谢谢×××主管的讲话。

请×××公司服务代表，服务站站长×××先生讲话……谢谢×××站长的讲话。

请×××公司财务经理×××讲话……谢谢×××经理的讲话。

今天会议已经进行1小时了，下面请大家轻松一下，请欣赏由×××和×××带来的双簧表演《我不是教你诈》。

下面进行会议第三项：有请集团公司董事长×××先生作重要讲话及工作指示。……谢谢×董的讲话。

×董的讲话中从五个方面全面总结了公司在这一年取得的进步和成绩，从三个方面概括出了公司在上一年某些不完善之处和一些遗憾。相信各位都感同身受，过去的成就是对我们一年工作的肯定，不完善和不遗憾，是我们继续努力的方向和不竭的动力。

在未来的一年，我们按照×董的要求，本着“真诚营销、细致服务”的原则，通过公司全体领导和员工的共同努力，定会取得更大的成绩。让我们携手并肩，团结一致，踏踏实实走好每一步，以火热的激情，执着的信念，奉献的精神，真诚地营销，细致地服务，开创新的辉煌！

下面进行会议第四项：表彰优秀员工。

在过去的20××年里，×××公司涌现出一大批业绩突出的优秀员工，他们在自己的工作岗位上兢兢业业，积极进取，取得了最优异的成绩。他们经过所有同人的一致推选，被选为20××年的优秀员工。

下面我宣布荣获20××年优秀员工称号的同志有销售经理×××、客户主管×××，服务部门×××、服务站资料员×××……

（获奖员工发表简短获奖感言）

有请集团公司×董事长和××公司总经理×××先生为几位优秀员工颁发奖状及奖金。

今天的工作总结大会到此结束了，再次感谢集团公司领导和各分公司同人在百忙之中抽出时间参加今天的总结大会。接下来有请×××公司的帅哥、美女组合为大家带来精彩的拉丁舞表演。掌声欢迎！

先进团组织表彰会主持

同志们：

大家好！

这次会议的主要任务是：深入学习贯彻市委经济工作会议和市委党务工作会议精神，认真落实××市×次团代会上提出的各项工作部署，表彰先进团组织和先进个人，总结回顾去年一年和今年第一季度的工作重点安排，布置今年全市共青团的工作和五四前开展的活动，认清形势、统一路线，积极进取、团结带领全市广大团员青年在实现三大战略目标中再建新功。

接下来我要介绍出席今天表彰大会的主要领导和来宾，他们有团委第××届委员会主任、市直属单位、市区以及市直学校团委书记及受表彰的先进团体和个人。

市委副书记×××同志专程出席我们的会议。让我们以热烈的掌声对×书记百忙之中抽出时间来参加会议表示欢迎。

我宣布表彰大会正式开始。全体起立，奏《中华人民共和国国歌》。请坐下。

会议议程主要有八项：一是宣读表彰决定；二是颁奖；三是先进个人代表发言；四是先进团体代表发言；五是宣读五四前活动安排；六是举行宣誓仪式；七是团市委书记×××同志代表团市委常委会作工作报告；八是市委副书记×××同志讲话。

接下来进行第一项，宣读表彰决定。

第二项，颁奖。请获奖人员××、×××、××……上台领奖。掌声祝贺!

第三项，先进个人代表发言。请×××上台发言。

第四项，先进团体代表发言，请×××单位代表发言。

第五项，由×××宣读关于五四活动安排的通知。

第六项，由×××带领全体委员面向党旗团旗进行集体宣誓。……宣誓完毕请坐下。

大会进行第七项，请团市委书记×××同志代表团市委常委会作工作报告。

感谢×书记的精彩报告。同志们，市委副书记×××对团的工作非常重视和支持，会前亲自部署此次会议的筹备工作，并亲自召开团员先进性建设会议，对这次会议寄予厚望。今天他又在百忙中抽出时间参加本次会议。下面让我们以热烈的掌声欢迎×书记作重要讲话。

各位委员、同志们，至此会议的各项议程已进行完毕，本次会议圆满召开，会议效果明显。与会同志认真参与，细心领会，并积极做好笔记，显示了奋发向上的精神风貌。会上我们表彰了××××年度共青团工作先进集体和个人，签订了目标责任书，面对党、团旗进行了集体宣誓。

×××书记所作的工作报告，对××××年度的工作进行系统总结，并对本季度的工作做了高屋建瓴的精彩回顾。×书记的讲话充分表明了党对共青团和青年工作的高度重视和殷切期望，对于促进青年做好新形势下的共青团工作，健康茁壮成长，具有重要的指导意义。希望各位同志切实把会议精神领悟好、落实好。

下面我受市团委常委会委托，就如何领悟会议精神，真正把××××年所部署的各项工作落实好，讲几点要求。

一是要把握重点。各级团组织要紧紧围绕全市工作大局，把握好会上确定的×项工作要点，理顺思路，制订方案，规划措施。

二是要争创特色。各级团组织要根据自身实际情况，按照有所为有所不为的思路，不求面面俱到但求别出心裁，认准一个点一抓到底，作出特色、树立典型、一炮打响。

三是要务求高效。新一个阶段的各项工作已经部署，各级团组织在开展工作时，要真正落到实处，做得扎扎实实，我们20××年的工作目标已经确定，任务已经明确，各级团组织尽早高效落实。

今天的会到这里就结束了。最后祝各位委员，各位团干在新的一年里一帆风顺、大展宏图！

谢谢大家！散会！

××公司颁证仪式主持

女士们、先生们：

大家好！在这欢天喜地的日子里，我们欢聚一堂，共同庆祝××公司的颁证仪式。

现在，我宣布，××公司颁发证书仪式开始！

今天的议程共有八项。第一项介绍到会领导、来宾及新闻界朋友。他们是：（——介绍，略）。

让我们以热烈的掌声对到会的领导和来宾表示热烈的欢迎！

在××集团的统一领导下，××公司全体职工经过一年来的艰苦工作和努力，终于顺利通过了××质量认证中心××评审中心的现场审核，获得××质量认证中××认证证书。辛勤的耕耘终于换来了丰硕的成果，让我们以热烈的掌声向他们表示祝贺！

下面进行议程第二项。

由××质量认证中心主任×××宣布××公司通过××认证，并由国家认监委副主任×××同志颁发铜牌，由×××主任颁发证书。

×××主任：女士们，先生们，早上好，现在我代表××质量认证中心宣布，根据××公司的申请，对其所建立的质量体系认证的要求，经××质量认证中心××评审中心派出的专家现场审核，并报经××质量认证中心评定合格，认为××公司所建立的××××运销质量保证体系规范准确、运行有效，符合注册条件，现予批准颁发质量体系认证证书，证书编号为×××××××××××。谢谢各位。

（主持人上场）

下面颁发铜牌和证书，请×总、×总分别接牌和接受证书。

××公司获得××认证，众多单位以各种形式纷纷表示祝贺，祝贺××公司通过××质量管理体系认证的单位有：（按名单一一介绍，略）。

××集团与××检验检疫局的合作由来已久，可以说，××公司获得××认证使我们的合作更加深厚，友谊也更加深厚。（××检验检疫局×××致贺词，略）

国家认监委的成立，标志着全国的认证认可工作正式步入法制化的轨道。×××主任在百忙之中抽出时间参加这次会议，下面让我们以热烈的掌声欢迎×××主任讲话。（×××主任讲话，略）

作为国家特大型企业的前沿分支，××公司的认证工作得到了集团领导的重视，今天，×总亲临会议，下面，请××集团×总讲话。（××集团×总讲话，略）

××公司是××认证的执行者，也是直接受益者，下面，请运销公司总经理×××同志讲话。（运销公司总经理×××同志讲话，略）

（主持人）

在颁证仪式即将结束之际，让我们再次对××集团，××公司所取得的成绩表示祝贺！目前，环境保护、职业健康安全、食品安全等受到国际社会的广泛关注，我们希望也愿意与××集团在煤炭检验、环境管理体系、职业健康安全管理体系认证方面加大合作与服务的力度，为树立××的世界形象，打造××世界知名品牌保驾护航。

××公司××颁证仪式结束。感谢大家的光临，谢谢大家。

颁奖典礼主持

尊敬的各位领导，各位来宾，亲爱的观众朋友们：

大家晚上好！

带着金秋的喜悦和祝福，带着星光的深情与梦幻，唱响了高亢奋进的颂歌，追忆着社会主义祖国走过的××载历史岁月！今晚，我们在这里欢聚，带着神圣的使命和夙愿，在“三个代表”重要思想指导下，把全面建设小康社会的宏伟大业奋力开拓！

在区党委、××区的亲切关怀和高度重视下，在全区××个基层单位××个代表队××××余名演员的积极参与下，我们这次庆祝建国××周年《××××××》歌咏比赛，获得空前的成功，取得了丰硕的成果。

无论是节目的总体构思、曲目的编排，还是人员的组织、服装阵容，各单位都表现得十分出色，他们用歌声向共和国母亲的生日献上了一份厚礼，给××人民带去了欢乐！

经过×天的紧张激烈角逐，这次比赛的最后评比结果已经揭晓，今晚，我们邀请了在我区“快自立、建小康”工程中取得成绩的部分先进代表，作为开奖嘉宾，为本次比赛开奖！

为了感谢各单位和职工群众对本次比赛活动的大力支持，根据评比奖励方案的规定要求，本次比赛设立一等奖一名，二等奖两名，三等奖三名，优秀奖若干。

朋友们，在这激动人心的时刻，让我们用热烈的掌声请出×××同志、×××同志为荣获本次比赛优秀奖的代表队开奖！

下面请副区长×××、×××、×××、×××、×××；党委委员、宣传部长×××；党委委员、组织部长×××为荣获本次比赛优秀奖的代表队颁奖。

（从优秀奖到一等奖的顺序颁奖，略）

在这里，让我们用热烈的掌声向所有获奖单位再一次表示热烈的祝贺！

希望各单位和广大同志们，戒骄戒躁，继续努力，百尺竿头，再进一步，为活跃××的群众文化生活再立新功，为全面建设小康××，实现中华民族的伟大复兴，作出更大的贡献！

现在，我宣布，庆祝建国××周年《××××××》歌咏比赛颁奖典礼到此结束，下面请全体参加演出的演员上台，大家合影留念。

第六章　商务活动主持

商务活动主持须知

主持开业仪式的形式和程序

开业仪式的常见形式之一，是开幕仪式。在名目众多的各种开业仪式之中，商界人士平日接触最多的，大约要首推开幕仪式了。恐怕正是出于这种原因，在不少人的意识里，开业仪式与开幕仪式往往是被画上等号的。

1.主持开幕仪式的程序

严格地讲，开幕仪式仅仅是开业仪式的具体形式之一。通常它是指公司、企业、宾馆、商店、银行正式启用之前，或是各类商品的展示会、博览会、订货会正式开始之前，所举行的相关仪式。每当开幕仪式举行之后，公司、企业、宾馆、商店、银行将正式营业，有关商品的展示会、博览会、订货会将正式接待顾客与观众。

依照常规，举行开幕式需要较为宽敞的活动空间，所以门前广场、展厅门前、室内大厅等处，均可用作开幕仪式的举行地点。

开幕仪式的主要程序共有六项。第一项，宣布仪式开始，全体肃立，介绍来宾。第二项，邀请专人揭幕或剪彩。揭幕的具体做法是：揭幕人行至彩幕前恭立，礼仪小姐双手将开启彩幕的彩索递交对方。揭幕人随之目视彩幕，双手拉启彩索，令其展开彩幕。全场目视彩幕，鼓掌并奏乐。第三项，在主人的亲自引导下，全体到场者依次进入幕门。第四项，主人致词答谢。第五项，来宾代表发言祝贺。第六项，主人陪同来宾进行参观。开始正式接待顾客或观众，对外营业或对外展览宣告开始。

2.主持开工仪式的程序

开工仪式，即工厂准备正式开始生产产品、矿山准备正式开采矿石时，所举行的庆祝性、纪念性活动。

比照惯例，开工仪式大都讲究在生产现场举行。即以工厂的主要生产车间、矿山的主要矿井等处，作为举行开工仪式的场所。

除司仪人员按惯例应着礼仪性服装之外，东道主一方的全体职工均应穿着干净而整洁的工作服出席仪式。

开工仪式的常规程序主要有五项。第一项，宣布仪式开始。全体起立，介绍各位来宾，奏乐。第二项，在司仪的引导下，本单位的主要负责人陪同来宾行至开工现场肃立。例如，来到机器开关或电闸旁。第三项，正式开工。届时应请本单位职工代表或来宾代表来到机器开关或电闸旁，首先对其躬身施礼，然后再动手启动机器或合上电闸。全体人员此刻应鼓掌致贺，并奏乐。第四项，全体职工各就各位，上岗进行操作。第五项，在主人的带领下，全体来宾参观生产现场。

3.主持奠基仪式的程序

奠基仪式，通常是一些重要的建筑物，如大厦、场馆、亭台、楼阁、园林、纪念碑等，在动工修建之初，所正式举行的庆贺性活动。

对于奠基仪式现场的选择与布置，有一些独特的规矩。奠基仪式举行的地点，一般应选择在动工修筑建筑物的施工现场。而奠基的具体地点，则按常规均应选在建筑物正门的右侧。在一般情况下，用以奠基的奠基石应为一块完整无损、外观精美的长方形石料。在奠基石上，文字通常应当竖写。在其右上款，应刻有建筑物的正式名称；在其正中央，应刻有“奠基”两个大字。在其左下款，则应刻有奠基单位的全称以及举行奠基仪式的具体年月日。奠基石上的字体，大都讲究以楷体字刻写，并且最好是白底金字或黑字。

在奠基石的下方或一侧，还应安放一只密闭完好的铁盒，内装与该建筑物相关的各项资料以及奠基人的姓名。届时，它将同奠基石一道被奠基人等培土掩埋于地下，以示纪念。通常，在奠基仪式的举行现场应设立彩棚，安放该建筑物的模型或设计图、效果图，并使各种建筑机械就位待命。

奠基仪式的程序大体上共分五项。第一项，仪式正式开始。介绍来宾，全体起立。第二项，奏国歌。第三项，主人对该建筑物的功能以及规划设计进行简介。第四项，来宾致词道喜。第五项，正式进行奠基。此时，应锣鼓喧天，或演奏喜庆乐曲。首先由奠基人双手持握系有红绸的新锹为奠基石培土。随后，再由主人与其他嘉宾依次为之培土，直至将其埋没为止。

4.主持破土仪式的程序

破土仪式，亦称破土动工。它是指在道路、河道、水库、桥梁、电站、厂房、机场、码头、车站等正式开工之际，专门举行的动工仪式。

破土仪式举行的地点，大多应当选择在工地的中央或某一侧。举行仪式的现场，务必要事先进行过认真的清扫、平整、装饰。至少，也要防止出现道路坎坷泥泞、飞沙走石，或者蚊蝇扑面的状况。倘若来宾较多，尤其是当高龄来宾较多时，最好在现场附近临时搭建某些以供休息的帐篷或活动房屋，使来宾得以免受风吹、日晒、雨淋，并稍事休息。

破土仪式的具体程序共有五项。第一项，宣布仪式开始。介绍来宾，全体肃立。第二项，奏国歌。第三项，主人致词（以介绍和感谢为其发言的重点）。第四项，来宾致词祝贺。第五项，正式破土动工。其常规的做法是：首先由众人环绕于破土之处的周围肃立，并且目视破土者，以示尊重。接下来，破土者须双手执系有红绸的新锹垦土三次，以示良好的开端。最后，全体在场者一道鼓掌，并演奏喜庆音乐，或燃放鞭炮。

一般而言，奠基仪式与破土仪式在具体程序方面大同小异，而其适用范围亦大体相近。故此，这两种仪式不宜于一处同时举行。

5.主持竣工仪式的程序

竣工仪式，有时又称落成仪式或建成仪式。它是指某一建筑物或某项设施建设、安装工作完成之后，或者是某一纪念性、标志性建筑物——诸如纪念碑、纪念塔、纪念堂、纪念像、纪念雕塑等建成之后，以及某种意义特别重大的产品生产成功之后，专门举行的庆贺性活动。

举行竣工仪式的地点，一般应以现场为第一选择。例如，新建成的厂区之内，新落成的建筑物之外，以及刚刚建成的纪念碑、纪念塔、纪念堂、纪念像、纪念雕塑的旁边。应予重视的是，在竣工仪式举行时，全体出席者的情绪应与仪式的具体内容相适应。比方说，在庆贺工厂、大厦落成或重要产品生产成功时，应当表现得欢快而喜悦。在庆祝纪念碑、纪念塔、纪念堂、纪念像、纪念雕塑建成时，则须表现得庄严而肃穆。

竣工仪式的基本程序通常一共有七项。第一项，宣布仪式开始，介绍来宾，全体起立。第二项，奏国歌，之后演奏本单位标志性歌曲。第三项，本单位负责人发言，以介绍、回顾、感谢为主要内容。第四项，进行揭幕或剪彩。第五项，全体人员向竣工仪式的“主角”——刚刚竣工或落成的建筑物，恭行注目礼。第六项，来宾致词。第七项，进行参观。

6.主持下水仪式的程序

所谓下水仪式，自然是指在新船下水之时所专门举行的仪式。准确地说，下水仪式乃是造船厂在吨位较大的轮船建造完成、验收完毕、交付使用之际，为其正式下水起航而特意举行的庆祝性活动。

按照目前国际上所通行的做法，下水仪式基本上都是在新船码头上举行的。届时，应对现场进行一定程度的美化。比如说，在船坞门口与干道两侧，应饰有彩旗、彩带。在新船所在的码头附近，应设置专供来宾观礼或休息之用的彩棚。对下水仪式的主角新船，亦须认真进行装扮。一般的讲究，是要在船头上扎上由红绸结成的大红花，并且在新船的两侧船舷上扎上彩旗，系上彩带。

下水仪式的主要程序共有五项。第一项，宣布仪式开始。介绍来宾，全体起立，乐队奏乐，或锣鼓齐鸣。第二项，奏国歌。第三项，由主人简介新船的基本状况。例如，船名、吨位、马力、长度、高度、吃水、载重、用途、工价，等等。第四项，由特邀掷瓶人行掷瓶礼。同时砍断缆绳，新船正式下水。第五项，来宾代表致词祝贺。

行掷瓶礼，是下水仪式上独具特色的一个节目。它在国外由来已久，并已传入我国。它的目的，是要渲染出喜庆的气氛。它的做法则是由身着礼服的特邀嘉宾双手持握一瓶香槟酒，用力将瓶身向新船的船头投掷，使瓶破之后酒香四溢，酒沫飞溅。在嘉宾掷瓶以后，全体到场者须面向新船行注目礼，并随即热烈鼓掌。此时，还可在现场再度奏乐或奏响锣鼓，施放气球，放飞信鸽，并且在新船上撒彩花，落彩带。

7.主持通车仪式的程序

通车仪式，大都是在重要的交通设施完工并验收合格之后，所正式举行的启用仪式。例如，公路、铁路、地铁以及重要的桥梁、隧道等，在正式交付使用之前，均会举行一次以示庆祝的通车仪式。有时，通车仪式又叫开通仪式。

举行通车仪式的地点，通常均为公路、铁路、地铁新线路的某一端，新建桥梁的某一头，或者新建隧道的某一侧。在现场附近，以及沿线两旁，应当适量地插上彩旗、挂上彩带。必要之时，还应设置彩色牌楼，并悬挂横幅。在通车仪式上，被装饰的重点，应当是用以进行“处女航”的汽车、火车或地铁列车。在车头之上，一般应系上红花。在车身两侧，则可酌情插上彩旗，系上彩带，并且悬挂上醒目的大幅宣传性标语。

通车仪式的主要程序一般共有六项。第一项，宣布仪式开始，介绍来宾，全体起立。第二项，奏国歌。第三项，主人致词。其主要内容是，介绍即将通车的新线路、新桥梁或新隧道的基本情况，并向有关方面谨致谢意。第四项，来宾代表致词祝贺。第五项，正式剪彩。第六项，首次正式通行车辆。届时，宾主及群众代表应一起登车而行。有时，往往还须由主人所乘坐的车辆在最前方开路。

8.主持通航仪式

通航仪式，又称首航仪式。它指的是飞机或轮船在正式开通某一条新航线之际，所举行的庆祝性活动。一般而言，通航仪式除主要的角色为飞机或轮船之外，在其他方面，尤其是在具体程序的操作上，往往与通车仪式大同小异。因此，对其将不再赘述。

签约仪式的筹备与主持

在商务交往中，人们在签署合同之前，通常会竭力做好以下几个步骤的准备工作。

1.要布置好签字厅

签字厅有常设专用的，也有临时以会议厅、会客室来代替的。布置它的总原则是要庄重、整洁、清静。

一间标准的签字厅，应当室内铺满地毯，除了必要的签字用桌椅外，其他的一切陈设都不需要。正规的签字桌应为长桌，其上最好铺设深绿色的台呢。按照仪式礼仪的规范，签字桌应当横放于室内。在其后，可摆放适量的座椅。签署双边性合同时，可放置两张座椅，供签字人就座。签署多边性合同时，可以仅放一张座椅，供各方签字人签字时轮流就座；也可以为每位签字人都各自提供一张座椅。签字人在就座时，一般应当面对正门。

在签字桌上，循例应事先安放好待签的合同文本以及签字笔、吸墨器等签字时所用的文具。与外商签署涉外商务合同时还需在签字桌上插放有关各方的国旗。插放国旗时，在其位置与顺序上，必须按照礼宾序列而行。例如，签署双边性涉外商务合同时，有关各方的国旗须插放在该方签字人座椅的正前方。

2.要安排好签字时的座次

在正式签署合同时，各方代表对于礼遇均非常在意，因而商务人员对于在签字仪式上最能体现礼遇高低的座次问题，应当认真对待。

签字时各方代表的座次，是由主方代为预期排定的。台式礼仪的做法是：在签署双边性合同时，应请客方签字人在签字桌右侧就座，主方签字人则应同时就座于签字桌左侧。双方各自的助签人，应分别站立于各自一方签字人的外侧，以便随时对签字人提供帮助。双方其他的随员，可以按照一定的顺序在己方签字人的正对面就座。也可以依照取位的高低，依次自左至右（客方）或是自右至左（主方）地列成一行，站立于己方签字人的身后。当一行站不完时，可以按照以上顺序并遵照“前高后低”的惯例，排成两行、三行或四行。原则上，双方随员人数，应大体上相近。

在签署多边性合同时，一般仅设一个签字椅。各方签字人签字时，须依照有关各方事先同意的先后顺序，依次上前签字。他们的助签人，应随之一同行动。在助签时，依“右高左低”的规矩，助签人应站立于签字人的左侧。与此同时，有关各方的随员，应按照一定的序列，面对签字桌就座或站立。

3.要预备好待签的合同文本

依照商界的习惯，在正式签署合同之前，应由举行签字仪式的主方负责准备待签合同。举行签字仪式，是一桩严肃而庄重的大事，因此不能将“了犹未了”的“半成品”交付其使用；或是临近签字时，有关各方还在为某些细节而纠缠不休。在决定正式签署合同时，就应当拟定合同的最终文本。它应当是正式的，不再进行任何更改的标准文本。

负责为签字仪式提供待签的合同文本的主方，应会同有关各方一道指定专人，共同负责合同的定稿、校对、印刷与装订。按常规，应为在合同上正式签字的有关各方，均提供一份待签的合同文本。必要时，还可再向各方提供一份副本。

签署涉外商务合同时，比照国际惯例，待签的合同文本，应同时使用有关各方法定的官方语言，或是使用国际上通行的英文、法文。此外，亦可同时并用有关各方法定的官方语言与英文或法文。撰写外文合同时，应反复推敲，字斟句酌，不要望文生义或乱用词汇。

待签的合同文本，应以精美的白纸印制而成，按大八开的规格装订成册，并以高档质料，如真皮、金属、软木等，作为其封面。

4.要规范好签字人员的服饰

按照规定，签字人、助签人以及随员，在出席签字仪式时，应当穿着具有礼服性质的深色西装套装、中山装套装或西装套裙，并且配以白色衬衫与深色皮鞋。男士还必须系上单色领带，以示正规。

在签字仪式上露面的礼仪人员、接待人员，可以穿自己的工作制服，或是旗袍一类的礼仪性服装。

对主持人在洽谈现场的要求

只要是正式会谈，主持人在参加洽谈会时，首先要更新意识，树立正确的指导思想，并且以此来指导自己的洽谈表现，这就是所谓洽谈的方针。谈判方针的核心，依旧是要求洽谈者在庄严肃穆的洽谈会上，以礼待人，尊重别人，理解别人。这里，有六个方面需要分析：

1.双方互相尊重

礼敬对手，就是要求洽谈者在洽谈会的整个进程中，要排除一切干扰，始终如一地对自己的洽谈对手讲究礼貌，时时、处处、事事表现出对对方不失真诚的敬意。在洽谈过程中，不管发生了什么情况，都始终坚持礼敬对手，无疑能给对方留下良好的印象，而且在今后的进一步商务交往中，还能发挥潜移默化的功效，即所谓“你敬我一尺，我敬你一丈”。调查结果表明，在洽谈会中，能够面带微笑、态度友好、语言文明礼貌、举止彬彬有礼的人，有助于消除对手的反感、漠视和抵触心理。在洽谈桌上，保持“绅士风度”或“淑女风范”，有助于赢得对手的尊重与好感。与此相反，举止粗鲁、态度刁蛮、表情冷漠、语言失礼、不知道尊重和体谅对手的态度，则会大大加强对方的防卫性或攻击性，无形之中伤害或得罪对方，为自己不自觉地增添阻力和障碍，所以主持人要维护好气氛。

2.要熟悉相关法律条文

在商务洽谈中，利益是各方关注的核心。对任何一方来说，讲究的都是“趋利避害”。在不得已的情况下，则会“两利相权取其大，两害相权取其轻”。虽则如此，商界人士在洽谈会上，既要为利益而争，更需谨记依法办事。所谓在商务洽谈中应当依法办事，是要求商务人员自觉地树立法制思想，在洽谈的全部过程中，提倡法律至尊。洽谈者所进行的一切活动，都必须依照国家的法律办事，惟其如此，才能确保通过洽谈获得的既得利益。法盲作风、侥幸心理、铤而走险、目无法纪，都只能害人害己，得不偿失。有一些人喜欢在洽谈中附加人情世故。它如果是指注重处理与对手的人际关系，争取促进双方之间的理解与尊重，那么则是正确的。假若指的是要在洽谈中搞“人情公关”，即对对方吹吹打打，与对方称兄道弟，向对方施以小恩小惠，则是非常错误的。实际上，这是小农意识在作怪，而且无济于事。因为人情归人情，生意归生意，任何有经验的商界人士，都不会在洽谈会上让情感战胜理智。在洽谈中，过多地附加人情，甚至以此为重点，实在是误入歧途。说到底，犯了这种错误的人，是没有法制观念，而且不懂得应当怎样做生意。

3.要明白双方的关系是平等的

洽谈是什么？洽谈就是有关各方在合理、合法的情况下，进行讨价还价。由此可见，洽谈实际上是观点各异的各方经过种种努力，从而达成某种程度上的共识或一致的过程。换言之，洽谈只会在观点各异的有关各方之间进行，所以假如离开了平等协商，成功的洽谈便难于设想。在洽谈中要坚持平等协商，重要的是要注意两个方面的问题：一方面，是要求洽谈各方在地位上平等一致、相互尊重，不允许仗势压人、以大欺小。如果在谈判的一开始有关各方在地位上便不平等，那么很难达成让各方心悦诚服的协议；另一方面，则是要求洽谈各方在洽谈中要通过协商，即相互商量，求得谅解，而不是通过强制、欺骗，来达成一致。在洽谈会上，要做到平等协商，就要以理服人。要进行洽谈，就要讲道理。要以理评理、设法找理、说理坚持一成不变。这样的话，就容易说服对方。

4.要明白双方可以存在差异

有一位闻名世界的谈判大师说过："所谓洽谈，就是一连串不断的要求和一个又一个不断的妥协。"他的这句大白话，肯定有助于商界人士深化对洽谈本质的理解。在任何一次正常的洽谈中，都没有绝对的胜利者和绝对的失败者。相反，有关各方通过洽谈，多多少少都会获得或维护自身的利益，也就是说，大家在某种程度上达成了妥协。有经验的商务人员都清楚，有关各方既然同意坐下来进行洽谈，那么在洽谈桌上，就绝对不可能坚持"一口价"，一成不变，一意孤行。否则就是作茧自缚、自欺欺人。原因十分简单，在洽谈桌上，有关的一切议题，都是大可一谈的。在洽谈会上，妥协是通过有关各方的相互让步来实现的。所谓相互让步，意即有关各方均有所退让。但是这种相互让步，并不等于有关各方的对等让步。在实践中，真正的对等让步，总是难以作出的。在洽谈会上所达成的妥协，对当事的有关各方只要公平、合理、自愿，只要尽最大努力维护或争取了各自的利益，就是可以接受的。所以，主持人不要一味地"和稀泥"。

5.要明白洽谈会的宗旨是互惠互利

上述之所以反复地强调：最理想的洽谈结局，是有关各方达成了大家都能够接受的妥协。说到底，就是要使有关各方通过洽谈，都能够互利互惠。在商务交往中，洽谈一直被视为一种合作或为合作而进行的准备。因此一场商务谈判最圆满的结局，应当是洽谈的所有参与方，都能各取所需，都取得一定的成功，获得更大的利益。也就是说，商务洽谈首先是讲究利益均沾、共同胜利的。如果把商务洽谈视之为"一次性买卖"，主张赢得越多越好，甚至要与对手拼个"你死我活"，争取以自己的大获全胜和对手的彻底失败，来作为洽谈会的最终结果，则必将危及己方与对方的进一步合作，并且使社会上对己方产生“心狠手辣”“不能容人”的恶劣印象。因此，商务人员在参加洽谈会时，必须争取的结局应当是既利己又利人的。现代的商界社会，最讲究的是伙伴、对手之间同舟共济。既要讲竞争，更要讲合作。自己所获得的利益，不应当建立在有害对手或伙伴的基础上，而是应当彼此两利。对于这种商界的公德，商务人员在洽谈中务必应当遵守。主持人不能偏向任何一方。

6.主持人的风格应趋于理智

在洽谈会上，洽谈者在处理己方与对手之间的相互关系时，必须要做到人与事分离，各自分别而论。在洽谈中，要将对手的人与事分开，是要求商界人士与对方相处时，务必要切记朋友归朋友、洽谈归洽谈，对于二者之间的界限不能混淆。正确的认识，是应当在洽谈桌上，大家彼此对既定的目标都志在必得。因此，既不要指望对手之中的老朋友能够“不忘旧情”、良心发现，对自己“手下留情”，或是“里应外合”，也不要责怪对方“见利忘义”“不够朋友”、对自己“太黑”。商务洽谈并不是一场你死我活的战争，因此商务人员对它应当就事论事，不要让自己对洽谈对手主观上的好恶妨碍自己解决现实问题。商界人士在洽谈会上，应当理解洽谈对手的处境，不要对对方提出不切实际的要求，或是一厢情愿地渴望对方向自己施舍或回报感情。同理，商界人士在洽谈会上，对“事”要严肃，对“人”要友好。对“事”不可以不争，对“人”不可以不敬。不然的话，商务人员要是在商务洽谈中“小不忍”以致“乱大谋”，那可就怪不得旁人了。在商界，有一句行话，叫作“君子求财不求气”。它再次告诫各位，意气用事，在商务交往中的任何场合，包括洽谈会在内，都是弊大于利的。商界同时还流行着另外一句名言，叫作“君子爱财，取之有道。”将其应用于洽谈之中，也是合情合理的。它告诉商界人士，要想在商务洽谈之中尽可能地维护己方的利益，减少己方的损失，就应当在洽谈的方针、策略、技巧上下功夫，从而名正言顺地在洽谈会上获得成功。要是心思用到了其他地方，甚至指望以见不得光的邪门歪道出奇制胜，不是痴心妄想，便是自欺欺人。

开业开盘

××楼盘开盘仪式主持

尊敬的各位领导、各位客户、各位来宾：

大家上午好！

在这辞旧迎新，阳光灿烂的美好日子，我们在这里欢聚一堂，隆重举行市××××开盘庆典仪式。在此，我谨代表×××房地产开发有限公司××分公司全体员工对各位的光临表示热烈的欢迎并祝愿大家在未来的日子里，每天都有好心情，笑口常开；每月都有好收入，四季发财；每年都有好身体，健康长在；永远有个好家庭，幸福恩爱！

××××——天成的吉脉旺地；××××——绝美的自然花园；××××——经典的建筑风格；××××——绝佳的人居环境。

××××是我区认真学习实践科学发展观和贯彻落实市委、市政府“××”工作思路，大力招商引资加快新区开发，倾力打造××亮区，在新区开发建设上取得的又一丰硕成果。应邀参加今天庆典仪式的领导和嘉宾有：（略）还有市有关部委和区驻地有关单位的领导，区直有关部门和街道办事处的主要负责人，以及××××预约客户等共500多人。让我们以热烈的掌声对各位领导、各位嘉宾、各位朋友的光临表示诚挚的欢迎和衷心的感谢！

首先，请××房地产开发有限公司董事长讲话，大家鼓掌欢迎。

（董事长讲话，略）

下面，请区委书记×××讲话，大家鼓掌欢迎。

（书记讲话，略）

下面，让我们以热烈的掌声欢迎市委副书记致贺词。

（致贺词，略）

现在，请市委副书记××先生、市人大常委会副主任×××先生、市政协副主席×××先生、区委书记××先生、区长×××先生、区政协主席×××女士、区人大常委会副主任××女士、××房地产开发有限公司董事长×××先生共同为××××开盘仪式剪彩。

下面，请市委副书记××先生、市人大常委会副主任×××先生、市政协副主席×××先生、区委书记××先生、区长×××先生、区政协主席×××女士、区人大常委会副主任××女士、××房地产开发有限公司董事长×××先生共同为××××开盘仪式点睛。

现在，请××房地产开发有限公司董事长×××先生宣布××××开盘。

××房地产开发有限公司董事长×××先生：

现在，我宣布：××××正式开盘，请金卡客户进入销售大厅正式选房。

××营业房开盘庆典主持

尊敬的各位领导，各位来宾，各位新闻界的朋友们：

大家好！

今天是公元××××年×月×日，是一个可以写入××历史的灿烂日子，能和大家在这里相聚，我感到十分荣幸。

春和景明的×月，我们共同庆贺××城三期营业房隆重开盘。在这里，我谨代表××城有限公司对各位的光临，表示热烈的欢迎和衷心地感谢。

首先，我要感谢××市委、市政府、××区委、区政府、××经济开发区及各级部门领导的关心和支持。市、区两级政府要求我们率先在××建立一个代表目前中国最新市场业态，前期投资达××亿元的××城，我们深感责任重大，同时，这也是我们前进的动力。

其次，我要感谢××镇和××村干部群众的关爱。我们来自××，××

的创业人员近×万人，我们看准××的一个重要原因就是××的投资环境良好，政府政策优惠。让我们非常感动的是，自从我们来到这里，你们就把我们当作自家人，没有你们的关心支持，就没有我们××城如此快速和高效的建设发展。

再次，我要感谢进驻××城的客商朋友。感谢你们一直以来的厚爱和信任。我们都是在××市场上拼搏出来的，在商言商，我们不追求最大，我们追求最“棒”。

各位领导、各位来宾，××城今天的蓬勃发展，展示了我们明天创业的动力激情，展示了我们打造×××第一城的信念和决心，展示了一个为在座各位创业赢利、大展宏图的舞台。

最后，祝大家身体健康，万事如意，心想事成！

再一次感谢大家。

××公司开业晚会主持

男：各位来宾，各位朋友，

女：女士们，先生们，

合：大家晚上好！

男：欢迎各位来到××大酒店，今天我们欢聚在此，共同祝贺××公司开张大吉。

女：首先，我代表所有来宾和朋友们，向光临××公司开张大吉、隆重典礼的朋友们，致以亲切的问候和诚挚的谢意。祝朋友们身体健康、万事如意、笑口常开、幸福常在！

男：人生好比一出戏，有缘千里来相聚。

女：既然咱们相逢就是有缘，那么，在这里提议在座的所有好朋友，让我们用最热烈的掌声互相交流和祝愿。

男：只有热爱生活的人，才能感受鲜花的娇艳，只有懂得去爱的人，才能体会到心中的芬芳。祝各位有一个难忘的愉快夜晚。因为你们的光临，今夜成了最美丽的时刻，从此世界便多了一抹诱人的色彩。朋友，再次感谢你们的支持与厚爱！

女：绿色是生命的颜色，绿色的浪漫是生命的浪漫。祝愿大家永远充满活力，青春常在。

因为你们的到来，今晚的××世界更精彩，今晚的××星空更加灿烂，今晚的××更温暖，今天因为你们我觉得更幸福！愿你们今后在××吉祥快乐，芬芳馥郁。愿所有的快乐、幸福、温馨、好运，永远围绕在你们身边！

男：钟声响起来，这是我们温暖的幸福。今晚的××是一个不眠的夜晚，今晚是一个欢呼的夜晚；为你奉上鲜艳的花朵，献上闪烁的烛光，我们一起欢度这个愉快的夜晚，祝福的花朵，开放在温馨的季节里，为你点缀欢乐的四季。

女：现在，请总经理致辞。

（略）

男：下面，请主管领导致词。

（略）

（中间程序略）

男：因为你的降临，这一天，成了一个美丽的日子，从此世界便多了一抹绚烂的色彩。朋友，祝你快乐！

女：在××开业的今天，愿所有的吉祥和幸福一直追随在你的身边！

男：梦境会褪色，繁花会凋零，但你曾拥有过的，将伴你永存。

女：让我的祝福像那悦耳的铃声飘进你的耳畔，永远留驻你的心间！

男：祝福你身体健康，万事如意，越来越年轻。

女：在这令人难忘的日子，世界因为有了你而更加美好，我们爱你——××。

男：亲爱的朋友们，再次感谢各位的光临。

女：祈望我们的××，一年比一年更加璀璨美好。愿我们的友情，长存××公司。

男：今天的晚会到此结束。再次感谢所有朋友们的光临！

女：让我们共同期盼明年的今天，我们再次相聚。朋友们，再见。

××公司开业庆典主持

尊敬的各位领导、各位嘉宾、女士们、先生们：

大家中午好！

五彩祥云空中飘，天边飞来金翅鸟。

今天，我们怀着收获的喜悦迎来了××公司隆重开业。值此开业庆典之际，我谨代表××公司的全体员工，向百忙之中莅临我们开业庆典现场的各位领导、各位嘉宾、各界朋友，致以亲切的问候和热烈的欢迎！同时，也向为××公司筹建工作中，付出辛勤努力和积极帮助的各界朋友致以诚挚的谢意和美好的祝愿！

喜看三春花千树，笑饮丰年酒一杯。

××公司是一家综合性公司，×年以来，它经历了从无到有，从小到大，从弱到强，走过了辉煌的×年。公司的广大员工，时刻把公司的发展看作自身的责任和义务，时刻保持时代的紧迫感和使命感，以科技实现进步、以文化促进发展、以团结凝聚智慧，以奋斗创造财富。在竞争日益激烈的市场环境中，广大员工时刻抓住机遇，积极开拓，大胆创新，锐意进取，这不仅使公司树立了良好的社会形象，更为广大客户提供了优质的服务。

我们相聚在此，是为了今天的庆典，下面，我隆重宣布，××公司开业庆典正式开始！请鸣炮庆贺！今天，莅临庆典现场的各位嘉宾和朋友有：×××、×××、×××等。让我们用热烈的掌声欢迎前来参加庆典的各位领导和各位来宾，同时对支持、帮助和参与此项工程建设的各位朋友表示诚挚的感谢。

几载寒暑不眠夜，赢来祝捷爆竹声。

在这举杯欢庆的时刻，我们不会忘记来自各方的鼎力支持，也不会忘记各方的真诚合作。

亲爱的朋友们，今天我们的开业庆典仪式和文艺演出交叉进行。接下来让我们大家共同欣赏歌舞……

女士们，先生们，朋友们，为这一天的早日到来，为这一天多一份自豪和激动，今日就让我们在这里真诚地合作，共同放飞理想和智慧。

这是新事业、新生活的开始，让我们庆功的美酒醉倒山川。

尊敬的各位来宾、女士们、先生们：××广告公司开业庆典到此圆满结束。谢谢大家的光临！我们的×经理托我向大家送上一副对联，上联是：吃尽桌上美味不要浪费，喝尽幸福美酒不要喝醉。横批：吃好喝好。

最后，祝愿我们在场的每一位来宾在新的一天里，一帆风顺，二龙腾飞，三阳开泰，四季发财，五福临门，六六大顺，七星高照，八面玲珑，九九同心，十全十美。再次感谢大家的光临。谢谢你们！

××协会成立大会主持

各位领导、各位会员、同志们：

今天，我们在此召开××市××协会成立大会，出席今天成立大会的各位领导和嘉宾有：（略）出席今天会议的还有市××协会的全体会员以及市直部分××代表，共×××人。

这次大会的议程是：一、宣读贺信。二、大会筹备工作组作筹备工作报告。三、审议《市××协会章程（草案）》。四、选举协会第一届理事会理事。五、召开一届一次理事会，选举协会会长、副会长、常务理事、秘书长。六、宣布一届一次理事会选举结果。七、宣读协会顾问、名誉会长名单。八、宣布一届一次理事会选举结果。九、宣读协会顾问、名誉会长名单。十、市民政局领导讲话。十一、当选会长讲话。十二、宣读倡议书。十三、××××服务队授旗。十四、×××××集体宣誓。十五、市领导讲话。

现在，我宣布，××市××协会成立大会现在开幕！

下面进行大会第一项议程。

……

医院开业庆典主持

尊敬的各位领导、各位来宾朋友们：

大家好！

这里是××市红十字会医院开业庆典的现场。五彩斑斓的礼炮，明快悦耳的音乐，喜气洋洋的热闹气氛，点缀出了一个隆重的开业场景。××市红十字会医院的开业是××医疗界的盛典，是红十字人的盛事，让我们以热烈的掌声来共同庆祝这一盛事。

“保护人的生命和健康，发扬人道主义精神，促进和平进步事业”是红十字会的宗旨。是经省红十字会批准成立了××市红十字会医院。她填补了××市红十字会的空白，也成为××市第一家非营利性质的医院。我相信，她的出现将会为我市×××万人民的身心健康带来更好的服务。

××市红十字会医院前身是于××××年创建的市精神卫生保健院。在已有规模、设施、人员的基础上进行了扩建和完善，形成了现在的市级文明单位、市级卫生单位、市级青年文明号、市级巾帼文明示范岗。同时，红十字会医院将继续坚持以病人为中心，给予病人无微不至的关心和细心耐心的服务，发扬“健康、和平、奉献”的人道主义精神。

接下来我宣布：××市红十字会医院开业庆典仪式正式开始！

首先我来介绍一下参加今天开业庆典的各位领导：他们有省红十字会副会长×××，××市红十字会会长×××，市卫生局副局长×××，市委副书记×××，市政府××主任，还有来自各兄弟单位的嘉宾以及多家省市新闻媒体的记者朋友们，让我们用热烈的掌声欢迎他们的到来。欢迎你们！

下面请各位领导代表为庆典致词：

首先有请×××省红十字会副会长×××先生讲话。

（略）

接下来请市红十字会会长×××先生为庆典致辞。

（略）

有请市委副书记×××先生上台讲话。

（略）

请市卫生局副局长×××先生讲话。

（略）

欢迎市政府××主任致贺词。

（略）

最后有请××市红十字会医院院长×××上台讲话。

（略）

朋友们，相信大家和我一样，在听完各位领导的讲话后，此刻的心情应该是非常的激动与澎湃，同时，这些话语也让我们了解到了市红十字会医院为人民服务的雄心壮志。因此，我们相信她必将成为市医疗保健行业一颗闪耀的新星。在这里请允许我代表大家向他们表示衷心感谢和热烈祝贺。

接下来的一个程序是将要举行市红十字会医院的授牌仪式。

请省红十字会向市红十字会医院授牌。

（略）

授牌完后，我们即将进入下一个环节：剪彩仪式，下面让我们欢迎省红十字会副会长×××，××市红十字会会长×××，市卫生局副局长×××，市委副书记×××，市政府××主任为市红十字会医院开业剪彩。

×××红十字会医院开业庆典到此圆满结束，再一次感谢各位能够光临今天的开业现场。谢谢！

商场开业庆典主持

尊敬的各位领导、来宾：

大家好！

我是此次庆典活动主持人××。今天，在××商场盛大开业之际，我能够作为主持人与大家共同庆贺这一时刻，感到十分荣幸。同时非常感谢在座的诸位能在百忙之中光临××商场的开业典礼。

下面就由我来为大家隆重介绍本次出席庆典仪式的领导，他们是：×××（略）。让我们对各位领导的到来表示衷心的感谢！

今天我们还有幸邀请到了各部委办公室的领导以及各大媒体的朋友，同样的，也十分感谢你们的到来！

南风送暖，柳翠花殷。在阳春三月的喜气里我们即将迎来一个热情渐起、如火如荼的季节。公元××××年××月××日，这个令我们每个人都心潮澎湃的日子，必将自此铭刻在在座的每一位的心头。今天，在××这个享有“国际品牌王国”美誉的××商场正式落户××市的重要时刻，我们心情是激动和充满期待的。××始终本着高品位与高品质的专业服务精神，至今她已经拥有了××多年的经营历史。我们深信此次她与××市的结缘，必将开启××市引领一流品牌消费新时尚的潮流，带领××人民步入高品质生活的世界。

下面让我们用热烈的掌声请出××领导为大家讲话；

接下来让我们再次用热烈的掌声请上××先生上台发言；

接下来让我们请出××为大家讲话；

下面有请×××为象征着祥和美满、红红火火、蒸蒸日上的8头南狮点睛，并欣赏吉祥喜庆的舞狮表演。

看完精彩的舞狮表演，下面我们请各位在座的领导、来宾一起来欣赏我们××市特色的地方民俗表演。

此次××商场的盛大开业，将成为××地区迈进国际最新时尚消费潮流行列的标杆，更是我们××市经济新面貌的发展见证。同时，我××商场的爱心也将播撒在她所经过的每一个地方，一直以来，××始终以自社会、奉献大众为理念，尤其是对于社会公益和教育事业的执着关注和支持。此次入驻××市，××商场方面愿意与××市人民共同建设××市美好的未来，为此我们策划筹建了“××××”爱心助学基金，用以资助××地区××位贫困中小学生完成学业。让我们共同倡导人人奉献社会公益的风气，为共筑××地区美好明天携手努力。

下面是最令人心情激动的时刻，让我们一同来见证这一时刻，我们期待已久的××商场今天终于正式和大家见面了。××商场将从此走入××市人民的生活，为我们创造和引领新时尚高品质生活打开了一扇大门。下面就有请在座的领导××××，一同为我们××商场的××市店开业剪彩！同时，这也将意味着××××爱心助学基金的正式启动。

（由××董事长×××宣布“××商场正式开业”）

××月，美丽的××城绿树成荫，花般似锦。而××市的人民更是心地纯朴、热情好客。下面的时间，就让我们一同走进××商场这个品牌王国，感受她带给我们的世界潮流的购物体验。时尚之花，绽放春城。品质体验，尽在××。

到此××商场盛大开业仪式圆满结束。感谢光临的各位领导、来宾。欢迎领导们和各位来宾朋友移步到××商场内参观体验……

连锁店开业庆典主持

女士们、先生们、各位街坊四邻和朋友们：

大家好！

又是一个金色的十月，又是一个收获的季节。今天，×××全国连锁店车马盈门、紫气东来，吉时开业，大富启源！请××人的锣鼓队震天动地地敲起来。

朋友们！××连锁店地处风景秀丽、柔美婉约的××市：有一种永远不会散去的水乡味道！××的饮食文化，历史悠久渊长。犹如滔滔不绝的江水，一路唱着经典的百年老歌，欢笑着奔向了文明古老的××。扎根落户在这美丽富饶、繁花似锦、人杰地灵的礼仪之邦——××大地上。

首先，有请×××连锁店大堂经理×××先生向大家介绍贵店的特色食文化！“江南美食甲天下”，它不仅做工细腻独特，而且有着很浓郁的文化底蕴。×总就是一位为江南特有的美食文化作出巨大贡献的民营企业家。曾经有一位著名的美食专家夸赞他说“名扬塞北三千里，誉满江南百万家”。

下面有请×总宣布：×××全国连锁店××店今日开业！

（鞭炮齐鸣，锣鼓喧天）

朋友们，祝愿×××全国连锁店××店：生意兴隆通四海，财源茂盛达三江。祝来宾朋友们、街坊四邻的父老们食用×××美食延年益寿、身体康健、五福临门、万事如意！×××全国连锁店××店开业庆典礼成！再次感谢各位的光临。

酒店开业庆典主持

龙腾四海，凤舞九天；光辉酒店，鸿业竣开！香飘万家，技艺精湛；四面得利，八方进财！

尊敬的各位领导，各位来宾，女士们，先生们，朋友们：

金秋十月，清风送爽！

今天是××××年×月××日，四面八方的朋友欢聚一堂，都是为了庆祝这个共同的盛世，即××市×××大酒店开业庆典仪式。

现在良辰吉时已到，下面我宣布开业庆典仪式正式开始！鸣炮！奏乐！

首先我代表×××酒店的总经理×××先生对各位领导、各位嘉宾、各界朋友的光临表示最热烈的欢迎和最诚挚的谢意！×经理年轻有为，可以说是我们当今市场经济大潮中的佼佼者，弄潮冲浪，挥洒自如！他以一个精明商家聪明智慧的头脑，敏锐准确的独到眼光，不惜重金购下了眼前这块土地的使用权，建成了我市有史以来最高档豪华的×××酒店，本酒店星级水准，工薪消费，聘请名师主灶，技艺高超，可谓“名震塞北三千里，誉压江南十八楼！”

下面就让我们大家以热烈的掌声有请×××酒店的总经理×××先生致辞！

（总经理致辞，略）

×经理话语不多，句句精彩，答谢亲友，肺腑之言！在此，我也代表所有到场的来宾朋友祝贺×××酒店开业大吉，吉祥如意！财源茂盛，生意兴隆，天天客常满，杯杯酒不空！“×××酒店”必然会成为餐饮业的一颗璀璨的金星闪耀于××的天空！

×××酒店有今天不仅离不开各位的厚爱，还有我们市委领导的鼎力支持，好下面有请市委×××书记致贺词。

大家鼓掌！

非常感谢！领导就是领导，果然名不虚传，气势不凡！不仅人很帅气，连口才都顶呱呱！

好！最后有请各位共同举杯将心中这份最特别、最诚挚的祝福送给×××酒店，祝×××酒店生意兴隆！八方财进！抬头见喜！低头见人民币！生意兴旺发达，事业如日中天！

非常感谢各位今天能够光临开业庆典，我们的×××酒店为了款待和答谢各位领导和来宾，精心准备了开业庆典宴会，请各位随我一起步入×楼宴会厅入席。

奠基揭牌剪彩

××工程奠基仪式主持

尊敬的各位领导、各位来宾：

今天在这里，我们隆重举行××市××××项目工程的奠基仪式。××××项目是我市重点建设项目，对于建设××××基地具有重要支撑意义。今天，它的开工投建，将成为我们××市××××产业飞跃发展的一大标志，从此，我们××市经济又将迈上一个新的台阶，而这必将会对我市的社会经济发展产生深远的影响。出席今天奠基仪式的有：××市长××同志，××市委书记××同志、副书记××同志，××局局长××同志、市政府××项目办主任××同志，市处级以上的领导干部，我们新闻媒体的记者朋友们，以及××××项目工程全体负责人与工作班子成员。让我们用最热烈的掌声向光临的各位领导、来宾表示衷心的感谢与最诚挚的欢迎！现在，我宣布，××市××××项目工程奠基仪式正式开始。

下面进行第一项，鸣炮奏乐。

下面进行第二项，有请××市××××有限公司总经理××先生为我们介绍××××项目的情况。

下面进行第三项，有请××市委书记××同志为大家讲话。

下面进行第四项，有请××市政府领导××市长上台讲话。

下面进行第五项，有请××××项目施工单位负责人××先生上台发言。

最后进行第六项：请各位领导、来宾为××市××××项目工程培土奠基。

现在，我宣布：××市××××项目工程奠基仪式圆满结束。

宾馆开工奠基仪式主持

尊敬的各位领导、各位来宾，女士们、先生们：

携手并进，同心同德共创宏图伟业；诚信互惠，××宾馆再谱崭新篇章。

××宾馆建设开工奠基仪式现在开始。出席今天开工奠基仪式的嘉宾和省市领导有：××宾馆的投资方，××交通建设集团董事长×××先生、总工程师×××先生，××省旅游局助理巡视员××先生，××省经委巡视员×××、助理调研员××先生，××省饭店协会会长××、副会长×××先生。

……

出席今天奠基仪式的还有××市政协×××副主席，原地区政协工委副主任×××、×××，以及××市××委、××办、××局、××局、××局、××局、××局、××局、××局、××院、×会、×联、团市委的负责同志，××日报社、××电视台、××报社和××电视台的记者。

首先，我代表中共××县委、××县人大常委会、××县人民政府、政协××县委员会及全县人民，向百忙中出席并指导今天开工奠基仪式的各位嘉宾、各位领导表示热烈的欢迎和诚挚的感谢！这里，我要特别感谢不求回报、无私奉献的企业家、慈善家×××先生和×××女士。他们是一对创业夫妻，更是致富不忘回报社会、具有菩萨心肠、热爱扶贫济困事业的仁人志士。近年来，他们向社会捐赠的各项款物已达××××多万元。

各位领导，同志们、朋友们，××宾馆的开工奠基，标志着我县旅游产业开发翻开了新的一页，对于我县提升旅游接待服务水平、打造××“红、绿、古”三色旅游品牌、加速旅游支柱产业建设具有里程碑的划时代意义。

×××先生和×××女士对××的关注始于××××年。当他们得知××是全国最贫困的县之一，并和我县现任县委书记、时任县长的×××同志相识后，于××××年率领集团董事会成员，千里迢迢来××考察慰问。×年多来，共给我县贫困户发送慰问金××万多元，投资捐建×所希望学校共××万元，特别是不顾董事会全体成员反对，力排众议，决定以慈善扶贫、不求回报的方式，用他们个人资金投资兴建××宾馆，并当即给我县汇来×××万元作为前期工作费用。××宾馆项目建设总投资××××多万元，总建筑面积×××××平方米。

大家从效果图上可以看到，这是一座具有江南水乡特色的园林式宾馆，最高楼层为×层，庭院全部由亭台廊桥和水榭湖面来构成。建成后，它将是××乃至××地区最有特色的仿古园林式宾馆，将成为我县一个靓丽的新景点。

我们无法用语言来表达我们对×××先生和×××女士的深情厚谊和感激之心。我们将以实际行动，把××宾馆建设好、管理好，让它发挥富民强县的最佳效应，不辜负×、×二位董事长的一片真情。

让历史的脚步在这里稍作停留，××人民将永远记住××××年×月×日这个刻骨铭心的重大日子。

请允许我代表××（地名）××万人民和各位嘉宾朋友，向亲临现场的×××先生和远在××省的×××女士深深地鞠上一躬。

现在，请少先队员代表向××建设集团董事长×××先生、总工程师××先生献花并致辞。

下面，请大家以热烈的掌声欢迎×××先生讲话。

下面，请中共××县委书记×××同志讲话。

下面，请××省饭店协会×××会长讲话。

……

现在请××市人民政府×××市长宣布：为××宾馆开工建设隆重奠基。

（奏乐，鸣炮）

开工奠基仪式到此结束。谢谢各位领导、各位嘉宾的光临指导；谢谢参加仪式的全体干部群众、特别是为奠基仪式付出辛勤劳动的少先队员、×××健身队员、施工队工程人员和大会工作人员。谢谢！

散会。

医院工程奠基典礼主持（节选）

尊敬的各位领导、各位嘉宾，女士们、先生们、朋友们：

大家上午好！

在这秋高气爽、果香四溢的日子里，我们在这里隆重举行××医院工程奠基典礼仪式。这是今年××市确定的重点工程之一，也是为全市人民提供更好的医疗保障工程的一个项目。

出席今天奠基仪式的领导有：省卫生厅××厅长，中共××市委×××副书记、××市人民政府×××市长，××市人大常委会×××主任，××市人大×××副主任，××市政协×××主席，市政协×××副主席，中共×市委常委、宣传部×××部长，××大学×××书记、×××校长以及××医学院、××市卫生局的领导。

参加今天奠基仪式的还有：××市及各有关部门的负责人、各有关企业代表、经济界、新闻界的朋友。让我们以热烈的掌声欢迎各位的到来！

同志们，××医院按照市委、市政府的要求和省卫生厅关于三级医院要进行总体规划的要求，结合自己的实际，高起点、高标准、高质量地设计了医院的总体规划。这是一个规模庞大、建筑面积达×万多平方米的建筑群体，搞好这个工程建设，对于××城市的发展和环境建设，对于进一步做好××地区的医疗保健，更好地造福于民，都具有十分重大的意义。

今天奠基的××工程，建筑面积×万多平方米，总投资约×亿元人民币，计划×年内竣工。相信未来的××医院，一定是一所设计新颖、设施齐全、功能布局合理、装备先进、生态环境优美的现代化医院。

×××大学××学院成立大会暨揭牌仪式主持

（场景）

×××大学校门前，整齐地摆放着各种各样的鲜花，一盆盆鲜花形成了各种欢乐喜庆的迎宾造型，彩旗飘飘、五颜六色的气球也在空中争奇斗艳，校园门口红色的充气拱门上写着“热烈祝贺×××大学×××学院正式成立”。入口处也有身披绶带的迎宾队伍，他们热情地向走进校园的每一位嘉宾打着招呼。只见校门口正中央的音乐喷泉广场响起，那些喷起的水在空中形成各种造型，吸引了很多与会嘉宾的驻足观望。

×××学术报告厅门前，也设置了彩虹色的充气拱门，只见上面写着“热烈欢迎各位领导莅临指导”。大厅的四周也进行了精心的布置，有各色各样的旌旗和标语，大厅的入口处设置了鲜红的地毯。

×××学术报告厅内，音乐缓缓响起，主席台上柔和的灯光映衬着干净、洁白的台布，台布上面摆放着迎宾花。主席台后面是一个大屏幕，上面显示的是该校的校徽、校训还有本次大会的主题。主席台前的鲜花在灯光的反射下显得格外的美丽。

（上午9时，校园内的广播奏起了欢乐的乐曲，迎宾仪式正式开始；9：30，各位领导和嘉宾在学生代表的引领下就座，全场响起了雷鸣般的掌声；9：40，大会主持人在悠扬的歌声中走向会场的主持台，主持人站定，乐曲缓缓停下）

（主持人）

尊敬的各位领导、各位来宾，老师们、同学们：

大家上午好！

春日的×××大学校园，万物复苏，风轻云淡。在这个充满生命的季节里，我们有幸见证×××大学发展历程当中又一件喜事——×××学院隆重挂牌成立！在这个特别的时刻，请允许我代表×××大学×××学院向今天来参加大会的各位领导、各位来宾、各位校友、老师们、同学们，表示热烈的欢迎和诚挚的感谢！

此时此刻，我想大家和我的心情是一样的，我可以用“感慨万千”来形容。看着台下这一张张熟悉的脸孔，一双双真诚的眼神，真是百感交集啊！回想×××学院建设之初，筹备建设的各位领导、老师和同学们整日忙碌的身影此刻就浮现在我的眼前，他们为×××学院作出的贡献将被所有关心和支持×××大学的朋友们记住。

多少年来，母校培养了一大批优秀的人才，真可谓桃李满天下。时间不断地向前，我们不断地得到知识和力量，我们始终在不断地探索和研究，我们励精图治的精神永远都不会停歇。今天我们迎来了一个大喜的日子，值此×××学院的成立之际，我希望大家能够继续保持艰苦奋斗的思想作风。

下面，我宣布：×××大学×××学院成立大会暨揭牌仪式现在开始！

参加大会的领导同志有……受邀参加大会的嘉宾有……让我们再一次以热烈的掌声欢迎参加今天大会的各位领导和来宾。参加大会的还有……

现在，大会正式开始。请全体起立，奏国歌。请坐下。

值此×××大学×××学院成立之际，我们收到了来自××、××等发来的贺电、贺信，为我们送来了来自远方的祝福！

接下来，我们一同分享恭贺单位发来的贺电、贺信。我们有请×××大学×××领导为我们宣读这深深的祝福，大家掌声欢迎！

（×××领导在热烈的掌声中上场，主持人退场）

（×××领导宣读贺电、贺信……）

（×××领导在掌声中退场，主持人上场）

（主持人）

谢谢×××领导为我们宣读这些来自远方的朋友们的祝福。此刻，我谨代表×××大学也向关心和支持我们的领导和朋友们，表示衷心的感谢！

下面，我们有请×××大学校长为我们作重要讲话，大家掌声欢迎！

（热烈的掌声响起，×××校长迎着热切的目光上场，主持人退场）

（×××校长致词）

（×××校长在热烈的掌声中退场，主持人上场）

（主持人）

让我们用热烈的掌声感谢×××校长的精彩讲话。我从×××校长的讲话中体会到他对×××学院寄予了很高的期望，对于×××学院的老师提出了严格的要求，对×××学院的学生表示了祝贺，这足以说明×××校长对×××学院建设的高度重视。自从××××年××月×××校长主持×××大学工作以来，他不辞辛劳多次深入学生当中去，了解学生们的学习生活情况，了解老师授课情况。我们亲切地叫他“×管家”，多少年过去了，您依然是那么平易近人，那么和蔼可亲。

今天您对×××学院的讲话，我想他们一定会谨记于心的。您的鼓励将会成为他们今后发展的动力。我想×××学院全体师生一定不会辜负您的期望。

今天还有一位德高望重的老师要和大家见面，那就是×××学院新聘任的院长。大家欢迎×××教授给大家讲话。

（×××院长在热烈的掌声中上场，主持人退场）

（×××院长致词）

（×××院长在热烈的掌声中退场，主持人上场）

（主持人）

谢谢×××院长的精彩讲话。

“厚德明辨、博学笃行。”这是×××院长送给大家的座右铭。×××院长把这句话送给×××学院的同学们，意思就是要告诉大家学习的目的是为了拥有优秀的品质和高深的知识。

下面，我们有请嘉宾代表×××领导致贺词，大家掌声欢迎！

（×××领导在热烈的掌声中上场，主持人退场）

（×××领导致贺词）

（×××领导在掌声中退场，主持人上场）

（主持人）

感谢×××领导对×××大学的关心和支持，同时也感谢多年来对×××大学提供帮助的朋友们！

下面，就让我们再次以热烈的掌声有请×××学院教师代表×××教授致词！

（教师代表在热烈的掌声中上场，主持人退场）

（教师代表致词）

（教师代表在热烈的掌声中退场，主持人上场）

（主持人）

感谢×××教授的精彩发言。从各位领导和嘉宾的讲话中我都明显地感觉到所有人对×××学院今后的发展充满了期望，×××教授的一席话更是让我的心里明白，在×××学院有很多优秀的教务工作者，他们品德高尚、经验丰富。他们是×××学院建设的基石，也是学院迈向辉煌的保证。

值此×××学院成立之际，学院的学生代表向大家作出郑重承诺，我们欢迎×××同学发言。

（×××在热烈的掌声中上场，主持人退场）

（学生代表致词）

（学生代表在热烈的掌声中退场，主持人上场）

感谢×××同学的精彩发言。

下面，我们有请……领导为×××大学×××学院成立揭牌，大家欢迎！

（欢乐的乐曲响起，台下响起了雷鸣般的掌声，各位领导在学生代表的引领下到揭牌处，全场再一次响起了掌声，鲜红的丝绸被揭开了，×××学院的招牌出现在了所有人的眼前。揭牌仪式结束，各位领导退场，主持人上场，乐曲暂停）

（主持人）

让我们再次用热烈的掌声感谢各位领导为我们主持揭牌仪式！（又一次的掌声）

从今天开始，×××大学×××学院就正式挂牌成立了。

让我们共同祝愿×××大学明天更美好！

最后，祝各位领导、来宾和全院师生员工身体健康、工作顺利、学习进步！

谢谢大家！

镇更名庆典暨揭牌仪式致词

尊敬的各位领导、各位来宾、同志们、朋友们：

大家上午好！

在全市上下喜迎国庆佳节的欢乐气氛中，我们今天欢聚一堂，在这里隆重举行××镇更名庆典暨揭牌仪式。在此，请允许我代表市委、市政府向××镇党委、政府及全镇人民致以最热烈的祝贺！同时，向应邀出席本次庆典的各位领导、来宾表示最衷心的感谢和最热烈的欢迎！向一直关心和支持××镇发展的各界朋友表示最崇高的敬意与最诚挚的感谢！

自××年××月全市行政区划调整以来，原××镇被划分成××镇和××街道办事处两部分，××镇政府亦迁至××处办公，至今沿用××镇旧名，由于原××镇区划已经变动，沿用旧称一定程度上给政府办公和当地群众日常生产生活带来许多不便之处。应广大干部群众的强烈要求，××镇更名一事势在必行。所幸的是，在市政府各级领导关心与帮助下，此问题已经反映到省政府，并且今年月底省政府已于批复，正式准予现××镇更名为××镇。这是××市和××镇的一桩大事，也是顺应××镇经济社会发展和历史文化传统的一件好事。区划调整目的是为了更好地实现发展宏愿，同时也要符合人民群众的生活习惯，以最大限度地调动和激发广大干部群众对于建设和发展我们××镇经济文化的积极主动性。

现××镇位于我市南部地区，资源丰富、交通便利，区位环境优越美丽，是××地区经济发展的纽带中枢，历来被视为我们××市经济重镇，对于整个××地区发展具有重要战略意义。近年来，在上级政府的领导和支持下，××镇党委、政府始终坚持以科学发展观为指导，坚持团结和带领全镇干部群众，牢牢把握团结大义，凝聚各方力量，用实力说话，凭着一股不畏艰险的拼搏精神，不断战胜困难，创造出今天的局面。全镇上下干部群众心意齐发、政通人和。从××年以来，××镇就已跻身于全国百强城镇行列。此次××镇的更名揭牌，将标志着××镇又翻开了她新的一页。相信我们××镇一定能借此契机，充分把握宽松的政策环境，利用好自己区位交通优势，继续在支柱产业上做好功夫，同时不断开拓新产业新领域，充分得天时地利人和之气，发挥好××镇在××地区经济枢纽的作用，带动××地区经济文化发展进入新的时期。继续发扬全镇干部群众齐心合力的干劲，抢抓新机遇，开拓新领域，树立新形象，创造新辉煌。同时更希望省市各部门领导以及社会各界热心人士继续对××镇的未来发展稳定给予关心、支持和帮助。相信，我们一定不负众望，将会把××镇建设成一个更富强、美丽、文明的现代化城镇。

值此国庆佳节来临之际，祝各位领导、来宾和××镇广大干部群众节日快乐！祝我们的祖国母亲更加强大，祝我们的社会经济文化更加繁荣昌盛！

祝××镇的明天更加繁荣安定！

谢谢大家！

竣工剪彩仪式主持

各位领导、各位来宾、同志们、朋友们、乡亲们：

大家上午好！

在市委、市政府的亲切关怀下，在省、市××银行和××委等上级部门的大力支持下，在县直各部门和全县广大干部群众的共同努力下，我县××××年××工程胜利竣工了。

今天，我们在这里隆重举行剪彩仪式，这是全县××万人民的一件大事，也是我县县城建设史上的一个重要里程碑。

参加今天剪彩仪式的有县四套班子领导、部分离退休老干部、各乡镇负责人、县直各单位干部职工、××镇机关干部职工和县城周边村的广大群众。特别是市×××副市长，国家××银行××省分行×××处长、×××经理，市××委××主任和市××××有限公司×××等相关领导，在百忙之中专程赶来参加我们今天的剪彩仪式，让我们以热烈的掌声对他们的到来表示诚挚的欢迎和衷心的感谢！

现在我宣布，××县××××年××工程剪彩仪式开始。鸣炮奏乐！

下面，请××县委副书记、纪委书记×××同志介绍我县××××年××工程建设情况，大家欢迎！

下面，请××市×××副市长代表省、市来宾×××先生作重要讲话，大家欢迎！

下面，请××县县长×××同志讲话，大家欢迎！

下面，请××市×××副市长，国家××银行××省分行×××处长，××市××委×××主任，县委书记××同志，县长×××同志，县委副书记、纪委书记××同志，县委常委、政府常务副县长×××同志，县委常委、宣传部长×××同志，县委常委、政法委书记×××同志，共同为××县××××年××工程胜利竣工剪彩。

……

现在我宣布，剪彩仪式结束。请各位领导参观我县城建重点工程。

工程竣工剪彩仪式主持

尊敬的领导、来宾，女士们、先生们：

大家好！

今天我们在这里借着第×届××旅游节的东风举行××区××路拓改工程竣工剪彩仪式。应邀参加我们剪彩仪式的嘉宾有中共××区委五套领导班子成员、各街道及区的领导，还有关心和支持××区××路拓改工程的社会各界的朋友们。在此，请允许我代表中共××区委、××区人民政府向××路拓改工程的顺利竣工表示最热烈的祝贺！向参加我们剪彩仪式的各位领导、各位来宾表示最衷心的感谢！向长年奋斗在路拓改工程一线的工程建设者致以崇高的敬意！

××区××路拓改工程是今年市委、市政府确定的重点工程项目，也是关系到中心城市打开进出口通道的重要建设项目之一。该工程全长×公里，工程总预算×亿元。工程起点位于××区××路×公里处，终点在××。工程按照城市一级主干道标准要求设计，荷载要求为城市A级，平均行车速度为60km/h。自×××年×月开工以来，该工程就得到市、区及相关单位的高度重视，工程指挥部以科学发展观为指导，协同建设部门、交通部门、施工监理单位精诚合作、克难攻坚、昼夜奋战终于如期竣工通车。

现在我郑重宣布××区××路拓改工程竣工剪彩仪式现在开始！

仪式第一项：中共××区委书记讲话，大家欢迎。

仪式第二项：恭请×××等领导同志为××路拓改工程竣工剪彩仪式剪彩。音乐起，鞭炮鸣。

我们的剪彩仪式到此结束，请各位领导检查验收××路拓改工程。

谢谢大家！

学校落成剪彩仪式主持

各位领导、来宾、老师、同学们：

大家好！

春风和煦，播撒下希望的种子，秋风清爽，带来了金色的果实。宽厚而无私的大手托起了孩子们渴望读书的希望。今天由××省水利厅等单位捐资修建的××希望小学在这里落成并投入使用了，此时孩子们为之雀跃，村民们为之振奋，而所有希望工程工作者此时也满含着辛勤工作后的欣慰。

在这里我代表团县委对希望小学的落成表示热烈的祝贺！对希望工程工作者辛勤的劳动表示最深的谢意！

出席这次剪彩仪式的领导有：××省水利厅计财处处长×××，共青团××省委希望工程办公室主任、省青基会秘书长×××，共青团××市委副书记×××，××县委常务副书记×××，××镇党委书记×××，××镇镇长×××。让我们以热烈的掌声向多年来对我县希望工程给予关怀和帮助的各位领导、各界人士以及对××希望小学大力资助的××省水利厅等资助单位致以崇高的敬意和衷心的感谢！

现在，我宣布：××镇×××希望小学落成剪彩仪式现在开始！

首先，请少先队员给各位领导佩戴红领巾。

进行仪式第一项：升国旗、全体起立！奏国歌。

进行仪式第二项：让我们以热烈的掌声欢迎省水利厅计财处处长×××，团省委希望工程办公室主任、省青基会秘书长×××，共青团××市委副书记×××，××县委常务副书记×××为××镇××希望小学落成剪彩。

进行仪式第三项：请少先队员代表×××发言。大家鼓掌。

进行仪式第四项：请××县委常务副书记×××同志讲话，有请。

进行仪式第五项：请××省水利厅计财处处长×××同志讲话。大家欢迎。

进行仪式第六项：请团省委希望工程办公室主任、省青基会秘书长×××同志讲话。大家鼓掌欢迎。

同学、老师、乡亲们，小树苗长成参天大树，需要肥沃的土壤、纯洁的水和温和的阳光，孩子的成长需要学校、家庭、全社会的共同关怀和努力。我们的口号是：一切为了孩子，为了孩子的一切，为了一切孩子。

同样，在今天美好的环境里成长的孩子们，希望你们能够珍惜今天来之不易的学习机会，发奋学习，自立自强，不负全社会对你们的扶持和帮助！

最后，让我们以热烈的掌声再次向对××希望小学大力资助的××省水利厅等资助单位致以崇高的敬意和衷心的感谢！

××镇××希望小学落成剪彩仪式到此结束！请领导参观新校舍。

展览营销

花卉展览会主持

各位领导、各位同志、女士们、先生们：

大家好！

在这个热火朝天的七月、锦绣八方的夏季；在这个百花争艳、万木争荣的城市。我们尽情享受着阳光，沐浴着雨露，在青山碧水中寻求心灵的滋润与抚慰；我们尽情享受着红的花，绿的草，在园林美景中探索身心的愉悦与舒适。

由××市举办的花卉展览在此隆重地进行，此次展览会是为了使我们的生活更加地多姿多彩，更加地舒适自然，更加地惬意美好，同时也是为了提高××城市生态园林城市的建设。

首先，请允许我介绍今天到场的嘉宾：（略）让我们用掌声热烈欢迎这些钟爱花卉的朋友们！

下面有请×××领导为此次花卉展览致词。

……

此次的花卉展览还请到了×××、×××、×××……作为评委小组，下面请×××同志宣读评比条件和具体的奖项设置。

……

花常常被比作爱的使者，美的化身。我们的家园需要温馨的花朵来点缀，我们的生活也需要美丽的花朵来装扮。当我们感觉到累的时候，看到绽放的鲜花，嗅着那散发的芬芳，身心顿时便会得到抚慰，得到释放。因此，花是我们忠实的朋友。让我们每个人行动起来，在心灵的深处亦种上些花草，以此来净化。

接下来，让我们步入花的殿堂，开始赏花吧！

……

百花遍地飘香、丽草满园吐秀。在经过观众的投票以及各位评委的商定后，此次花卉展览活动评出了优秀奖×个、三等奖×个、二等奖×个、一等奖×个。

下面有请评委代表××同志上台宣布获奖花卉的名单。

……

下面，请×××、×××等嘉宾颁奖。

……

花朵装点着我们的城市，美化了我们的家园，爱花的朋友们，让我们在悦目的同时也加入种花的行列中来吧！让我们生活的每个角落都洋溢着花的芳香。让阳光照耀的地方都洒满花的气息；让我们的世界更加温馨美好、美丽如画。

朋友们，我们的花卉展览会就要进入尾声了，最后，我要代表广大花卉爱好者对此次展览会的赞助商们表示衷心的感谢，因为有了你们，才会有今天的精彩，才会有此次的活动！

花卉展览会到此结束，朋友们再见！

中国国际手机展览会领导致词

尊敬的各位来宾：

早上好！第×届中国国际手机展览会今天正式开幕了。能与来自这么多国家和地区的手机生产厂商代表共聚一堂我感到十分的荣幸，我谨代表本次手机展览会组委会向大家表示热烈的欢迎，也希望大家能在本次展会上找到合适的合作伙伴，收到更多的订单。今晚的招待晚宴是本次展会的一个特别环节，是我们组委会专门为各位参展厂商准备的一个特别节目，希望大家今晚玩得愉快！

中国国际手机展览会自××××年第一届开始，已经连续举办了×届，每年的秋天我们都在××市举办中国手机业界这一盛事，通过几年的迅速发展，中国国际手机展览会已经成为中国最具影响力的手机展会之一，吸引了大批来自国内外优秀的手机生产厂商，还有很多固定的观众群体，是每年手机行业的一个盛会，也是手机行业人才济济一堂的场所。中国国际手机展览会在××市最大的会展中心举行，占地面积××万平方米，标准展位近×××个，从第一届开始每年都超过×××个厂商来参展，特别是以诺基亚、摩托罗拉、三星等为首的国际大品牌，每年都会在展会上展出最新的产品，吸引大批人士前往观摩与学习。近年来，以联想、多普达、华为、中兴等为首国产品牌也逐渐崛起，本次展会上，这些厂商无论是在展位面积，还是参展产品的数量和质量上都足以与国际大厂相媲美。除了产品本身以外，我们还可以在展会上见到手机行业的很多顶尖人才，对于有人才需求的厂商这里也是寻找“千里马”的好场所。

今晚，这么多国内外的同行欢聚在一起，是一个非常难得的机会，希望各国的朋友能够在这里广交朋友，寻求合作，共同进步。

最后，让我们预祝第×届中国国际手机展览会圆满成功，也祝愿各位朋友身体健康，万事如意！

订货会迎宾主持

尊敬的各位来宾：

上午好！

三月明媚的阳光为我们带来了无限的商机，在这个充满希望的日子里，我们相聚美丽的××湖畔，寻求互利共赢的机会。在此，我谨代表××公司，对今天出席订货会的各位嘉宾、新老朋友，致以热烈的欢迎和衷心地感谢！

对于企业经营来讲，发展并不容易，百年老店更不容易，但是××公司做到了延续300年的历史。在不断变革、创新、与时俱进中，××的历史还在继续：从××品牌到××品牌，从区域品牌到全国品牌，我们不断突围。新产品的研发，家用酒、礼品酒、餐饮酒产品系列的形成，营销区域的不断扩展，××公司正在一步步走向更为辉煌的明天。

艰苦奋斗、勤俭创业是××人的优良传统，勤劳、善良、俭朴是××人的美德，善于接受新事物、开拓进取是××人的观念，谋发展、求进步是××人的强烈愿望。××人一直禀行“行动为王”。让好产品卖得更好，让人们生活得更好；做中国最大的保健酒企业，我们有这样的雄心与信心！在有计划、有行动、有坚持的目标中，我们迎来了成功的喜悦。我相信，在××人的共同努力下，我们一定会在新时期焕发出新的光彩。

无可比拟的历史文化，顺应时代的纯植物中草药，经过历史检验的科学配方，几百万人的消费基础，使××公司的产品成为可持续经营的好项目。因此，可以说，××公司是一块蕴藏着丰富资源的土地，是一片有着巨大潜力的矿藏。

“春节经济”是全新的经济现象，厂、商携手合作，共同把握春节商机，是企业短时间内“经营获利”的良好途径。与××公司建立良好的合作关系，建立一个充满共融的团体，感受市场的丰盛与活力，感受丰收的喜悦，实现共同的发展、共同的繁荣。我们愿意在客户的关心与支持中成长，我们所追求的目标就是实现双方的共赢。

感谢多年来与××公司风风雨雨共同发展的老朋友，同时欢迎加入××公司的新客户。你们选择了××公司，就是选择财富滚雪球般的快速积累，选择了××公司，就是选择公司的快速稳健发展，我们已经有了这样的榜样。

亲爱的各位来宾、朋友们！不管是新客户还是老朋友，在此，祝我们合作愉快！再次感谢在座的所有朋友，祝愿大家今年有大的收获，愿大家新年新气象，身体健康，万事吉祥。

拍卖会主持

合：尊敬的各位来宾，女士们，先生们，朋友们！大家下午好！

男：生命因爱而美丽。

女：生活因爱的传递而精彩。

男：欢迎各位在这个阳光和煦的下午参加“××××”大型慈善拍卖会现场，共同感受这里的如火氛围，共同为那些失去家园的孩子献上一份爱心。

女：本次活动是由中国社会工作协会儿童社会救助工作委员会，儿童希望基金爱心者，××拍卖有限责任公司联合举办。在此，我们要特别感谢为本次义卖提供艺术品的所有艺术大师以及慈善人士。拍品有价，真情无价！

男：本次拍卖会上展示的有××××国际书画院院长著名书画家×××的《×××》；国家一级美术师、中国××书画院副院长×××的《××》；中国××书画院院长、全国人大代表×××的《×××》；著名诗人××的书法、伟人像画家××的书法等；以及××、×××、×××、×××、××、×××、×××、×××、×××、××、×××等众多名家作品。让我们用热烈的掌声，为所有提供拍品以及出席参加本次拍卖会的嘉宾们表示最诚挚的感谢！

女：5.12地震让无数美丽家园瞬间变成废墟，无数的孩子失去了完整的家园，失去了学校……我们无法挽留他们的父母，但我们能向那些无助的孩子伸出援助之手，为他们送去温暖、送去光明、送去希望。今天我们共征集了××套拍品和××套工艺义卖品，在这个阳光明媚的午后现场义拍义卖，本次拍卖所得的所有款项将以本次活动的名义捐助于中国儿童希望基金，用于帮助灾区及困境中的孩子们！共同托起明天的太阳，让生命因爱而精彩！

男：在这里，我们还特别邀请到中国社会工作协会儿童××××工作委员会副主任——×××先生莅临，×主任，原民政部社会福利处工作，自××××年起任中国社会工作协会儿童希望救助基金工作部主任。让我们用热烈的掌声欢迎×主任为本次拍卖会致词。

女：感谢×主任，在此还要感谢支持本次活动的媒体，他们是：《×××》杂志、《××》杂志、《中国××周刊》《××观察》《××××经济报道》《中国××时报》《××时报》、××网、《××报》《×××日报》以及《中国×××日报》等。同时，特别感谢场地提供方×××饭店的大力支持。

男：拍卖有价，真情无价！让我们进入今天的主题，现在我宣布，××××大型慈善拍卖会——

合：正式开始！

女：在今天的义拍义卖工艺品中，还有一幅特别的作品没有送到，因为它将在下个节目中诞生。今天我们有幸邀请到身残志坚的青年画家来到拍卖会现场泼墨，请大家用热烈的掌声欢迎×先生的到来。

男：今天的拍卖会分成两个部分，其中将有儿童希望基金爱心志愿者为大家穿插献上的精彩的文艺表演。他们来自各行各业，是充满激情与梦想的爱的使者。请大家欣赏由爱心志愿者×××为大家带来的女声独唱《××××》。

女：俗话说：危难之际真情现，地震发生，爱情、亲情、友情，无数基于真情的感人事迹演绎着动人心弦的故事，现在请大家欣赏由爱心志愿者带来的一个真实的故事《××××》。掌声有请。

女：感谢我们的志愿者，下面，我宣布，今天的大型慈善义拍活动开始，生命因爱而精彩，孩子的未来因您的存在而不同！有请××拍卖有限公司拍卖师×××先生。

（第一轮拍卖，略）

男：感谢拍卖师，感谢各位参与竞拍的朋友。现在我们先休息一下，感受一下这份阳光、雨露、雪中炭；真爱、慈善、人间情。大地的摇动带来的是房屋与心灵的震颤，也带来了废墟之上的回声，请大家欣赏配乐诗朗诵《×××××××》。

（第二轮拍卖，略）

女：有请竞买人发言。（略）人类在自然面前是那么渺小，而生的价值与意义是那么珍贵。似乎现在才能真切体验到那句大家平时常说的话：“活着，真好”。而活着，其实是最大的承担，与一份爱与希望的寄托。下面请欣赏配乐朗诵《×××，×××××》。

（第二轮拍卖结束，一个节目表演）

男：再次感谢所有嘉宾，有请儿童希望基金会×主任为大家宣布本次拍卖会获得的款项总额。

女：感恩的心，感激有你，生命因为爱而精彩，世界因为有你而不同。有请××实验学校学生代表以及志愿者代表×××，引出全场共唱与表演手语：《××××》

合：再次感谢拍品提供者及竞买人，本次拍品的成交价格可能会与作品的实际市场价值存在较大偏差，无论高于或低于市场价值，都是拍品提供者及各位在座竞买嘉宾的爱心。请大家将目光转向义卖现场，将您所心爱的工艺品带回家中，将您的真心留给灾区以及困境中的孩子们吧！

交易会主持

尊敬的各位领导、各位嘉宾、各位朋友，女士们、先生们：

金秋十月、大地流金，在这美好的季节里，我们怀着无比喜悦的心情，迎来了第×届中国国际服装交易会，也迎来了从五湖四海莅临我县的各位领导和嘉宾。第×届中国国际服装交易会让新老朋友欢聚一堂，共叙情谊、共谋发展、共创未来、共享成果。你们的到来，使今天成为××永远值得纪念的节日。

借此宝贵的机会，我谨代表××县委、××县人民政府以及热情好客的××人民，向远道而来参加服交会的各位领导、各位来宾、各位朋友表示最热烈的欢迎和衷心的感谢！

现在，我宣布，第×届中国国际服装交易会现在开始！

今天开幕式的第一项议程是，请×××副省长宣布“第×届中国国际服装交易会”开幕并启动开幕式按钮。让我们以热烈的掌声感谢×副省长对本次服装交易会的关心和支持！

下面进行第二项议程，请国家××××信息中心×××主任讲话。

第三项议程，请××省××局×××局长讲话。

第四项议程，请××省××有限公司×××总经理讲话。

第五项议程，请××企业代表、××酒店副总经理×××讲话。

第六项议程，请省××局×××局长与××省××有限公司×××总经理签订××合作协议。

第×届中国国际服装交易会开幕式到此结束，衷心祝愿本届服装交易会的圆满成功，××的明天更辉煌。祝在座所有来宾的身体健康、生活美满、事业辉煌。谢谢大家！

博览会开幕式主持

尊敬的各位领导、来宾、朋友们：

大家上午好!

今天是个特殊的日子，我们欢聚在美丽富饶、充满活力的××省××市，共同庆祝第×届“中国××·×××投资贸易博览会”。我是××电视台节目主持人——××。

在这金色的秋天、承载收获、洋溢喜悦的日子，来自×××及世界各地不同肤色、不同民族、不同语言的人们，怀揣着共同的希望和目标，不远万里，相聚××、相聚本届“中国××·×××投资贸易博览会”。这是中国与×××及世界各国真诚互动、友好往来的桥梁和纽带，是寻求商机、谋求发展、开创×××地区共同繁荣的重要平台。

随着全球经济一体化进程不断加深和区域经济发展日趋活跃，中国政府继建设沿海经济特区、开发浦东新区和实施西部大开发战略之后，进一步提出了振兴东北地区等老工业基地战略。

经过一段时期的调整与改造，东北地区等老工业基地正在逐渐成为中国当前及今后一个时期经济快速增长的重要区域。同时，由于地缘等优势，东北地区等老工业基地在与×××地区各国的长期经贸合作与友好交往过程中，结下了深厚友谊和丰硕成果，为推进×××区域经济的共同繁荣奠定了坚实的基础。

在这样一种时代背景下，国务院批准在东北地区搭建起×××投资与贸易平台，进一步加强与×××及世界各国家和地区在经济、文化等诸多方面的合作。而××省为中国东北老工业基地的重要组成部分，拥有良好的×××业基础，丰富的生态和自然资源，以及便利的交通运输条件，且在振兴东北老工业基地进程中已经发挥和正在发挥着积极作用，努力实现着经济的跨越式发展和社会的全面进步。为此，“中国××·×××投资贸易博览会”落在了风景秀美、气候宜人的××省省会——××。

本届“中国××·×××投资贸易博览会”旨在构建我国与×××及世界各国之间互利双赢、交流合作、竞争开放的长期合作平台。本届展会的主题是“××××、××××”，宗旨是“构建合作平台，打造招商品牌，展示区域形象，促进共同发展”。展会将面向全球商界开放，以投资洽谈、货物贸易、经济合作、文化交流、高层论坛为主，突出×××各国的经贸特征、区域特色、产业特点，努力使各国的参与者通过这次博览会，寻求商机，获得发展，实现共同繁荣。

尊敬的各位嘉宾、亲爱的朋友们，现在，位列大会主席台上的各位贵宾已经陆续上台，下面由我来为大家做一介绍。站在大会主席台左右两侧的贵宾有：（按名单一一介绍，略）站在大会主席台的还有××省委、省人大、省政府、省政协、省纪检委员的领导同志。

现在有请主席台中区贵宾入场（按名单一一介绍，略）。

下面，有请大会组委会主任、××省省长××先生主持第×届“中国××·×××投资贸易博览会”开幕式。

××省长上台主持开幕式。（略）

国家商务部×××部长致词。（略）

国务院振兴东北办×××主任致词。（略）

××省委书记×××致词。（略）

感谢省委书记的致词。

各位领导、来宾、朋友，现在正在绽放的是美丽的春城之花——×××，它是×××合作的友谊之花，预示本届“中国××·×××投资贸易博览会”在大家的共同努力之下，像这美丽的×××一样盛开、绚丽夺目。漫天飞舞的和平鸽和徐徐升空的彩球，预示在“中国××·×××投资贸易博览会”带动之下，中国与×××及世界各国的经贸交往将不断加深，×××区域经济合作将蒸蒸日上，蓬勃发展。

第×届“中国××·×××投资贸易博览会”就要结束了，在此感谢各位领导和嘉宾的到来。下面，请各位嘉宾参观……

酒业公司新产品推介见面会主持

尊敬的领导、嘉宾，朋友们，大家好！

在这辞旧迎新之际，我们在这里举行盛大的产品推介会，我们今天的主人翁就是××酒业公司的新产品。我谨以××市委、××市政府的名义向今天来参加会议的各位领导和来宾致以最热烈的欢迎。

参加会议的有×××等领导。（主持人一一介绍）

此外，参加此次会议的还有×××等。（主持人一一介绍）参加今天会议的新闻单位有××××等我们还诚挚地邀请了××××的朋友们。

此时，我的心情很激动，因为我发现竟然有这么多领导和朋友们关心××酒业，在这里我谨代表××市委、市政府向这么多年给予××酒业公司帮助的领导和朋友们致以最真诚的谢意，谢谢你们！

在座的各位可能都比较熟悉××酒业公司，但是在这里我还是想把该公司的成长历程给大家讲一讲，××公司是改制过来的公司，当前全国白酒市场竞争异常激烈，但是我们新公司的领导班子审时度势，该公司研发部门以市场需求为导向，狠抓质量关，严格管理，勇于创新。我们以传统工艺手段为基础，加大现代科技和传统技艺的结合，创造出了以粮食酒品为基础的发酵浓香型优质白酒，而我们今天推介的这个系列，就是我们的研发成果——“××××”酒的创制，是遵循千古酿造工艺，通过精选用料，是纯粹的春粮酿造酒，经过××年珍藏，此酒的浓香可谓浓郁绵甜，回味悠长。

今天就让“××××”酒作为××酒业公司向各级领导、各位来宾朋友们的工作汇报。

（按照大会议程，领导人依次上台发表讲话）

……

（主持人）

朋友们，今天的推介酒会圆满结束了，我们的成绩受到了与会同志的一致好评，这个成绩离不开××市委、市政府领导的关心和支持，我们坚信在各级领导的大力支持下，在新闻界和社会各界朋友的关怀下，我们“××××”一定会有更广阔的发展前景，此系列将成为我们公司业绩的主要增长点。也将成为我们××酒业新的利润增长点和市场认同点。

女士们、先生们，让我们为××酒业干杯！

今天的推介会到此结束，请大家享用丰盛的晚餐。

谢谢各位！

绿色农产品供应推介会主持

各位来宾、各位朋友：

阳光明媚，春色盎然，在这个充满浓浓春意的季节，我们迎来了××县绿色农产品供应推介会开幕的日子。我谨代表××县政府对出席本次绿色农产品供应推介会的各位嘉宾表示热烈的欢迎。

××县是一个农业大县，农业资源非常丰富，全县拥有耕地×××万亩，山地××万亩，水面××万亩，滩涂××万亩，林地××万亩，牧草地××万亩，全县森林覆盖率××%，城市绿化率××%，经过十几年改革开放的发展，眼下已经建成了全省最大的绿色蔬菜生产基地和水稻生产基地，成为××省最大的粮食仓库。

在发展本县农业的过程中，政府相关部门着力打造“生态第一县”的形象，大力引进适合本地的优良农作物品种和先进的管理技术。我们从一开始就承诺从我们××县生产出来的农产品绝对是纯天然绿色产品。为了达到这一目标，我们专门组织县农业部门专家评审通过粮食、蔬菜、畜禽、水产品等17类农产品生产技术规程，编发《绿色农业标准化技术》，通过“农技干部与生产基地结对”、专业技术培训等模式，切实提高绿色农产品生产水平，提高绿色农产品质量，同时积极开展品牌认证、创特、创先，确保农产品生产标准化、优质化和品牌化。目前为止，我县已经建立了“绿色稻米生产示范基地”“山地生态蔬菜基地”“生态型土鸡蛋生产基地”数个，并将多个生产面积达到××万平方米的大户组织起来，成立了多个大型生产企业，全力打造×县的生态产品品牌。

通过举办本次推介会，我们将让更多的外地企业来了解×县，了解×县的生态绿色农产品，让我们×县的优质农产品走向全省乃至全国家庭的餐桌。

最后，预祝今天的推介会圆满成功。祝大家工作愉快、身体健康、合家欢乐。

谢谢大家！

鞋服订货会主持

尊敬的各位经销商、代理商朋友们：

大家好！很荣幸在一年一度的××交易会中和各位见面，首先，我代表××公司，对大家的到来表示最诚挚的欢迎和最衷心的感谢！

这是个春暖花开、阳光普照、鸟语花香、群芳吐艳的季节，在这个美丽而温暖的春日里，我们迎来了一年一度的××交易会。该交易会在业界具有十分重要的意义。在这里，我们交流信息、互通有无、寻找商机；在这里，我们推广自己的品牌，寻找合作的契机。我们带着如火的热情和澎湃的激情来参加此次的××交易会，希望我们的产品，能够受到各位经销商、代理商朋友们的青睐，能够受到广大消费者的喜爱，能够名扬市场、广为人知、销售量蒸蒸日上。

花儿的生长，需要阳光的普照，需要雨露的滋润。一个企业就像一朵花儿，除了全体员工的细心呵护，还需要来自外界的良好条件。只有拥有了合适的机遇和条件，它才能够健康、蓬勃地发展。这次××交易会对我们公司来说就是一个难得的机遇和条件，如果能够好好地把握住这次机遇，我们的公司必定能够迎来一个更加灿烂而美好的未来。这一切，还有赖于各位经销商、代理商朋友们的支持，有赖于你们对我公司的信誉和产品的认可。希望在进一步的磋商和交流中，我们可以找到更多合作的契机，能够建立起良好的商业情谊。

几百年前，达尔文的进化论就告诉我们“物竞天择、适者生存”，只有在充满良性竞争的环境下，一个企业才能够健康成长。在市场竞争中，优胜劣汰，每个企业为了更好地生存下来，便会不断地自我改善和自我提高，而整个市场便自然地向前发展，这便是市场经济的规律所在。在市场竞争如此激烈的今天，要想在业界脱颖而出，单凭自身的力量显然是远远不够的，我们应当在竞争中求合作，在合作中求发展，群策群力，求同存异，力争取得双方的共赢。

魅力来源于实力，请大家相信我们的实力，相信我们的诚意，与我们携手，你们必定能够收获硕果累累的未来。

最后，让我们祝愿××公司繁荣发展，在本次××交易会上取得傲人的业绩，也祝愿在座的各位朋友们通过此次的订货会能够建立良好的贸易伙伴关系，谢谢!

招商洽谈

招商洽谈会议主持

尊敬的各位领导、来宾，女士们、先生们：

欢迎大家在百忙之中莅临我市参加××年的招商洽谈会，衷心感谢各位领导和来宾对我市社会、经济发展的关注、关心以及大力支持，我宣布会议现在正式开始。

今天的会议总共有两项议程，在这两项议程开始之前，请允许我先介绍在座的各位领导和来宾：他们分别是来自各个国家的知名企业家、各家报社、电视台等新闻界的朋友以及社会各界的朋友。下面开始我们今天会议的两项议程。

第一项议程：请在座的领导以及嘉宾讲话。首先是××市委书记××先生，让我们有请×书记发言。

谢谢×书记。下面，请××省经济贸易委员会主任×××女士讲话，有请×主任。

谢谢×主任。

接下来，有请××市副市长×××先生宣读中共××市委员会、××市人民政府关于聘请××市经济发展顾问委员会高级顾问和表彰××××年××市外资民资×大明星企业的决定。有请×××市长。

谢谢×市长。

下面，请企业家代表××实业集团董事长×××先生讲话。有请×先生。

谢谢×××先生。

……

会议的第一项议程进行完毕，接下来开始第二项议程，由××市市委书记××先生为我们主持，大家欢迎。有请×书记。

投资合作洽谈主持

各位领导、来宾，女士们、先生们：

大家好！

今天我们在这里，隆重举办××××投资合作洽谈会。请允许我代表××××对各位领导、嘉宾的来临表示最热烈的欢迎和诚挚的谢意！

首先，我很荣幸地为大家介绍今天出席此次投资合作洽谈会的嘉宾朋友，他们是：××××。

下面，我来简单讲解一下今天的洽谈活动议程，共有六项：

活动议程第一项：请××政府领导××同志上台致辞。大家鼓掌欢迎。

议程第二项：请××市××经贸委办公室××负责人××先生为大家介绍××地区特色产业历史发展情况以及重点招商项目，和未来十年经济发展规划。大家鼓掌欢迎。

议程第三项：请各位领导来宾一同参观××××展览陈列室。

议程第四项：请与会客商代表××上台发言。大家欢迎。

议程第五项：请××地区××经济园××科技开发有限公司代表××先

生为大家介绍××经济园开发现状及近年来招商引资成果。掌声欢迎。

最后，进行第六项：双方项目签约仪式。

经贸洽谈会主持

尊敬的各位来宾、各位朋友：

今天，我们齐聚在风景秀丽的名城××，在××××举行××××经贸洽谈会。首先，我谨代表我们代表团一行，对今天光临洽谈会的各位嘉宾表示最热烈的欢迎！对一直以来关心和支持××发展的各方同人和朋友表示最真诚的感谢！今天高朋满座，英杰荟萃。许多朋友不远千里，从海外前来洽谈，我们感到十分荣幸，并表示感谢。同时，应邀参加本次经贸洽谈会的还有不少在××有多年投资合作的老朋友，感谢你们的到来。

首先，让我们以热烈的掌声欢迎××政府领导××同志上台致词。

接下来，请××副书记××同志为大家介绍××地区投资环境。

接下来，请××项目办××同志上台讲话。

下面，我们请××集团董事长××先生为大家讲话。掌声有请××先生。

接下来是项目洽谈。

现在，会议最后一项，投资洽谈项目签约仪式，请×××上台主持。

各位来宾各位朋友，21世纪正在以她更开放的胸怀与气魄，容纳更多的企业家加盟。我们必将信守承诺：为投资服务，为发展开路，为困境解围。我们将始终如一地采取灵活方式，同时以更优惠宽松的政策环境和不断提升的优质服务，吸引更多的海内外投资人士到我们××地区投资发展，开创实业。期待我们共筑美好辉煌的明天。

我们对于21世纪的发展宏图有着十足的信心，全球化开放的时代正在呼唤我们所有极具战略眼光的投资朋友，我们期待能与各位携起手来并力合作，共谋未来发展大计。在创业这条道路上，我们必将取得“双赢”的结果。同时也让我们的友谊更加稳固。

此次经贸洽谈会到此就全部结束了。会后我们敬备薄酒，微表一点敬意！

祝愿各位来宾朋友们身体健康、阖家幸福、事业腾飞、心想事成！

谢谢大家！

战略合作伙伴大会主持

尊敬的各位领导、各位来宾，女士们、先生们：

大家下午好！

南燕秋风齐送佳讯。在这美好的日子里，大地也和我们一同欢歌。听她宏大美妙的乐章是如此动人心弦！

多年来，我们××人用辛勤汗水播撒希望，终于换来今天的收获，而明天我们坚信，将是一个更加喜悦的丰收时节！

各位来宾各位朋友，值此××××签约重要时刻，应××倡议，我们现在在这里隆重举行××××正式签约仪式。

现在请允许我宣布，××××战略合作伙伴协议暨××××签约仪式现在正式开始！

首先，让我来介绍出席本次签约仪式的领导同志，他们是：×××等。参加签约仪式的××××公司领导：×××等。还有应邀参加签约仪式的新闻媒体，他们是：×××等。感谢各位的到来！

议会第一项：双方签约。请××××有限责任公司董事长××先生和××××有限公司××区总裁××先生上台签约。在座的各位领导和嘉宾朋友将共同见证这一重要时刻！

××××有限责任公司是××省重点发展项目××产业支柱企业，长期以来致力于××××的开发和建设及运营。此次××××项目的成功投建，无疑将成为她在这个行业内走向壮大的重要标志。××××人素来有着恭谦好学、吃苦拼搏和敬业奉献的品质，通过与××××此次的战略合作，我们相信，他们必将共同绘就一幅新的辉煌画卷。

××××有限公司是一个在全球××××行业有着领军风范的企业，其在××技术开发和新产品研制以及行业合作创新与打造一流服务上，都始终具备国际最尖端的优势与竞争力。而此次××××通过与××××公司的合作，也必将为她在中国市场的发展开拓更广阔的空间。

今天，××与××共同签署的这份战略合作协议，必将是他们各自发展史上十分重要的一笔。强强联手、合作多赢，这无疑是一个很有益的尝试，对于开发××××项目和发展未来合作模式都是一个良好的示范。这对双方而言都将是一个极好的发展平台！我们相信，在快速发展的中国××业，这一次合作必能为其增添又一道靓丽的风景。让我们用掌声预祝他们此次合作取得圆满成功！

议会第二项：请领导致词。

下面，大家欢迎××××公司××区总裁××先生上台致词。

谢谢××先生的精彩讲话。下面请××××公司总经理××先生上台致词讲话。

谢谢××先生精彩的致词。

议会进行最后一项：我宣布，××××战略合作伙伴签约仪式现在圆满结束。接下来是晚宴，请大家稍事休息后入席，祝各位来宾晚餐愉快！

谢谢！

花卉项目签字仪式主持

各位领导、各位朋友、女士们、先生们：

大家好！在这七月流火、八月锦绣的盛夏，在万木争荣、百花争艳的×城；我们尽享青山秀水给予我们的抚慰和滋润；我们尽享园林美景给予的舒适和愉悦。

在这样美好的季节里，×××有限责任公司×××亩花卉项目，今天举行签字仪式。应邀前来参加这个仪式的市领导和市直部门的负责同志有：市委×××书记；市政府×××市长；市政府×××秘书长；市农办×××主任。参加仪式的来宾有：×××市交警支队×××支队长；

×××市自然保护区管理局×××书记。同时，参加这个仪式的还有×××镇党委、政府的领导，有关部门、办事处、村等单位的负责同志。让我们以热烈的掌声对各位领导和来宾的到来表示热烈的欢迎。

首先，我将向大家汇报一下该项目的工作情况。此花卉项目从去年×月份开始谈判，到今天正式签约，在进展过程中，得到了×××单位的大力支持，在项目用地的测量、绘图等多个方面都作出了积极的努力。×××有限责任公司对这个项目进行了多次考察、论证；×××村通过召开村“两委”会议、村民代表大会，赢得了群众的理解和支持，保证了项目的顺利实施；镇政府为促使项目尽快落户，在项目区内重新铺设了一条××××米长、×米宽的砂石路。镇直有关部门，特别是供电站、法院、办事处等单位积极协调关系、出谋划策、解决问题、依法办事，为项目的顺利实施奠定了良好的基础。

在各方的共同努力，今天这个项目正式签约了，在此，我代表×××有限责任公司向一直关注、支持项目发展，关注、支持××镇发展以及有意前来投资的各位领导、朋友表示诚挚的谢意！

我们将为项目的顺利实施提供优质服务，为企业发展创造一流的服务环境、工作环境和社会环境，全方位支持项目在××镇的发展壮大。同时，希望×××有限责任公司能够按照合同的要求，组织好项目的落实，力争使项目尽快发展成为带动我镇经济结构调整的龙头。我相信，在我们的共同努力下，在上级领导和部门的大力支持下，这一项目一定能够在××镇健康发展，投资者也一定会得到丰厚的回报。

下面，请×××有限责任公司王董事长×××先生讲话！（略）

下面，请市领导×××先生讲话！（略）

下面，进行签字。

最后，祝愿各位领导、各位来宾身体健康，工作顺利，财源广进，事业兴旺！

谢谢大家！

新产品发布会主持

各位嘉宾，亲爱的朋友们：

大家好！

×月的××金风送爽，五谷飘香，非常感谢大家在百忙之中光临××集团公司×××××展览会暨新产品发布会。××集团公司是一个拥有××年×××××史的以××产品为主的多元化企业集团，产品涉及××××制造行业、×××行业、××行业和××行业，下属××家子公司。近×年来，××集团大力推行人文管理，大胆尝试体制创新，企业平均每年以××%左右的增长速度飞速发展。到××××年，××将步入××周年，××集团的决策层已经描绘了美好的蓝图，我们相信，在你的支持和帮助之下，××的明天会更美好！

在××产品中，××××已经占据了主导产品位置。随着××品牌知名度的不断提高，××集团核心企业和各子公司，越来越清晰地认识到了××××的巨大市场潜力，纷纷选择了适合于自己的产品进行开发生产。本次展览会上××集团将推出自动××机、高速××××××机、两种×××××机，以及××机、××机和×××××机等新产品，××集团一次性推出×种××××新产品，在同行业中还是少见，这显示了××强大的产品开发实力和超群的机械制造实力。××集团公司，正在将自己打造成为一个××××城；××公司，值得你信赖。

近×年来，××集团公司实现稳健的经营，与××实践以“人文管理”为核心的企业文化分不开，倡导诚信经营，关注市场的需求和发展。我们认为发展要靠合作，而我们之间正是一种互相支持的合作。

本次会议期间，为了全方位地展示××，我们安排了各项活动请您参加，不妥或不周之处，欢迎各位嘉宾提出宝贵意见，让我们在合作之中实现共赢。

谢谢大家。

××新产品发布会

各位领导、各位来宾、朋友们：

大家下午好！

感谢大家能在百忙之中前来参加今天的××新产品发布会。我是××节目主持人×××。首先请允许我代表××公司对各位的莅临表示热烈的欢迎和衷心的感谢！

秋高气爽，晴空万里，我们齐聚一堂。在这样一个美好的日子里，我们能够暂时远离尘嚣，大家彼此相聚在××这个风景秀美怡人的地方，一同来见证××公司的又一个重大历史时刻。多年来，××公司由于得到了各位的大力支持和信赖，不断取得突破，近年来更是获得长足发展，企业规模日益壮大，品牌知名度越来越高，××公司的多个品牌已经被越来越多的顾客所认可。今天，我们在这里隆重举行××新产品发布会，这是××发展历程中的又一桩大事。相信通过我们××与大家的并力合作，××公司在今后定能研发出更多更好的产品，从而满足更多消费者的需求！

下面由我宣布：××新产品发布会正式开始！

首先，进行第一项，请××公司董事长××先生上台为发布会致词！大家欢迎。

下面，请××公司销售部经理××先生为大家讲话。

感谢××先生的精彩演讲！

第二项，有请××公司××负责人××先生为大家简要介绍本次发布会后订货议程安排及有关事宜。

下面进行发布会第三项：××新产品发布会仪式演出。

（演出结束）感谢各位演员的精彩演出，文娱节目表演到此结束。接下来晚宴正式开始。请允许我代表××公司及公司领导和全体员工，预祝大家在本次发布会及会后订货洽谈期间，身心愉快，工作顺利！祝贺此次发布会圆满成功！

谢谢大家！

第七章　学校活动主持

开学典礼

新生开学典礼主持

尊敬的各位来宾，各位老师，亲爱的同学们：

窗外秋意盎然，楼内喜气洋洋。值此中秋佳节到来之际，我们××××学院迎来了第××级新生开学典礼，在此，我代表××全体师生向新同学们表示热烈的欢迎！

××××学院历经××年发展，取得了丰硕的成果，创造了令人惊叹的辉煌，使大批××、××人才找到了自己的人生坐标，实现了人生价值，他们放飞了梦想，迎来了成功。

在这美好的日子里，我们新的××人欢聚一堂，重新树起理想的大旗，点燃出征的火炬，开始我们新的征程。

送晚霞，迎曙光，奋力拼搏，励精图治，朝着我们理想的目标迈进。成功一定会属于我们全体××人！

现在，我宣布，××××学院××级新生开学典礼正式开始，鸣炮奏乐！

大会进行第一项：升国旗、奏国歌。大会进行第二项：请×××同志宣读有关单位及个人为我院新生开学典礼发来的贺电贺信。大会进行第三项：由我院教师代表×××同志发言。大会进行第四项：由我院新生代表×××同学发言。大会进行第五项：请我院院长×××同志讲话。

感谢×××院长热情洋溢的讲话，他对我们提出了殷切希望和要求，这是对我们全体师生员工的极大关怀和鼓舞。

同学们，有耕耘就有收获，你们成长历程中播下的每一粒种子，都会长成参天大树；你们前进路上洒下的每一滴汗水，都会汇成大海中的浩瀚碧波。

作为老师，我们愿倾我们所有，全力以赴。你们的幸福是我们最大的快乐，你们的进步说明我们的优秀，你们的成功让我们感到欣喜和欣慰。

用我们的辛勤与汗水，用我们的智慧和热情，弘壮志，树新风，共同谱写我们的人生乐章，共同创造美好的明天！

开学典礼到此结束，休息10分钟后，由××大学副校长×××教授为我们做专题讲座，请同学们准时参加。

小学开学典礼主持

男：尊敬的各位领导，各位来宾。

女：亲爱的老师，同学们。

合：大家上午好！

男：岁月的小河告别炎热的季节。

女：秋姑娘吹拂着她丰收的喜气。

男：告别漫长的暑假，我们开学啦！

女：回到亲爱的学校，我们开学啦！

男：今天，我们的大家庭中又添了许多可爱的笑脸。

女：在他们脸上，我们看到了稚气，也看到了朝气。

男：在他们脸上，我们看到了天真，也看到了希望！

女：让我们以热烈的掌声欢迎一年级的新同学的到来！

男：我们一定会相亲相爱，团结互助。

女：共同构建和谐美好的学习家园！

男：现在，我郑重宣布：××小学××××—××××学年第一学期开学典礼，现在开始。

男：全体立正！敬礼！升中华人民共和国国旗，奏《中华人民共和国国歌》！

（升国旗仪式完毕）

女：下面，升××小学校旗，全体齐唱校歌。

（升校旗仪式完毕）

男：全体请坐。

女：下面让我们以热烈的掌声欢迎×××校长为新学年致词。

（校长致词，略）

男：新的学期里，我们的少先队活动应该怎样开展呢？

下面有请大队辅导员发出号召。

（辅导员号召，略）

女：点亮心灯，心中有爱！

男：学会合作，走出自我！

男：我们热爱蓝天白云。

女：我们向往青山碧水。

女：让我们扬起理想的风帆。

男：让我们展开拼搏的翅膀。

女：团结努力，共同进取。

男：勇于实践，全面发展。

女：用辛勤的汗水描绘出人生最壮丽的画卷！

男：用智慧的双手去开拓充满希望的明天！

合：××小学开学典礼到此结束！

中学开学典礼主持

尊敬的各位领导，各位来宾，老师们，同学们：

大家上午好！

伴着优美的旋律，××中学的全校师生踏着轻快的节奏，步入学校礼堂的开学典礼会场，走进了新的学期！

金风送爽、丹桂飘香。在这美好的日子里，我们迎来了一个新的学年，开始了新的学期。今天我们在这里隆重集会，召开新学期开学典礼，这既是一次迎新会，更是一次动员会！

首先，让我们以热烈的掌声，对刚进入××中学学习的初一×××名新同学们表示热烈的欢迎。

热烈的掌声代表了××中学全体师生的共同心声，发展中的××中学需要你们，你们的到来必将为××中学实现新的跨越注入新的生机、新的活力、新的希望。

下面我宣布，××市××中学××××—××××学年度第一学期开学典礼现在开始。

参加今天开学典礼的领导有：（一一介绍领导。略）

让我们以热烈的掌声对各位领导的到来表示欢迎。

大会进行第一项：升国旗，奏国歌。

（全体起立）

（升旗仪式完毕，全体请坐）

大会进行第二项，由×校长为我们新学期致词。大家鼓掌欢迎。

刚才×校长从做人、学习等方面为我们每一位同学提出了明确的要求，他期待着每位同学做人有志向，学习有目标，全面发展，健康成长，希望同学们用实际行动用出色的表现作出响亮的回答。

大会进行第三项，由老教师代表×××老师讲话。大家热烈欢迎。

大会进行第四项，由新教师代表×××老师讲话。大家鼓掌。

今天，天高云淡，秋风习习，同学们平静的神态下流露出的是自信、坚强和勇气，下面让我们来听听同学们的心声吧。

大会进行第五项，由高年级学生代表×××讲话。大家鼓掌欢迎。

大会进行第六项，由新生代表×××讲话。大家鼓掌欢迎。

结束语：

中学时代是人生美好的黄金时代，也是人生的重要转折点。美丽幽雅清新的校园，有学识渊博、敬业爱生的老师，你们要努力修炼素养，开拓智慧，强健体魄，使你们的青春放射出更绚烂的光彩！

刚刚走进××中学的新生们，你们走进了团结和友爱的氛围，开始了拼搏和奋斗。祝你们有个好的开始。

初二的同学们，你们已经进入了知识和能力大幅度提升的关键时刻，真诚地希望每一名同学在平稳过渡的基础上，用信心作桨，用坚持作帆，驾着知识的小舟在老师的引导下到达成功的彼岸。

初三毕业班的同学们，你们汇集了老师们更多的目光，倾注了家长更多的心血，你们将承载着希望，开始冲刺。人生能有几回搏？希望你们在最关键的一年里，明确目标、增强信心、虚心求教、刻苦学习，科学安排时间，坚持不懈，用自己的聪明和智慧，为自己上交一份满意的答卷！

雄关漫道真如铁，而今迈步从头越。

祝愿大家在新的一年里都有自己的目标，都有自己的收获！

同学们，努力吧！今天我以校为荣，明天校以我为傲！只要我们踏实地走好初中阶段的每一步，××中学这块教育园地，就一定能够绽放出更多更美的花朵。

最后，祝愿同学们在新的学期，学习进步，健康成长！祝愿各位老师身体健康，家庭幸福，工作顺利，事业有成。

谢谢大家！

大学开学典礼主持

尊敬的各位领导，亲爱的老师们，同学们：

大家好！

带着新的希望，承载着新的梦想，我们迎来了新的一年，同时也迎来了××大学的一个崭新的学年。今天，我们在这里隆重举办××大学××年开学典礼，迎来了××名来自全国各地的新同学，从此，××大学又注入了一股新的力量。让我们首先以最热烈的掌声对××名新同学的到来表示最热烈的欢迎！

我们怀着共同的理想和共同的心愿，带着共同的追求和共同的目标，相聚在××大学，即将开始我们人生的一段崭新的旅程。对于诸位新同学的到来，我们感到由衷的欣慰和喜悦，看到这一张张年轻的面孔，我们同时也看到了新的希望。在这里，我衷心地祝愿你们度过快乐而充实的大学四年，请相信，美好的生活正等着你们亲自去开启。

今天，我们十分荣幸地邀请到了××大学的各级领导，他们在百忙中抽空亲临开学典礼活动现场，让我们首先以最热烈的掌声欢迎各位领导入场，掌声有请！（奏迎宾曲）

今天，前来参加开学典礼的××大学各位领导有：××大学校长××，掌声欢迎！××大学党委书记××，掌声欢迎！××大学副校长××，掌声欢迎！××大学教务处主任××，掌声欢迎！××大学学生处主任××，掌声欢迎！

非常感谢各位领导在百忙中拨冗莅临指导我们的工作和学习，让我们再次以掌声表示热烈的欢迎和衷心的感谢！

现在我宣布：××××大学××年开学典礼正式开始！

请全体起立，奏国歌！礼毕，请坐下。

下面，让我们首先有请××大学校长××致词，掌声有请！

……

在这美好时节，我们共同唱响了神圣的国歌，我们心潮澎湃，在新的学期又有了新的目标！新的希望！

迁徙的雁阵之所以能跨越千山万水回归故乡，是因为有领头的鸿雁准确无误地导航；大漠上千里跋涉的人们之所以不会迷失方向，是因为阳光下有指南的罗盘，暗夜里有闪烁的北斗。我们广东××大学成人高等教育之所以能够屡创佳绩，誉满社会，是因为我们有一些理念先进、敬业、勤业、尽职尽责、精通管理、无私奉献的好领导。

感谢××校长热情洋溢的致词，下面，让我们欢迎××大学副校长××为我们作工作报告，掌声有请！

……

××副校长高度概括地分析和总结了过去的一年以来我校所取得的成绩，以及各项工作中仍旧存在的问题，并对未来一年的工作和教学目标提出了新的指示，对各位同学们提出了新的希望。相信××大学在诸位领导的带领下，定将取得新的成绩，迎来新的发展。

××大学一贯有着优良的学风，是同学们绝佳的学习园地。多年来，我们培育了无数优秀的人才，不断地向社会输送着最新鲜的血液。我们十分高兴地看到许多同学在这里取得了优秀的成绩，并坚信他们在未来广阔的天地里必将大有作为。接下来，让我们以最热烈的掌声欢迎老生代表××同学上台发言，掌声有请！

……

非常感谢××同学的发言！他结合自身的经历向同学做了最诚挚和最切实的阐述，希望他的发言能够对各位新同学有所启发，有所教益，使你们在将来更好地度过大学时光。

大学正如同社会的加油站，迎来送往，在向社会输送优秀的人才的同时，也不断地输入着新的血液和新的力量。××大学的成就和发展，这是倚靠着一批又一批的新面孔，来不断地注入新的活力。下面，让我们用热烈的掌声有请新生代表××同学上台发言，掌声有请！

……

谢谢，同样非常感谢×××同学的发言。我们相信所有新生都有信心在广东××大学完成自己的学业！实现自己的梦想！同学们！为我们的明天加油，努力吧！

下面有请××大学教务处主任××为我们作总结陈词，让我们对他报以最热烈的掌声！

十分谢谢××主任的讲话！同学们，刚才××主任在发言中对我们寄予了最热切的期待，希望同学们能够奋发图强、自强不息、用自己的智慧和辛勤的汗水去浇灌心中的梦想，在大学这个自由而宽松的园地里，勇敢地去追求，勇敢地去创造，为你们更加美好的未来而努力奋斗！

现在，我宣布：××大学××年开学典礼到此结束！请大家以热烈的掌声欢送各位领导退席！（奏欢送曲）

春季开学典礼主持

A：尊敬的各位领导、各位来宾，

B：亲爱的老师们、同学们：

合：大家上午好！

A：爆竹声声除旧岁，春风送暖入屠苏，我们刚刚过完了一个喜庆祥和的春节，节日的氛围依然在身边洋溢，亲朋好友的祝福依然耳旁回荡。

B：是啊，我们还沉浸在节日的欢乐里，新的学年正伴随着这一欢乐来临。

A：今天，我们在这里隆重聚会，举办××小学一年一度的开学典礼！

B：新的一年有新的气象，我们看到，大家的脸上都流露着幸福的笑容，洋溢着青春的神采。

A：在这美丽的春日里，我在此郑重宣布：××小学××年春季学期开学典礼现在开始!

B：现在，大会进行第一项议程，请全体起立，升国旗、奏国歌。少先队员行队礼，其他人员行注目礼。

……

B：礼毕，请坐下。

A：下面，大会进行第二项议程：让我们以最热烈的掌声欢迎优秀学生代表××同学上台讲话，掌声欢迎！

……

A：一所优秀学校的创建，除了要有良好的教学设施，优秀的教师，更重要的是要有优秀的学生，在这里，我们不仅学习科学文化知识，还要学会做人，学会做事，为将来立足社会打下良好而扎实的基础。

B：是啊，××同学刚才的讲话展现出了我校学生良好的精神风貌，着实令人振奋。

A：希望全体同学以××同学为榜样，在勤奋的耕耘中收获智慧的果实，在默默的努力中寻找生命的动力，让我们大家共同努力，使××小学走向更加辉煌的明天！

B：刚开学，我们的老师就已经在思索：应该怎样一步步去收获秋天的果实呢？当然播种是第一步，开学的第一天我们应该播下什么样的种子呢？有请老师来告诉我们答案。

A：大会进行第三项：请教师代表××老师上台发言。

B：掌声有请！

……

A：过去的一学年，在全体师生的共同努力下，我校取得了令人瞩目的成绩，同学不仅在学习上再创佳绩，在各项文体比赛中均有不俗的表现，展现了我校学生较高的综合素质，体现我校素质教育所取得的优秀成果。

B：现在让我们进行大会的第四项议程：让我们用热烈的掌声欢迎教导主任××老师对去年在各项比赛中取得好成绩的同学们进行表彰。

……

A：让我们用掌声向各位获奖的同学表示衷心的祝贺！

B：现在大会进行第五项议程：上个学期，我们学校开展了雏鹰争章活动，通过校大队部的严格评比，有××位同学在争章活动中脱颖而出，被授予“校园之星”，让我们以最热烈的掌声欢迎大队辅导员××老师宣读获得“校园之星”的同学名单。

B：让我们以热烈的掌声欢迎获得“校园之星”称号的同学们上台领奖。

A：请各位领导为这××位获奖同学颁奖，掌声欢迎！

B：让我们再次以热烈的掌声对他们所获得的荣誉表示祝贺。希望你们能够再接再厉，取得更好的成绩。

B：新学期开始，春潮萌动，思潮涌动。或许你正在回味：上学期是否留有遗憾，有哪些经验需要总结，有哪些教训需要吸取；

A：或许你正在思考：这一新的学期该如何计划，有哪些目标需要奋斗，有哪些梦想需要努力。

B：我想，醉心于过去的快乐与成功尚且为时过早，沉溺于过去的痛苦与失败也大可不必。

A：胜不骄，败不馁，才是最正确的心态，吃一堑，长一智，才是最聪明的做法。让我们满怀信心，鼓起勇气的风范，去迎接未来的挑战。

B：下面，大会进行第六项议程，请××校长上台讲话，大家欢迎！

B：××校长的发言给了我们很多的鼓舞，很多的启迪，相信在××校长英明的领导下，在我们全校师生的共同努力下，××小学的明天一定会更加美好！让我们再次以热烈的掌声对××校长表示感谢！

A：同学们，春回大地，万象更新！岁月峥嵘须拼搏，年华潇洒莫蹉跎。

B：让我们把愿望写在今天，把人生的理想刻在今，志存高远，自强不息。

A：让我们借开学典礼的东风，弘壮志，树新风，加快我校前进的步伐。

B：让我们共同描绘一幅崭新的教育奇葩，一起谱写一曲最动听、最感人的生命乐章！

A：下面我宣布：××小学××年春季学期开学典礼到此结束！

B：请全体起立，退旗、奏乐、敬礼！请各中队按秩序退场。

秋季开学典礼主持

尊敬的各位领导、全体教职工、亲爱的同学们：

大家下午好！

值此秋山着锦、大地飘香的美好时节，胸怀继往开来的壮志豪情，××中学的全体师生在此隆重集会，举行××学年的开学典礼。秋天是收获的季节，××中学的全体师生，在过去的一学年里收获了满满的成绩，在新的学年里将会共同分享喜悦的果实。今天，我们还迎来了××位新同学，未来的三年，他们将要在这里和所有的××中学师生一道，度过他们人生中十分重要的一段时光。浴金风，圣园披锦绣；流清韵，凌水唱新歌，走进新学年，升起新希望，创造新业绩，书写新篇章，让我们大家携起手来，共同奋斗，为新的学年谱写崭新的乐章。

现在，我宣布，××中学××学年度开学典礼正式开始！

请全体起立，升中华人民共和国国旗、奏《中华人民共和国国歌》。

……

礼毕，请坐下。

带着对同学们的厚望，××中学的各位校领导纷纷于百忙中拨冗前来参加今天的开学典礼。同时参加今天开学典礼的还有××位教职员工、××位老生，以及××位新同学。各位新同学带着对新生活的渴望、带着对理想和知识的渴求、带着父母亲人的厚望，从四面八方来到这里，来到蓬勃发展的××中学，融入了我们这个充满生机与活力的大集体，在今后的三年，××中学的风景一定会因为你们的到来更加美丽，××中学的明天也一定会因为你们的进步而更加精彩。让我们以热烈的掌声向全体新同学表示热烈的欢迎和衷心的祝贺！

九苑芝兰，全凭园丁浇灌；三千桃李，尽由妙手栽培。我校拥有一支年富力强、团结协作、爱岗敬业、能教善导的教师队伍。在这里，让我们共同以热烈的掌声，为各位老师所付出的辛勤的汗水，为他们对同学们真诚的关爱，致以最诚挚的谢意，祝愿他们在新学年心情愉悦、再创佳绩！

××中学一贯有着优良的传统，建校××年来，管理年年上台阶，升学岁岁创纪录，持续实现低进高出，办学取得骄人业绩。火车跑得快，全靠车头带；学校发展好，主要靠领导。学校发展到今天，主要在于我校有一个好的领导班子，今天学校班子的全体成员都坐在主席台上，他们是：校长、党总支书记×××，副校长×××、×××、×××，党总支副书记×××，工会主席×××，教务处主任×××，副主任×××、×××，政教处主任×××、副主任×××、×××，总务处主任×××，团委书记×××。

这些领导成员紧密团结在校长周围，从不同的角度全心全意地为全体师生的工作、生活、学习、发展服务，希望在未来的岁月里一如既往地得到师生理解、支持、尊重和配合，谢谢！

今天的开学典礼共有三项议程：第一是表彰××学年涌现出来的先进集体和个人，第二是听取校长的现场工作报告，第三是师生代表分别进行发言。希望大家认真听会，会议期间，不准说话、不准私自离队、不准污染环境。

下面，有请党总支副书记×××同志公布××学年荣获省、市、县、校三好班级、三好学生、优秀学生干部、优秀班主任的师生名单。

接下来，有请工会主席×××同志公布××学年荣获省、市、县、校先进团支部、优秀团员、优秀团干部、优秀团支部工作辅导员名单。

下面，有请副校长×××同志公布获得奖学金学生名单。

请获得奖学金的同学到主席台上领奖，大家掌声鼓励！

著名作家冰心曾经说过，“成功的花，人们惊慕它现实的明艳，然而当初它的芽儿，浸透了奋斗的泪泉，洒遍了牺牲的血雨”。确实是这样，这些先进班集体、先进个人、奖学金获得者，在过去的岁月里洒下了大量辛勤汗水，才收获今天点点馨香。让我们再一次用最热烈的掌声向他们表示祝贺！

成绩和荣誉都属于过去，未来却需要更多的汗水做进一步的耕耘，希望你们谦虚谨慎、戒骄戒躁，在新的学年里创造新的成绩、展现新的风采！

下面，让我们以热烈的掌声欢迎×××校长做现场工作报告。

刚才，×××校长热情洋溢的讲话全面展示了上一学年××中学校容校貌的巨大变化，回顾了教育教学管理的喜人成果，剖析了取得成绩的根本原因，科学地规划了新学年发展的美好蓝图，为学校跨越式发展指明了方向，对全体师生提出了明确的要求。希望全校师生认真领会校长讲话精神，努力工作，勤奋学习，严于律已，再立新功。

下面，请教师代表××老师上台发言，掌声有请！

××老师言简意赅的发言给我们留下了新的印象，老师的鼓励和教导言犹在耳，同学们定将刻苦努力，毫不松懈。

下面，请学生代表××同学上台发言，掌声有请！

听完××同学慷慨激昂的发言，我们的开学典礼到此告一段落，这是一次总结过去、规划未来的大会，也是一次凝聚人心、鼓舞士气的大会。通过此次大会，我们回顾了过去，展望了未来。过去的一年里，取得了令人瞩目的成绩，但是同时也存在着许多不足，希望全体师生扬长补短，在新的一年里勇创佳绩。我们期待着你们不俗的表现，期待着你们为××中学争取新的荣誉，创造新的辉煌！

现在，我宣布，××中学××年开学典礼圆满结束！请大家有序退场。

竞赛

知识竞赛主持

男：尊敬的各位领导、老师，

女：亲爱的同学们，

合：大家好！

男：在现今社会，科学的力量已经为人所熟知，科学是第一生产力，科学是人类社会进步的动力，它充满激情，令人为之亢奋。神秘的科学领域以它独特的魅力吸引着无数的人为了人类社会的发展而前仆后继。科学燃起热情的火焰，照亮着人类前进的方向。从小的方面说，在这个科技发达的时代，只有掌握了知识才能改变自己的命运，只有用科学才能为我们国家的发展贡献力量，这次校团委组织举办科普知识竞赛的目的就是让我们能够更加亲近科学，体验科技，培养同学们的科学创新精神，增长同学们的科普知识。

女：随着奥运会在我国的召开，“绿色奥运、科技奥运、人文奥运”的理念一直延续在我们的生活的土地上，学校为了让同学们更多地了解奥林匹克精神和奥运会的有关知识，真正地了解什么叫“科技奥运”，为了这种人文思想得以传承。此外，我们大家也都知道，2008年5月我国四川汶川地区发生了大地震，这场突如其来的灾难震撼了整个中国，在这次科普知识竞赛中，我们也专门设计了一些与地震有关的科学问题，希望通过这次竞赛提高大家对地震防灾减灾的认识，提高各位同学在面对突发事件时候的应变能力。

男：本次比赛得到了学校领导和老师的高度重视，也获得了同学们的大力支持。下面请允许我向大家介绍莅临本次竞赛现场的领导和老师，他们是……让我们以热烈的掌声欢迎各位领导与老师的到来。

女：这次参加竞赛共有×个代表队，他们分别是……让我们用掌声欢迎他们。

在此我特别说明：抢答按键由各队选手负责操作，当主持人抽题并宣读完题目，各参赛队听到“抢答开始”后，即可抢答，答题权以抢答器提示的某号台为准；如抢答器提示某号台提前抢题，则扣减该参赛队10分。

男：第一种题型：推理题，共6题，每题分值依次为30分、20分、10分。

此题为文字推断，根据主持人给的提示作答，答题分值随条件的依次出现而依次递减，每个分值共抢答二次，如没参赛队伍第二次抢答时给出下一提示。最终无队伍回答正确时将此题做弃权处理。

男：第二种题型风险冲刺题，共18题，每题分值依次为30分、20分、10分。本环节共6组题目每组3道题，参赛队伍可以选择其中一组进行答题，回答出第一题得10分，回答出第二题得20分，回答出第三题得30分，如果答错则扣除相应的分值，同时取消往下答题的资格，答完第一题后参赛队可选择继续答题或不再答题。如果三题全答对则另加30分。

男：第三种题型PK题，共5题，当参赛队伍因分数相同无法决出胜负时使用，分数相同的参赛队之间进行抢答。

下面有请××副校长宣布比赛开始。

××校长：下面我宣布，××学校第一届科学技术知识竞赛现在开始。

男：这次竞赛本着“公平、公正、公开”的原则，共设必答题、抢答题和风险推理题和PK题，其中PK题在参赛队伍因分数相同无法决出胜负时用，共4种题型。

男：首先进行必答题环节，必答题的规则是：由选择题和简短的文字题组成，共10题，每题10分，由6个参赛队一起作答，参赛队伍将答案写于答题板上，回答完毕请亮题板，答题时间为15秒。由主持人统一公布答案，答错不扣分。

下面通报一下刚才的得分情况：……

男：下面进行精彩而激烈的抢答题环节，在比赛之前请各队检查抢答器，一号台，二号台，三号台，四号台……

女：抢答题的规则是由选择题和文字题组成，参赛队伍口头回答，共20道题，每题10分，由主持人现场抽题。抢题后由该队 1 名选手主答，其他选手可以补充，在10秒内回答正确加10分，回答错误、回答不完全或抢而不答减10分。回答完毕后报告“答题完毕”。

下面通报一下刚才的得分情况：……

女：接下来进入我们的推理题环节：每题分值依次为30分、20分、10分由参赛队自行选择，也可以弃权，选择后按顺序派代表抽题，抽题后由该队 1 名选手主答，其他选手可以补充，在20秒内回答正确加相应分值，回答错误或回答不完全扣减相应分值。回答完毕后报告“答题完毕”。每队 1 次机会，由各队自行选择。

（判断是否有并列分数，如果比赛完规定的题后，有分数相同的队，没有决出前两名，我们对并列的队采取加赛PK题的方法判断名次，每题10分，分数高者获胜。）

男：第四种题型是互抛题：共18题，每题分值依次为30分、20分、10分。

本环节共6组题目，每组3道题，参赛队伍可以选择其中一组进行答题，回答出第一题得10分，回答出第二题得20分，回答出第三题得30分，如果答错则扣除相应的分值，同时取消往下答题的资格，答完第一题后参赛队可选择继续答题或不再答题。如果三题全答对则另加30分。

男：各位老师、各位同学，经过近××分钟的激烈竞赛，我们这次科普知识竞赛的前三名已经产生了，他们分别是……，让我们以热烈的掌声祝贺他们！这次竞赛是公平的竞赛，是激烈的竞赛，是成功的竞赛，通过这次竞赛，相信大家已经掌握了许多科普知识。

女：是的，同时我们通过这次竞赛也了解到科学是永无止境的，人们只有通过不断地探索，不惧怕在探索路上遇到的艰难险阻、道路曲折，不断的思索和行动，才能为社会的发展进步贡献力量。这次竞赛是知识与快乐的融合，希望通过这次竞赛，能够给大家在未来前进的道路上提供更多的知识和勇气。

合：本次科普竞赛到此结束，谢谢大家！

诗歌朗诵比赛主持

A：尊敬的各位老师，

B：亲爱的各位同学，

合：大家好！

A：五月是鲜花怒放的季节，五月是色彩斑斓的季节。

B：五月是动人的篇章，五月是秀丽的画卷。

A：我们满怀激情地诉说着故事，我们热情洋溢地畅谈理想。

A：让我们在这个欢乐的时刻，激情飞越、放飞五月、放飞梦想。

B：伴着五月的和煦阳光，我们即将迎来五四青年节。

A：每当五月，我们总会回顾无数革命青年挥洒的热血，在波澜壮阔的20世纪谱写伟大壮丽的诗篇。“五四”精神一直激励着中国青年自强不息、奋发向上。

B：为了纪念伟大的五四运动，为了纪念牺牲的革命先烈，为了展现我校学子的风采。

A：我们用诗歌来纪念，我们用诗歌来唱响五月。

B：×××学校“放飞五月”诗歌朗诵比赛——

合：现在开始！

A：下面我们很高兴地介绍出席今天比赛的10位评委。

B：他们是：×××校长、×××校长、××主任、×××主任、×××主任。

A：××老师、××老师、×××老师、××老师、×××老师。（鼓掌）

B：下面为大家介绍今天诗歌朗诵比赛的评分标准。

A：本次比赛采用10分制，保留小数点后面两位小数，去掉全场最高分，去掉全场最低分，取其余评委的平均分为最后得分。

B：下面为大家介绍比赛的具体标准：1.普通话标准，情感把握准确到位，朗诵富有感情变化，有感染力。（4分）2.朗诵内容积极健康，符合学生年龄特征。（1分）

A：3.服装整齐得体，舞台效果协调美观。（1分）4.编排新颖富有创意，形式青春活泼，朗诵技巧娴熟。（3.5分）5.上、下台有秩序，能迅速统一安静、进入朗诵状态。（0.5分）

B：比赛最后将评出一等奖2名，二等奖3名，三等奖5名。

A：祖国母亲经历半个世纪的风雨洗礼，不断繁荣昌盛，在这个激情五月，让我们表达对祖国母亲的一腔热爱。请欣赏×年级×班朗诵——《祖国啊，我的母亲》。

B：回眸历史，我们忘不了那激情燃烧的岁月，我们更忘不了那一首首歌颂祖国的激昂诗篇。下面请欣赏×年级×班的诗朗诵《祖国颂》。

A：毛主席是一位伟大的政治家更是一位出色的诗人。请欣赏×年级×班的诗朗诵《沁园春·雪》。

B：光阴似箭、岁月如梭，珍惜光阴是颠扑不破的真理。请欣赏×年级×班为我们带来的《满江红》。

A：每个人都有自己的姓氏，有自己家族的姓氏文化。中华姓氏文化源远流长，让我们一起感受姓氏文化的魅力。请欣赏×年级×班的《百家姓》。

B：和平与发展是世界的主旋律，每一人都向往、享受和平。可是世界各地战争仍然此起彼伏。让我们一起呼唤和平吧。请聆听×年级×班对和平的呼唤——《永生的和平鸽》。

A：人生无不散之筵席，离别总是令人难过。关于离别的诗篇是多么伤感动人啊！让我们倾听×年级×班的“送别诗系列”，感受离别的哀婉柔情。

B：黄河，是我们的母亲河。黄河，是中华民族文明的摇篮。我们对母亲和赞颂永不停歇。请欣赏×年级×班的诗歌朗诵《黄河颂》，下面请×年级×班做准备。

A：五月迈着矫健的步伐向我们走来，它明媚灿烂，它洋溢着青春的热情。请欣赏×年级×班的《青春中国》。

B：香港、澳门的回归让我们激动万分，让我们重温这种激动，体会回归的豪迈与感动。下面请欣赏×年级×班为我们表演的《七子之歌》。

A：抗日战争时期涌现多少革命英雄，多少艰苦卓绝的战斗。让我们和×年级×班一起重温那一段艰辛岁月。

B：月亮是古代文人思乡的寄托，是离愁别绪的象征。让我们一起走进苏东坡的明月世界，请欣赏×年级×班的诗朗诵《明月几时有》。

A：我们刚刚欣赏了一首美丽的词。让我们在优美的意境里继续感受词的魅力。请欣赏×年级×班的朗诵《念奴娇·赤壁怀古》。

B：五月，革命的季节。

A：五月，青年的季节。

B：五月，让我们与祖国紧紧相连！

A：五月，让我们奉献热血与青春！

B：观众朋友们，经过评委们的成绩核算。我们的比赛结果已经出来了。下面我宣布今天“放飞五月”诗歌朗诵比赛结果，获得三等奖的班级有××等，请获奖班级有序走上台来，请××等为他们颁奖。

A：获得二等奖的班级有××等，请××等为他们颁奖。

B：获得一等奖的班级有××等，请××等为他们颁奖。

A：让我们用热烈的掌声对以上获奖班级表示祝贺！

B：说到不如做到，让我们用青春实践梦想。

A：让梦想照进现实，让青春更加绚烂多姿。

B：少年强则中国强，同学们，你们担负着振兴祖国的重任。

A：同学们，用心学习，努力提升自己，让我们担负起这个重任，用百折不挠的信念支撑起中华民族的脊梁，去书写中华民族腾飞的壮丽诗篇！

A：我宣布：××学校“放飞五月”诗歌朗诵比赛成功落幕！

合：老师们，朋友们，再见！

才艺大赛主持

尊敬的老师、家长，亲爱的小朋友们：

大家上午好！

今天是×××幼儿园第×届才艺大赛初赛的第×轮比赛，也是最后一轮残酷的淘汰赛，谁能够进入复赛，答案马上揭晓。请观众们为小朋友们加油助威，让小朋友们能发挥自己的最佳水平，展现自己的才艺，取得最好的成绩！

下面为大家隆重介绍担任本轮比赛的7位评委，他们是：××园长，×××副园长，××主任、××老师、×××老师、××老师、××老师。对你们的到来，让我们用掌声表示最热烈的欢迎和由衷的感谢！

前×轮比赛中，每一位参赛的小朋友都才艺非凡，风格独特。有跳迈克·杰克逊的舞蹈的，有唱快板的，有模特走秀，有说相声的，还有唱京剧的，可谓是种类齐全、高手如云，竞争十分激烈，相信大家对今天的比赛已经迫不及待了！

下面让我们用热烈的掌声有请我们今天第一位参赛小朋友，他要表演的节目是歌曲《听妈妈的话》。

为什么要听妈妈的话呢？因为我们都拥有一个好妈妈，请听××小朋友为我们带来的歌曲《我的好妈妈》。

现在我来做一个小调查，喜欢看动画片《喜羊羊与灰太狼》的小朋友举手。哇，全都喜欢。那你们一定很喜欢听下一个节目，有请×××小朋友演唱的歌曲《别看我只是一只羊》。

×××小朋友为我们带来的《小星星》，掌声有请。×××小朋友唱得真不错，让我们再一次把掌声送给她！接下来大家要欣赏到的是×××小朋友带来的扬琴独奏《小金鱼》以及《熊宝宝跳舞》。

现在我们看到可爱的×××小朋友已经走上台来了，他带来的节目是小提琴独奏《小星星》。

小朋友们，知道吗，我们每个人长着一对翅膀，但是我们看不见，因为它是隐形的！它让我们在遇到困难的时候变得坚强。掌声有请×班××小朋友演唱《隐形的翅膀》。

看，小朋友们真是兴趣广泛，才艺双全呢，不仅擅长唱歌跳舞而且扬琴、电子琴、提琴都会哦！请欣赏×班×××小朋友为我们带来的电子琴独奏《两只老虎》。

谢谢×××小朋友带来的电子琴表演，接下来我们欣赏到的是××班的×××、×××小朋友合唱的《虫儿飞》，掌声有请。

谢谢×××小朋友精彩的表演，接下来请欣赏由××班×××为我们带来超可爱的歌舞表演《两只小熊》，这可是由韩国儿歌改编的哦。

小朋友们谁能告诉我在幼儿园表现最好的小朋友是好在哪里呢？对，你们说得都对。接下来请大家听会读书的小朋友×××带来的歌曲《小小读书郎》。

小朋友们不仅要会读书还要从小锻炼身体，有一个强健的体魄。请欣赏××小朋友带来的跆拳道表演。

告诉小朋友们，××小朋友现在已经是跆拳道黑带了，是不是很厉害？大家都要向他学习，经常锻炼身体哦。谢谢×××小朋友，接下来请欣赏×班×××等小朋友为我们带来的《打电话》。

谢谢×××这几位小朋友的精彩表演。接下来是一个具有特色的节目，既能锻炼身体，又能陶冶情操，而且还能增进亲子关系，请欣赏××班××跟妈妈一起带来的《亲子瑜伽》，掌声有请。

刚刚我们听了××的小提琴独奏《小星星》，接下来我们来听听××小朋友的小提琴独奏《告诉罗娣阿姨》。

小朋友们，我们捡到别人的东西是不是要归还给失主呢？是的，我们要做讲文明、讲礼貌的乖孩子，那样别人才会喜欢你！接下来我们欣赏××、×××等带来的小品《捡到钱以后》。

谢谢可爱的小朋友们，你们真是好孩子。接下来请欣赏××班×××小朋友为我们带来歌曲《小懒虫》。

小朋友们千万不要做小懒虫哦，要做一个勤快的好小孩。刚刚听了小提琴《小星星》，现在我们听听歌曲唱的小星星又是什么样的呢？请欣赏××的歌曲《小星星》。

我有一个问题要考考小朋友，如果小朋友自己一个人在家的时候，有不认识的人敲门，那我们可不可以开门呢？我们来听听×班×××同学是怎么做的。掌声有请！

歌曲点缀了我们快乐的童年，才艺为我们的生活增加色彩。小朋友们，今天你们在这个舞台上展示了你们最优秀的一面，这将会成为你们童年快乐珍贵的回忆。

好，现场的观众朋友们，经过激烈紧张的比赛，×××幼儿园第×届才艺大赛初赛到此结束并取得了圆满成功。

我代表×××幼儿园和参加这次比赛的所有选手们，向为准备这次比赛而付出艰辛努力的家长们、老师们和小朋友们表示诚挚的感谢！请大家继续关注我们的决赛！谢谢大家！

校园歌手大赛主持

女：尊敬的各位领导、各位来宾，

男：亲爱的老师同学们，

合：大家晚上好！

女：欢声笑语、绽放青春，让梦想在这里起飞！

男：欢聚一堂、载歌载舞，让激情在这里燃烧！

女：为全面贯彻教育方针，丰富学校文化生活，提高学生艺术修养，展示青年风采，××大学特举办这次校园歌手大赛。欢迎大家的到来。

男：实现你的音乐梦想，展现你的音乐才华，××大学一直秉承着这个原则给我们广大的学子提供了许多展现自我的舞台空间。

女：本次大赛分为初赛、复赛两场，经过激烈的角逐，从1000多名选手中脱颖而出的10名选手，将参加今天的比赛，带来他们更加精彩的表演。

男：这次的比赛受到了学校各级领导的关心和大力支持，他们也来到了我们的比赛现场。

女：我十分荣幸地介绍今天光临现场的各位领导，他们是：××副校长、××党委书记、××主任、××副主任……

男：我们也很荣幸地邀请到了7位十分专业的评委老师，他们将秉承着公平公正公开的原则为每位选手打分，下面我向大家隆重介绍今天到场的各位评委老师，他们分别是：××老师、××老师……

女：让我们用掌声对他们的光临表示热烈的欢迎和由衷的感谢!

男：我们的比赛将采用10分制，以现场打分的形式评出成绩，去掉一个最高分，去掉一个最低分，取其余评委的平均分为最后得分。

女：比赛一共设置三个奖项：一等奖一名，二等奖两名，三等奖三名。

男：下面参赛选手将按照比赛前的抽签顺序依次上台，首先有请1号选手演唱他的参赛曲目《向天再借五百年》。

女：1号选手以恢弘豪迈的声音拉开了今天比赛的序幕，现场气氛格外高涨。下面有请2号选手演唱他的参赛曲目《童话》。

男：感谢2号选手的深情演绎。下面公布1号选手得分：去掉一个最高分××分，去掉一个最低分××分，一号选手的最后得分是××分。

3号、4号……

女：观众朋友们，现在10位选手的参赛歌曲都已演唱完毕。

男：10位选手都非常优秀，用他们的精彩表演，给我们带来了一场听觉盛宴。

但比赛是残酷的，比赛有赢有输，接下来我宣布获奖的四位选手，他们分别是×号选手、×号选手、×号选手还有×号选手。

女：让我们以热烈的掌声对这四位获奖选手表示祝贺!

男：下面有请××副校长、××党委书记、××主任、××副主任为四位选手颁发获奖证书。

女：再次祝贺获奖的选手。

男：××大学建校60载，培育了多少人才。

女：今天我们共同见证了××大学学子们的青春风采。

男：朋友们，欢乐的歌声还在我们耳边回荡。

女：喜庆的气氛还在我们周围萦绕。

男：在飞舞的彩带中，在热烈的掌声中，在如海的鲜花中，

女：我们的比赛即将落下帷幕。

女：燃烧激情，我们用音乐谱写青春的绚丽。

男：放飞青春，我们用歌声赞美母校的辉煌。

合：最后再次感谢各位的热情参与，谢谢大家，再会！

篮球比赛主持

各位领导、各位来宾、老师们、同学们：

大家好！

在这个硕果累累的九月，天高云淡、风清日朗。在这个凉爽的季节里，我们迎来了××学校第×届×××篮球赛。

为了发展我校体育运动事业，丰富学生课余活动，提高学生集体荣誉感，学校体育组委会特举办这次篮球赛。这次篮球赛的举办是对我校学生体育素质，我校体育运动建设的一次大检阅。

在此我谨代表全校师生对筹备此次运动会的体育组委会表示衷心的感谢，同时预祝所有参赛的篮球运动员取得好成绩！

下面，我宣布，×××篮球赛开幕式现在正式开始。

一、请运动员、裁判员入场。（奏运动员进行曲）

二、全体起立，奏国歌。

三、介绍出席开幕式的领导和来宾。

四、请校长×××同志致开幕词。

五、请裁判员代表×××裁判长向大会宣誓。

六、请运动员代表××班××同学向大会宣誓。

本次篮球比赛历时6天，本次比赛本着“团结协作，友爱互助，积极进取”的宗旨，让运动员发挥自己最佳状态，争取获得最好成绩，为班集体增光添彩。同时，我也相信，各位裁判员秉着“公平、公正”的原则，坚守岗位，各司其职，公正裁决，一定能够为大家带来一场公正严明的比赛。最后，预祝本次篮球赛获得圆满成功。

老师们，同学们，今天的开幕式到此结束，请运动员、裁判员退场，开始比赛。

田径运动会开幕式主持

尊敬的各位领导、各位老师，亲爱的各位同学：

大家上午好！

我们吹拂着和煦的春风，沐浴着温暖的阳光，带着激动的心情，伴随着依依杨柳、鸟语花香，我们迎来了××初中第×届田径运动会。

本次运动会以文明、团结、拼搏、进取为比赛宗旨；努力发扬“拼搏、团结、奋进、友爱”的精神，敢于挑战，积极进取。希望大家在比赛中赛出风度，赛出水准。为广大学子提供充分展示自己的舞台，为班集体争得荣誉，为校园增光添彩。

坚持运动，强身健体。今天，我们将用实际行动践行坚忍不拔的体育精神。运动永无止境，我们在运动之路上孜孜不倦。让我们绽放所有的激情，为全体运动员们加油，为他们助威。

值此运动会召开之际，我谨代表全校师生向精心筹备这次运动会付出辛苦努力的幕后工作人员们表示衷心的感谢，向参加比赛的运动健儿们表示热烈的祝贺！

下面我宣布：本届田径运动会开幕式正式开始！开幕式议程：

一、各班运动员各代表入场，奏运动员进行曲。

二、请全体起立，升国旗，奏国歌，就座。

三、请本届运动会委员会主任、副校长×××同志致开幕词。

四、请裁判员代表×××老师发言。

五、请运动员代表××班×××同学发言。

六、请本届运动会委员会主任、校长×××同志宣布本届运动会正式开幕。

七、请全体运动员各就各位，准备参加比赛。

结束语：大地无垠，任我们任意驰骋；晴空万里，任我们自由翱翔！预祝本届运动会取得圆满成功！预祝所有参赛的运动员在本次运动会上取得好成绩！

学校体育运动会开幕式主持

A：尊敬的各位学校领导，

B：亲爱的老师、同学们，

合：大家上午好！

A：经过精心地筹划和组织，在又一个美丽的春季，我校一年一度的体育运动会的前期准备工作终于完成，现在我们宣布：

合：×××学校第×届体育运动会正式开幕！

A：开幕式第一项，裁判员和各代表队入场！

（奏运动员进行曲，对各代表队进行解说）

B：首先进场的是全体裁判员，我们相信，在本次运动会中，他们一定会本着公开、公平、公正的原则，对每一项比赛作出精确的裁决。

A：第一个入场的班级是××班，这是一个团结一心，勤奋向上的班集体。看，他们那矫健的步伐，是勇于战胜自我的力量的体现，他们那坚毅的神情，是必胜的信心的显现。他们的口号是：积极参与、强身健体、力求优异、勇夺第一！

B：现在正昂首阔步经过主席台的是××班。瞧，他们个个精神抖擞，英姿勃发，决心在这次比赛中，赛出风格、赛出水平，用优异的比赛成绩交出一份满意的答卷。他们的口号是：友谊第一，比赛第二！

A：伴随着激昂的运动员进行曲，我们迎来了××班集体。看，他们带着自信的微笑、轻盈的步伐走到了主席台前。他们有着顽强拼搏的精神，有着平时刻苦训练的基础，他们机敏、智慧，相信在这次运动会上凭借着这些他们一定能够取得好成绩。加油！胜利在向你们招手！他们的口号是：努力拼搏，共创佳绩！

B：迎面向我们走来的是××班。这是一个积极向上、充满活力的集体。他们稚嫩的脸上挂满青春洋溢的笑容，火热的心里装满着对胜利的渴望。本次运动会，他们将以饱满的激情，永不放弃的信念，全身心投入比赛，力争取得好成绩，为班级争光！他们的口号是：参赛无畏，赛后无愧！狭路相逢，勇者胜！

A：现在向我们走来的是××班。看，他们神采奕奕，斗志昂扬，举手投足间展现出飒爽英姿，眉宇间透露出必胜的豪气。他们用火热的青春，勇于挑战的精神，力争上游，力争战出好成绩！他们参赛的口号是：勇于挑战，青春飞扬。赛出成绩，赛出水平！

B：现在向我们走来的是初××班。看，他们个个神采飞扬，人人斗志勃发，他们的笑容、他们的自信，正是集体精神的写照——作风优良、纪律严整、团结无私、锲而不舍。相信在此次运动会上，他们一定会将其最美丽、最刚强的一面展示出来。他们的口号是：团结进取，勇夺第一！

A：现在走来的是××班。他们英姿飒爽、精神抖擞。他们相信，在这次比赛中秉着集体观念的原则，团结一心，努力进取，向着目标靠近，就一定能取得好成绩，他们更相信自己的实力。口号是：to be number 1。

B：现在向主席台走来的是××班。这是一个充满青春活力的集体，他们风采夺目，他们朝气蓬勃。他们不仅要做学习上的强者，更要德、智、体、美全面发展。他们的口号是把握时机，团结奋进，永争第一！

A：最后一个向我们走来的是××班。这是一个团结奋进的集体，这是一个不甘落后的集体，为了集体荣誉他们将尽最大的努力来拼搏。他们的口号是：不做第一，但做最好！

B：老师们，同学们，随着一支支雄赳赳、气昂昂的队伍满怀激情地进场，我们知道将会演绎一场场激烈而又精彩的比赛，那就让我们翘首以待吧。

A：下面进行开幕式第二项：全体起立，奏国歌。

B：进行开幕式第三项：有请××校长致开幕词，大家掌声欢迎！……

B：接下来，进行开幕式第四项：裁判员代表宣誓，掌声有请×××老师。……

A：开幕式第五项：运动员代表宣誓，掌声有请×班×××同学上台。……

B：老师们，同学们，×××学校第×届体育运动会正式开始！

A：在此预祝运动健儿们取得优异的成绩！（奏运动员进行曲）

B：也预祝本次运动会圆满成功！

文艺演出

艺术节主持

男：尊敬的各位领导、各位来宾，

女：敬爱的老师、亲爱的同学们，

合：大家上午好！

男：为了推动学校艺术教育的改革和发展，丰富同学们的课余文化生活。为了营造浓厚的校园文化艺术氛围，激发同学们对艺术的兴趣和爱好。

女：在这充满喜庆和欢跃的日子里，我们带着满腔的激情，迎来了××××学校第×届×××艺术节。

男：今天，各级领导、各位老师、各位家长朋友带着关怀与希望，同我们欢聚一堂。

女：让我们以最热烈的掌声对各位领导、各位来宾的到来表示欢迎，并向他们致以最诚挚的谢意！

男：让我们用热情的歌声抒发心中的情感。

女：让我们用优美的舞蹈表达童年的快乐。

男：放飞理想，放飞希望。××××学校第×届艺术节文艺汇演现在开始。

女：首先有请××××学校的学生代表为本届艺术节献词。掌声有请他们。

男：非常感谢大家的精彩献词。校园的艺术是知识的升华，校园的生活是多彩的合奏。接下来请欣赏舞蹈……演出单位……辅导教师……掌声有请。

女：童年是快乐的，童年是幸福的，童年更是美丽的。接下来请欣

赏……（节目根据具体情况而定，以下略）

男：尊敬的各位领导、各位来宾。

女：敬爱的老师、亲爱的同学们。

男：幸福的时光总是太短暂，美好的记忆总让人留恋。

女：××乡××××学校艺术节到这里就要接近尾声了。

男：让我们的歌声永远陪伴您。

女：让您的笑容在这里化为永恒。

男：我们坚信，有您的关爱，有您的期待。

男：我们坚信，有您的指导，有您的搀扶。

男：哪怕是长满荆棘的小路我们也会开辟出鲜花盛开的大道。

女：让我们将艺术节的热情转化为学习的动力，用知识开启理想之门，用才干塑造艺术人生。

男：放飞理想，放飞希望。××乡××××学校艺术节文艺汇报演出到此结束。

女：最后，请大家用最热烈的掌声庆祝××××学校艺术节的圆满成功！

合：各位领导，老师，同学们，再见！

文艺汇演主持一

开场舞蹈：《缤纷一夏》

女：尊敬的各位来宾、各位朋友，

男：亲爱的老师们，同学们，

合：大家晚上好！

女：缤纷的舞姿、绚丽的色彩，拉开了今晚艺术宫少儿文艺汇演的序幕。

男：美好的季节，美好的童年，少年的梦想伴随舞步一起绽放。

女：你们是舞蹈的精灵，你们是跳跃的仙子。今晚，你们要把精心排练的舞蹈带给我们，带给所有的家长、老师和来宾，让我们尽情享受舞蹈带给我们的欢乐，在这个炎炎夏日为我们的阵阵清凉，为这个即将结束的暑假留下美好回忆。

男：今晚是舞蹈的盛会，今晚的艺术宫是孩子们的乐园，今晚我们欢聚一堂共度快乐时光。

女：晚会在筹办过程中得到了各位上级领导的关心与支持，今晚他们也到了我们晚会现场。下面隆重地介绍出席今天晚会的各位领导。他们是……

男：另外，全市各地的舞蹈协会的先进基层骨干也光临了今晚的演出，让我们同样以热烈的掌声欢迎他们。

女：让我们一起感受这些天真烂漫的孩子们用舞蹈编织的缤纷夏日吧。

王：首先请欣赏××班小朋友带给大家的印度舞《小风铃》。

女：多么可爱的孩子呀。虽然他们是初次登上舞台表演，舞蹈技巧还不够高。但是他们认真的表演，让我们感受那份最原始的感动。他们从此追寻展现美的舞台。他们心中，从此就埋下了希望的种子，装进了一个舞蹈梦。

男：我市已举办了×届少年儿童艺术教育暑期汇演，每次都获得了不错的反响，所有参与舞蹈培训的孩子在刚进班的时候都期待着登上舞台的这一刻。

女：培训班在不断壮大，参加文艺汇演的小明星们也一届比一届多，今年的演出队伍就多达×××人，而且涵盖了不同的民族。

男：少数民族人民可谓能歌善舞，中国的民族舞蹈可谓多姿多彩，看小演员们是如何演绎的吧。请欣赏舞蹈《五十六朵花》。

女：看，我们的×××小朋友和爸爸妈妈一起上台来了，请欣赏××小朋友一家三口表演的舞蹈《梳头发》。

男：刚刚我们看完了一家三口惟妙惟肖、富有生活气息的《梳头发》，现在我们来看看××小朋友《打电话》。

女：我们的少年艺术班的小学员别看人小，可是人才济济。他们不仅学会了老师教的舞蹈，而且都已经会创作舞蹈了，下面请欣赏××班×××带来的舞蹈《童年的记忆》。

男：舞蹈学校的办学宗旨是培育德艺双馨的人才，追求艺术的进步，下面请欣赏舞蹈学校精心编排的现代舞《秋色》。

女：刚刚我们看了小演员们精彩的表演，他们能够跳得这么棒，离不开老师的辛勤培育。这不，我们的老师们看到自己教出来的学生这么优秀，他们也等不及了。下面请欣赏由全体舞蹈老师一起带来的舞蹈《桃李》。

男：有朋友的天空，一片湛蓝。有朋友的日子，我们不再孤单。请欣赏由×××、××两位小朋友共同演绎的舞蹈《好朋友》。

男：在市舞蹈家协会的带动下，无数轰轰烈烈的舞蹈活动，在我市大力展开，大大丰富人们的文化生活。

女：现在，我们借这个机会隆重表彰舞协先进基层骨干，感谢他们为我市群众文艺的繁荣所作出的贡献。

男：老百姓最大的愿望就是每天都过好日子，每天都有好心情。下面请欣赏器乐合奏《好日子》。

女：再过几天，这期艺术宫少儿班的学员就要毕业了，盘点学员们的收获，可是不小。他们很多人在市少儿舞蹈大赛取得名次。并且都通过了全省学生艺术素质测试考级，过级率100%。

男：下面有请荣获舞蹈大赛一等奖，舞蹈十级的××小朋友给我们带来他的获奖节目《破茧成蝶》。

女：绚丽的舞台，美妙的音乐，美轮美奂的舞步，舞蹈给孩子们插上了艺术的翅膀。

男：为热情的夏日，为成功的汗水——我们尽情歌舞。

女：祝福孩子们都能够在属于自己的舞台上尽情绽放，祝福孩子们都能够梦想成真。

女：愿我们的暑期舞蹈班能够培育出更多的舞蹈人才。

男：愿我市的舞蹈事业越来越繁荣。

王：最后再次感谢老师的无私付出，感谢家长一直以来的支持，感谢各位领导光临我们的演出。

女：今晚文艺演出演到此结束。

合：祝大家晚安，再见！

文艺汇演主持二

合：各位领导、各位来宾、老师们、同学们，大家好！

女：××学校走过了××个春秋，经过风雨的洗礼，经过岁月的打磨，××学校收获了累累硕果。

男：校园里现代化综合大楼拔地而起，网络覆盖全校，学习气氛浓厚。

女：回首过去，我们无比自豪。立足当下，我们开拓进取。展望未来，机遇与挑战并存。面对挑战，我们迎难而上。

男：蓝天辽阔，有雷鸣闪电有风雨交加，我们依然奋力翱翔，因为我们有一双理想的翅膀。

合：让我们勇往直前地飞翔，飞向世界，飞向未来。

女：请欣赏舞蹈《飞向未来》。

男：家庭需要团结，企业需要团结，军队需要团结，社会需要团结，世界需要团结。团结是人类永恒的主题。请欣赏由××班××等20名同学带来的小合唱《团结就是力量》。

女：童年是人的一生最美好的回忆，童年是最快乐的时光。简单的旋律勾起我们共同拥有的童年乐趣。请听××班××同学的吉他演奏《童年》。

男：正值秋天瓜果飘香时节，这收获的时刻满载着成功的喜悦。这喜悦里包含着辛勤的汗水，这喜悦里包含着付出的劳累。当看到果园飘香，不禁喜在心头，乐上眉梢。请欣赏由××等带来的舞蹈《果园飘香》。

女：教师，阳光下最光辉的职业。教师，默默无闻，无私奉献的伟大的人。教师，奉献了自己的青春岁月，培育了各行各业的人才。在孩子眼中，你就是一切美好的象征。教师带给了学生所有的梦想，所以学生梦想成为你。接下来请欣赏由×××、×××唱出心声——《长大后我就成了你》！

男：高山流水觅知音，朋友易求，知己难寻。知己是心灵荒漠的护身符，是烈日炎炎时的一缕清风，是凄风苦雨中一抹温暖。请欣赏××的钢琴演奏《知音》。

女：在心灵烦躁时，在深感繁华都市的喧闹时，在需要安静时，我们不妨走进大自然的怀抱，和清风嬉戏，在泉边玩耍——请欣赏××班主任××老师带来的小提琴独奏《泉水叮咚》。

男：五星红旗是革命烈士的鲜血染红的，五星红旗凝聚着国人一腔爱国热血。五星红旗飘扬在天安门前，飘扬在联合国，飘扬在国际奥委会，飘扬在每个炎黄子孙的心上。请欣赏由××和×××合唱的歌曲《红旗飘飘》。

女：月圆之夜，思乡之时，一个人独自喝杯小酒寄托哀思。让我们一起体会月下思乡的婉转情思。请欣赏民乐合奏《月下独酌》，表演者××、××、×××等。

男：少年强则中国强，青年担负着振兴中华的神圣使命，是祖国的未来和希望。请欣赏××和××等表演的现代舞《未来》。

女：美丽的校园，纯真的学生，构成了校园闪亮的风景线。校园趣事多，校园多热闹。请欣赏由××、××等共同带来的小品《班级趣事》。

男：每个学子都有自己的理想，在追求理想的过程中会碰壁，会失落。人生最精彩的其实不是结果而是过程，让我们一起享受追求理想的过程。请欣赏××、××等带来的话剧表演《理想的玻璃》。

女：每个人都有一双隐形的翅膀，在我们孤单绝望时给我们力量，在我们面对困难时带我们突破困难，走向成功。希望我们每个人都用这双隐形的翅膀自由翱翔。下面请听××演唱的歌曲《隐形的翅膀》。

男：××学子不仅会学习，学习成绩在全市名列前茅。而且德智体美劳全面发展，综合素质强。请欣赏××、××等带来的团体武术表演《少林寺》。

女：刚刚我们听了几首优美动人的流行歌曲。接下来请听由××同学带来的民族歌曲《红烛》。他要献给敬爱的老师，祝所有的老师都心想事成、事业更上一层楼！

男：××学校走进新世纪，一座座综合大楼拔地而起，一幢幢学生公寓现代时尚，一条条道路整齐宽广，整个校园弥漫着现代化气息。走过××个春秋，××学校的变化可谓是天翻地覆，漫步于这花园式校园里，有谁不喜欢它的花香鸟语，有谁不喜欢它的书香习习？请欣赏××、××带来的相声《说变》。

女：观众朋友们，今天我们欢聚一堂共同度过了欢乐的时光。最后让我们一起跟随音乐的节拍，尽情欢唱吧。请欣赏歌舞××、×××等的歌舞《欢乐吉祥》。

结束语：男：朋友们，优美的音乐还在我们耳边回荡，欢乐喜庆的气氛还没有散去。

女：时光匆匆，晚会即将落幕。

男：昨天已成为历史。

女：明天马上就要到来。

女：让我们携起手，立足当下，展望未来——

合：××学校文艺演出到此结束，祝大家晚安！再见！

元旦文艺演出主持

女：在座的各位领导、各位老师，

男：亲爱的同学们，

合：大家上午好！

男：严寒的冬季正在过去。

女：温暖的春季快要来临。

男：艰难的20××年，我们曾经一同走过——

女：我们一起度过了多灾多难的20××年，我们经历了感天动地的故事……

男：如果要细数我们收获的感动，恐怕一天一夜都说不完。

女：回忆过去，我们有悲伤、难过与感动，但更多的是欣喜、蜕变与成长。

男：当然，我们更不会忘记发生我们身边的精彩片段——

女：春末夏初，我们举行了全校科普知识竞赛，我们一起领略了科技的神奇与魅力。

男：夏天，我们把激情挥洒在运动场上，举办了全校篮球竞赛，丰富了我校体育文化活动。

女：还有赤日炎炎下的军训会操，辛勤的汗水、整齐一致的口号声、黝黑的皮肤，回忆起来仿佛就在昨日。

男：还有××教育报告会现场，全场师生以泪洗面，沐浴了一场心灵的洗礼。

女：今天，我们欢聚一堂，一起放飞梦想，释放激情。

男：今天，我们欢聚一堂，创造属于我们的快乐，尽情欢唱。

女：来吧，感受着冬日的魅力，让我们奏响辞旧迎新的序曲。

男：来吧，心怀对春季的盼望，让我们舞动激情活力的青春。

合：我们宣布：××学校20××年元旦综合文艺汇演现在开始！

男：中国是一个极具包容性的国家，她吸引着世界各国人民慕名而来。她凝聚了五十六个民族。

女：五十六个民族五十六朵花，五十六个兄弟姐妹是一家。首先请听××班的大合唱《爱我中华》。

女：青春是花骨朵儿，含苞欲放；青春是火焰，熊熊燃烧；青春是歌舞，激情绽放。请欣赏××班××等同学的劲爆街舞《舞动青春》闪亮登场。

女：校园的生活单纯快乐，书声琅琅，书香四溢……如果给你一把吉他，对我们美丽的校园倾诉衷肠，你会弹出什么样的旋律？请听×××吉他弹唱《白衣飘飘的年代》。

男：改革开放30年来，豪情激荡，神州巨变。让我们静静欣赏××班的舞蹈《走进新时代》。

女：心怀善念，才能包容身边的一切。心怀善念才能感受生活的幸福美好。让我们心怀善念，穿越黑夜，追寻希望。请听××班女声独唱《善良的天使》。

男：生活是多姿多彩的，处在一个集体里，总会有趣事发生。看，××班又有哪些好玩的事呢？让我们到《新闻乱播》的现场看一看。

女：年轻无极限，年轻就是朝气。接下来让我们一起欣赏××班×××同学的伦巴舞表演。让我们跟着音乐的节奏一起舞动起来吧。

男：刚刚我们跟随动感的舞蹈一起沸腾起来，现在让我们屏住呼吸，一起欣赏××班×××同学给我们带来的悦耳的笛子独奏《泉水叮咚》。

女：付出才有收获，要做就做最好。我们是新一代的90后，我们努力拼搏，为实现我们青春的梦想。请欣赏××班××等同学表演的相声《我们开始努力了》。

男：幽默是一种智慧，幽默让人们的生活更加轻松有趣。让我们尽情欢笑吧。请欣赏××班表演一幕荒诞剧——《穿越回唐朝》。

女：青春就是要大声唱出来。掌声有请××班××和他的乐队带来的摇滚歌曲《摇晃的青春》。

男：天下无不散之筵席，离别是人类永恒的主题。让我们和××班的×××同学一起感受离别的婉转柔情，请听《千里之外》。

女：莫斯科是个美丽的地方，莫斯科是个充满激情的国家。走进大自然，吹拂着微风，数着天上的星星，放松一天的心情。请听××班××和××共同演唱的具有异域风情的歌曲《莫斯科郊外的晚上》。

男：激动过后，让我们再来放声大笑。请欣赏××班表演的搞笑小品《回娘家》上场。

女：一代巨星杰克逊的陨落，让我们痛苦难过，让他再来搅动我们的心弦，让我们在疯狂、尖叫中来欣赏××班表演的舞蹈——《永远的杰克逊》。

男：古典音乐能够抚平我们躁动的心灵，它是我们最好的镇静剂。让我们静静聆听××班的××同学给我们带来的扬琴独奏《春江花月夜》。

女：美丽就是要秀出来，让我们在这个舞台上尽情展现青春的绚丽，请看××班校模特队成员××等带来的模特时装秀《霓裳语》。

男：如果给你一个机会让你和一个人互换身份，你会选谁呢？看××班的××同学和爸爸换角色，他们会擦出什么样的火花呢？请欣赏小品《我和爸爸换角色》。

女：人总是在旅途中，走向下一站，我们就要重新启程。在启程时刻，让我为你唱首歌。请听××班的××和××合唱的歌曲《启程》。

男：天青色等烟雨，而我在等你。炊烟袅袅升起，隔江千万里。让我们在青花瓷的唯美意境中一起欣赏×××班的××等同学为我们精心编排的舞蹈《青花瓷》。

女：我们相信奇迹，我们需要奇迹。接下来就是让我们一起见证奇迹的时刻，请看××班××同学带来的魔术表演《见证奇迹》。

男：京剧是国粹，是古老而动人的经典，是永恒的艺术瑰宝，是百听不厌的动人旋律。请听××同学演唱京剧《沙家浜》。

女：刚刚欣赏了中国古典艺术京剧表演，接下来让我们一起欣赏韩国歌舞表演《no body》让我们感受中外文化的碰撞，感受古典与现代的碰撞。掌声有请××班可爱的美少女们。

男：我们××学校的学子们真是多才多艺，不仅会相声小品，扬琴京剧，流行歌曲，现代街舞，魔术走秀，这不还有我们××同学的钢琴表演，掌声有请××同学带来钢琴独奏《白月光》。

女：诗歌给人美好的想象，诗歌给人震撼人心的力量。

男：年轻无极限，一切皆有可能。

女：朋友们，让我们携手，共同打造美好的明天。

男：让我们用热烈的掌声欢迎××班的集体诗朗诵——《明天更美好》。

男：踏着钟声的节奏，我们辞旧迎新。

女：乘着歌声的翅膀，我们迎接未来。

男：在这个春天里，我们团结进取，奋力拼搏，为我们的成长谱写新的篇章。

女：在这个春天里，我们播种希望，踏踏实实走好每一步，共同收获成功。

男：最后，祝福我们的学校不断发展壮大，祝福我们的老师健康平安，工作顺利，新年快乐！

女：祝福我们的同学在新一年里学业进步，美梦成真。

男：老师、同学们，××学校元旦文艺汇演到此结束。

合：祝大家晚安，明年再会！

第八章　职场活动主持

就职调动

总经理就任致词

各位朋友：

大家好！

我是××，从×月×日开始就任××有限公司总经理。

我们公司是××型企业，长期以来，它一直以及时为顾客提供质优价廉的××为宗旨。但遗憾的是，到目前为止，我们公司尚未建成能实现这种使命的坚实基盘。作为总经理，我将进一步加强经营管理，不断发展壮大我们的公司，并继续为客户及时提供价格低廉、品质优良的××，使之在今后更加残酷的市场竞争中脱颖而出。为实现这一目标，我也将重新整合、加强公司内部各种组织结构和制度建设。

因此，为了我们共同的目标，我希望各位干部平时能成为员工学习的典范，发挥模范带头作用，更加自觉自律，尽职尽责。

……

希望大家能身怀××人的骄傲与觉悟，作为一名合格的××人，带着“通过自我磨炼实现个人成长”的强烈意识来工作。

营造和谐愉快、干劲十足的职场是大家的共同愿望。相互尊重，不断交流，让我们的职场一天更比一天好！

在此，我敬大家一杯，非常期待与诸位一起工作，同时对各位表示衷心的感谢，真诚地希望大家对我的工作给予更大的支持和帮助。让我们共同努力吧！

谢谢大家！

校长就职祝词

尊敬的各位领导、各位教师：

大家晚上好！

我衷心地感谢县教委、镇党委、政府和教办对我的信任与培养，感谢各位老师对我的关爱和支持，尤其是前任校长，他的艰辛努力为学校的今后发展奠定了坚实的基础。在此，我向各位表示衷心的感谢！

作为××学校校长，我深知自己的政治素质、人文底蕴、学科知识、决策能力、服务精神都还需要进一步提高，为此，我会更加努力，以此来更好地为大家服务。

……

最后，我想用一位先哲的诗来形容我的心情与厚望，那就是“智山慧海传真火，愿随前薪作后薪”。

祝愿大家身体健康、合家幸福！

办公室主任就任致词

尊敬的各位领导：

今天，会议审议通过了我任县政府办公室主任的提请，在此，我向大家表示衷心的感谢！感谢各位领导长期以来对我的信任、支持和厚爱。

我深知办公室主任这一职务，不仅是一份责任，更是一份义务。因此，在工作中，我一定勤奋敬业、恪尽职守，用优异的工作业绩来报答党的关怀、代表的信任和人民的重托。

……

堂堂正正做人，勤勤恳恳干事，是我恪守的行动准则。我将严格遵守关于廉政建设的有关规定，坚持“自重、自省、自警、自励”，永葆共产党员的先进性。在严于律己的同时，我还要宽以待人，与班子成员多沟通、多商量、多交心，依靠集体的智慧和力量，全力开创办公室工作的新局面。在以后的工作中，我将用我满腔的赤诚和热忱，回报组织的厚爱、人民的信任，为××的加快发展贡献出自己的一份力量。

最后，祝愿大家事业顺利，身体健康，万事如意。干杯！

公安局长就任致词

同志们：

今天，我能成为××局中的一员，心里感到特别高兴，能和大家一起工作更是我的荣幸。××局是一个有素质、有能力、有战斗力的群体，是一个讲团结、讲大局、讲奉献的群体。

我非常感谢组织对我的信任，这将是促进我奋发向上、努力工作的动力。我将竭尽全力，认真履行职责，按照市委领导跟我谈话时提出的要求和希望，努力把全市公安工作做好，不辜负市委和全区人民的重托。

……

公安事业是一项崇高的事业。从一名行政干部交流到公安局工作，对我来说领域崭新、跨度很大、压力不小。因为目前我对公安工作的业务不熟悉，对公安机关的人员也不熟悉，可以说是一张白纸。同时在这五年里以×××同志为局长的全体民警为××的公安工作打下了很好的基础，所以我这一任的起点、要求就更高了，压力也非常大。

我深知这个岗位的责任重大，我殷切地期望得到本局全体同志尤其是老同志的支持和帮助。我一定始终牢记肩上所担负的历史使命，坦诚做人、清白做官，向党和人民交出一份合格的答卷。

在此，祝愿所有的来宾朋友阖家欢乐，幸福安康，事业进步，万事顺达！干杯！

谢谢大家！

文化体育局长就任致词

尊敬的各位领导：

大家好！

对于我来说，今天是个特别值得庆贺的日子。根据市领导的审核，我将继续留任××市文化体育局长，在此，我向各位领导表示衷心的感谢和诚挚的祝福！

文化体育局主要职责是管理我市文化、体育、新闻出版、文物博物四大块工作，均是社会主义先进文化的重要组成部分。我对文化工作的理解可以概括为四个字——“文化化人”。她的工作对象是人，她的最终目的是提高人的素质，她的工作进程是润物细无声的潜移默化。

……

这次的留任，不仅是组织对我个人的信任，同时也是对我个人能力的一种肯定。在日后的工作中，我一定竭尽全力，创造出更多、更好的成绩来。

最后，祝愿大家身体健康、工作顺利、合家幸福！干杯！

县委书记就职致词

同志们：

今天，市委将我安放到××县委书记这一重要岗位上来，我十分感谢市委、市政府对我的信任，同时我也深感责任重大。临危受命，如临深渊，如履薄冰。

但我深信有市委、市政府的正确领导，有县委一班人和人大、政协、县人武部等几家班子的支持和配合，有全县各级干部和广大群众的齐心协力，我对做好××的工作充满信心。

……

作为县委书记，我将义无反顾、尽心竭力做好工作，不辜负市委的重托，不辜负××人民的期望，与全县人民同甘共苦，艰苦创业，励精图治，不断推进××的改革开放和现代化建设事业。

同时，我也真诚地希望在座的各位，在今后的工作中给予我大力的支持和帮助。

同志们，××的事业要靠全县人民特别是在座的各位去奋斗，××的稳定要靠我们去维护，××美好的明天要靠我们共同去创造，去努力。只要我们同心同德、通力合作、振奋精神、真抓实干，有市委市政府的正确领导，有全县人民的大力支持，就一定会度过暂时的困难，××的明天必将更加美好！

最后，我提议让我们共同端起酒杯，为在座各位的身体健康、工作顺利，为××的经济发展与社会进步，拥有更加美好的明天，干杯！

谢谢大家！

医院领导就职致词

尊敬的各位领导、同志们：

大家好！根据组织安排，我到咱们市立医院主持工作。对我来说，这是莫大的荣幸。同时，我也深知肩上担子的分量和责任的重大。

作为全市医疗机构的龙头，多年来，在市委、市政府的正确领导下，在历届领导班子打下的坚实基础上，我们医院无论是整体外观形象还是内部建设，无论是基础设施改善还是医疗水平提高，无论是学科建设还是医德医风树立，各方面都有了长足进步。就我市来讲，其医疗和服务水平，毋庸置疑；其地位和作用，不可替代；其设施和技术，无可比拟。

……

今后，让我们大家共勉，使医院的工作迈入新的台阶。

最后，为大家身体健康，工作顺利，生活幸福，干杯！

联谊会会长就职致词

尊敬的各位领导、各位理事、会员们：

大家晚上好！

非常感谢大家对我的信任和支持，推选我担任××县外来人才联谊会第一届理事会会长。对于这一殊荣，本人倍感荣幸，同时也深感责任重大。从各位殷殷的目光中，我看到的是大家的期望与重托。

为此，在任职期间，我必将与理事会全体成员一起，按照联谊会的章程规定，尽心竭力开展工作，努力向全体会员交出一份满意的答卷。

作为一名外来者，我到××已经有18年，期间我亲历了××经济社会所发生的巨大变化，这里所有的成就让我倍感自豪，也让我对××的发展越来越有信心。与此同时，在这里所有的外来人才也找到了充分施展自己才华的舞台，可以说，这次我们联谊会的成立就是展示个人才华和能力的机会。

……

作为会长，我必定以身作则，为联谊会的发展全力以赴。说到不如做到，请大家看我的实际行动吧。

最后，祝愿我们的联谊会事业兴旺，为大家身体健康，万事如意，干杯！

中学校长工作调动讲话

尊敬的各位领导、各位来宾，亲爱的全体教职员工：

大家晚上好！

在今天上午的竞聘会上，我很荣幸得到了各位的信任、支持和肯定，成功地当选了我们××中学的校长一职。如今承蒙各位的亲切关怀，在这里为我举办隆重的欢迎仪式，在下不胜感激。在这里，我对各位领导的用心栽培，以及各位同事们的关心和支持，表示最衷心的感谢！

我希望在未来的日子里，我们可以加强交流，密切团结与协作，努力搞好我校的建设，不断增强师资队伍的素质，实现教学水平的持续提高。在这里，请允许我再次赘言，向大家汇报一下本人的基本情况和基本经历。并谈谈我未来的工作目标和工作计划。

××××年，我毕业于××师范大学的××系。毕业后，我立即投入了教育工作的第一线，在××县的××中学，主要担任××课程的教学工作，同时还兼任A、B、C等多门课程的教学工作。这些年来，我先后担任过班主任、教导副主任以及教导主任，并于××××年荣幸地担任了副校长一职。经过多年的教学和管理第一线的工作，我积累了丰富的教学实践和管理经验，受到了广大师生的好评，并得到了领导的关注与栽培。××××年，在我县教育系统的调整中，我被调到了县教育局工作，参与教育资源的分配以及教学结构的规划和调整。在这个过程中，我对教育有了更深刻的认识，对于教育的改革，有了全局性以及战略性的眼光。

从一名人民教师逐渐成长为一名教育管理和决策人员，我时刻保持着对教育事业的诚挚热爱。然而随着角色的转变，教育对我来说不再仅仅是教书育人，对于教育制度的创新和改革，我逐渐具备了高度的责任感。如今有幸回到××学校担任校长一职，我满怀着激动和热忱，希望将自己的教育理念投入到教学实践中，从教育的组织和制度出发，不断进行改革和创新，使我县的教育事业再上一个新台阶。

未来几年，我主要将从以下几个方面着手开展工作：第一是改善办学条件，优化教师工作和学生学习环境；第二是改革福利体制，关心教师生活；第三是唯才是举，全面调动教师工作的积极性；第四是加强管理，提高教学质量和教学水平；第五是鼓励创新，不断推出新的教育模式和改革方向，努力开创出教育事业的新局面。

希望以上几点，能够得到各位的支持和肯定。身为校长，我必将竭尽全力、忠于职守、克己奉公。面对教学改革中将面临的困难和阻挠，我将“勇往直前，义无反顾，鞠躬尽瘁，死而后已”！希望大家同我共同努力，为我们的教育事业奉献出全部的精力和热忱！

谢谢大家！

镇党委书记离任及新书记就任同事讲话

尊敬的各位领导、各位来宾，尊敬的A书记、B书记：

大家下午好！

秋风送爽，稻花飘香。在这秋高气爽的收获的季节里，我们怀着喜悦的心情，欢聚一堂，共同隆重地欢送我们的老领导A书记任职期满，踏上新的工作岗位，同时热烈地欢迎B书记正式就任我镇的新书记。在此，我谨代表镇委、镇政府向各位来宾表示热烈的欢迎和亲切的问候，并对A书记多年来的奉献和耕耘表示衷心的感谢！

我镇地处西南边陲，生产大理石和花岗岩。多年来，在A书记的带领下，和全镇人民的共同努力下，我们打出了自己的品牌，打响了自己的声誉，使采石行业成为我镇财政收入的主要来源，由此也很好地解决了我镇人民的就业问题。

近年来，我们的财政收入持续增长，不断再创新高。在镇政府的英明决策下，我们大力加强了我镇的基础设施建设，水利、电力和交通等设施的建设都得到了大力的加强，人民的生活质量有了很大的改善，生活水平有了很大的提高。经过多年的努力，我镇基本上改变了过去贫穷落后的面貌，镇领导积极发扬改革开放的精神，加强招商引资，加强旅游业的建设和发展，促使我镇逐渐与市场经济接轨，迎来了越来越多的商机。

这些成绩，离不开A书记的英明领导，离不开他兢兢业业的努力和奋斗。如今，A书记即将踏上新的工作岗位，我们衷心地祝愿他工作顺利、一帆风顺，希望他在新的工作岗位上创造出辉煌的成绩。同时，我们也真诚地希望A书记能够常回家看看，多多莅临指导我们的工作。

新到任的B书记，年轻有为，在之前的工作中也是政绩卓著，深得领导和广大人民群众的好评。我们坚决拥护县委县政府的决定，坚决支持B书记的工作。我们坚信，在B书记的领导下，我镇的经济、文化等各项事业的发展，必能更上一个新台阶。在此，让我们共同祝愿××镇拥有一个幸福而美好的明天！

岗位竞聘

学校干部竞聘会主持

各位同事：

今天我们在这里举行我校第×次竞聘学校中层干部大会，此次竞聘大会将严格按照×教委××××号《关于学校中层干部竞聘上岗的意见》文件精神并结合我校实际开展。竞聘大会的原则是建立公开、公平、规范、有序透明的竞争机制和用人机制。因此，我们这次将×中学德育处、教导处副主任的岗位采用竞聘上岗的方式产生。

大家知道，我校在××××年召开的首届×次教代会上通过的《××区××中学中层干部竞聘上岗实施方案》（以下简称方案），此次竞聘工作也将遵循《方案》提出的整体意见。主要通过竞聘演讲和民主测评两个方式产生该中学德育处副主任×名、教导处副主任×名，经过组织考核通过后再进行聘任，并将结果报上级领导部门备案。

在此次竞聘之前，我校于×月×日召开了党支部会议和校长办公扩大会议，根据最新教育改革和学校实际情况的要求，在遵循《方案》要求的基础上，决定设置××中学德育处副主任和教导处副主任两个岗位分别×名和×名。在×月×日召开的全体教师大会上，校党支部书记公布了截至×月×日共有×名同志报名参加了此次竞聘，经过校党支部和校长办公会议共同审查，现一致认为共有×名同志符合此次竞聘的条件，我们将会在×月×日将审查结果进行公示以接受全体干部职工的监督，如若在公示期内没有向××中学党支部提出异议，我们将确定×名同志符合参加此次竞聘的资格。

下面我向大家说明竞聘的程序和办法：本次竞聘采用无记名方式进行，德育处副主任候选人有×名，只要在民主测评中得到半数以上投票的同志将会作为正式候选人接受组织考察。而教导处副主任一职按照投票高低来决定，将选择得到票数最多的两名作为正式考察的对象。

本次大会应到测评教职工××名，实到××人，符合大会要求。

（竞聘演讲）

各位领导、同事们：

今天来到这里参加竞聘，我的心里其实是忐忑不安的，甚至还有些害怕。因为在座的都是我的前辈和同事，我对你们永远带着崇敬和爱戴。当然面对你们，我只有敞开心扉、吐露自己才能对得起大家对我的期望。

下面我先向大家介绍一下我从事教育事业××年来的一些微薄的成绩：第一，在××××年年终考核当中获得优秀奖。第二，学术论文发表获奖情况。《×××××》论文发表于××××年××月×日，《××××》论文获××杯三等奖，另外《××××》论文在获×省论文评比×等奖。第三，通过了本科自考。当然我所取得的这些成绩离不开同志们的关心和爱护。

另外我还在闲暇时间经常向我的同事们沟通彼此的教学工作，这个过程使我受益匪浅。二是我长期以来就以学校主人翁的立场投入到学校组织的各项活动当中，我把自己看做是学校的一份子，我期望通过自己的努力能为学校作出我个人应有的贡献。三是我奉行教育就是终身教育的想法，在日常的教学过程中我特别注意培养学生德智体美劳全面发展的教育准则。

这是一个教育工作者应有的职业精神，但是我要竞聘的中层领导干部首先要有上情下达、下情上晓的沟通技巧和态度。其次必须具备服务意识，教育机构是服务的部门，教育就是为广大人民群众服务的。我只有重新正确地认识自我，运用求真务实的科学工作态度加上顾全大局和融合群体合作的胸襟。最后要有刻苦钻研的冲劲和干劲儿。

此次竞聘是交流和学习的不二机会，不管我会不会走上中层领导干部的职位，我都要平静地接受一切，继续以高昂旺盛的斗志从事自己的工作和学习。

最后，我预祝本次竞聘大会圆满结束，祝大家身体健康，工作更上一层楼。

××车间竞选主持

尊敬的各位领导、同事、工友们：

大家晚上好！

首先请允许我代表××公司车间的各位工友向各位领导和各位来宾的莅临，表示最崇高的敬意和最热烈的欢迎！

今晚，在这里我们车间将有××位选手参加本次车间副主任的竞选，整个竞聘的规程是把××位选手分成两拨进行竞聘，在这两个阶段将会有×××工友为我们大家带来的歌曲！竞选采用十分制：其中竞聘演讲占6分、着装占2分、礼仪占1分，其他占1分。竞选的顺序现场抽签决定。

下面，我宣布××车间竞选正式开始！预祝各位选手取得好成绩，赛出好水平好风格。

接下来：有请一号选手：××，二号×××准备。（略）

……

经过第一阶段紧张的竞聘，下面请各位评委和工友们轻松一下，由工友×××为大家演唱一首《××》，大家欢迎（鼓掌）。请相关工作人员把这一阶段的成绩进行统计。

一首优美而动听歌曲，把我们今天的竞聘活动推向了高潮，让我们再一次用掌声向她表示感谢！

接下来我们有请×号选手，后面选手×××做准备。（略）

到现在为止，全部竞赛完毕，各位选手的言词是那样的诚恳，他们的愿望是那样的强烈，但这是一个赛场，一个有得有失的竞选场，究竟结果怎么样我们将期待着，请工作人员进行最后的得分统计。（略）

下面有请我们的车间主任××同志上台来为各个选手进行点评，大家欢迎（鼓掌）！

谢谢××主任精彩的点评。

下面由我来宣布竞选结果。此次车间副主任竞选的得主是×××同志。

掌声响起来，祝贺他。

接下来，有请公司领导××同志讲话，并对新上任的副主任×××同志提出希望和要求，大家欢迎。（略）

今天的竞选活动到此结束了，让我们再一次感谢各位领导，再次恭贺×××同志的成功当选。散会！

××处长竞聘演说词

尊敬的领导各位同事，各位评委：

下午好！首先我要感谢××党组织、××单位给了我站在这个台上展示自我、参与竞争的机会。我叫×××，现任××处副处长，我今天来竞聘××处处长职位。在这里，我向在座的各位保证，我将十分珍惜这个机会，对自身所具备的能力进行客观的阐述，并尽我所能全面地论述对于做好××处工作的总体思路和具体措施，我也将心悦诚服地接受各位领导和评委的评判。

××××年我开始参加工作，随后进入××大学深造。这期间我历任科员、××处主任，××处副处长等职务。我的工作得到了在座的许多领导、评委和同事的悉心帮助和亲切关怀。对于大家寄予我的希冀与期望，我着实不敢辜负。在工作的过程中我勤勤恳恳，不断学习，努力进取，在思想上和工作能力上都取得了不少的进步。因此我今天才满怀信心地走上这竞聘的讲台。

对于我竞聘××处长，我觉得自身有如下几个优势和条件：

首先，在××大学深造期间我拥有了深厚的经济管理知识的背景，现任××处副处长的职位也为我赢得了较丰富的经济管理工作经验。

其次，在多年的工作当中，我有突出的工作业绩。这一点是得到了各位领导的肯定和有相关证据可以查证的。

再次，我有较强的组织协调能力。

最后，作为党员，我拥有较强的公仆意识和自律能力。

以上所述情况，是我竞聘××处长的优势条件，假如我有幸竞聘上岗，这些优势条件将有助于我很快熟悉××处工作，并进入角色。

当然，并不是说我就是完全能够胜任这一职位。我深知，××处是××单位的重要部门，它的工作关系着整个单位组织的运作，××处长的工作不是轻而易举就能做好的，它必须要全力以赴，找准工作的切入点和着力点，理清思路。但是，如果我有幸担任××处长职务，我将在突出重点方面……在跟进措施方面……在创新理念方面……在勤奋务实方面，我将……

尊敬的领导，各位评委，各位同事，我有为人正派、诚恳待人的做人态度；我有开拓创新、勤奋务实的工作态度。如果组织上给我一次机会，委以我××处长的重任，我将不辜负大家的期望，充分发挥我的能力，用高度的工作责任心和昂扬的工作热情，来加倍努力地工作，使××处的工作得到新的突破，上升到一个新的台阶。

谢谢大家!